纪念马克思诞辰 **200** 周年

十五部马恩经典著作
导　读

中共中央党校哲学教研部　组织编写

阮青 等 著

人民出版社

目　录

引 言

2018 年是马克思诞辰 200 周年。自马克思主义创立以来，无论作为一种理论、一种学说，还是一种意识形态，其对 19 世纪以后人类社会发展所产生的巨大影响，是任何人都不能否认的。特别是 20 世纪末以来，整个世界局势发生了深刻变化，社会主义社会和资本主义社会的发展似乎都遭遇到重大困难，面临着严峻挑战。这一切促使更多的人再次把目光转向马克思，重新捧起马克思、恩格斯的著作，试图从中找到应对当代世界困境、解决当代世界难题的钥匙。

党的十八大以来，随着中国特色社会主义进入新时代，当代中国决胜全面建成小康社会、夺取新时代中国特色社会主义新胜利的历史性成就和历史性变革，特别是习近平新时代中国特色社会主义思想的形成，不仅实现了马克思主义中国化的新的历史性飞跃，而且谱写了马克思主义理论发展的新篇章，推动了科学社会主义理论迈向新阶段新境界。习近平在庆祝中国共产党成立 100 周年大会上的讲话中指出："中国共产党为什么能，中国特色社会主义为什么好，归根到底是因为马克思主义行。"[①] 马克思、恩格斯是马克思主义的创始人，马克思、恩格斯的著作是马克思主义的载体。为纪念马克思诞辰 200 周年，由中央编译局编译、人民出版社出版的《马克思恩格斯著作特辑》，在缅怀和纪念这位伟大革命导师的同时，根据新时代中国特色社会主义事业发展的新要求而精选出相关的经典著作，以期帮助广大读者通过原原本本学习和研读马克思、恩格斯最经典、最具代表性的著作，真正掌握马克思主义的基本立场、观点和

---

① 习近平：《在庆祝中国共产党成立 100 周年大会上的讲话》，人民出版社 2021 年版，第 13 页。

方法，努力提高解决我国改革发展基本问题的本领。

《马克思恩格斯著作特辑》中的每一部著作，在马克思主义发展史上都占据着特殊的地位。《共产党宣言》是马克思主义诞生的标志；《资本论》是工人阶级的圣经；《1844 年经济学哲学手稿》是马克思主义哲学的诞生地；《德意志意识形态》是马克思主义哲学创立的标志；《雇佣劳动与资本》最早揭示资本主义生产的实质；《1848 年至 1850 年的法兰西阶级斗争》是运用阶级分析方法的典范；《路易·波拿巴的雾月十八日》是运用唯物史观分析方法的典范；《法兰西内战》体现了马克思主义在国家问题上的最高成就；《哥达纲领批判》描述了未来共产主义社会的设想；《马克思恩格斯论中国》体现了马克思、恩格斯对中国问题的基本看法和观点；《反杜林论》是马克思主义的百科全书；《自然辩证法》是自然辩证法学科的奠基之作；《社会主义从空想到科学的发展》是科学社会主义的入门读物；《家庭、私有制和国家的起源》被列宁誉为现代社会主义的基本著作；《路德维希·费尔巴哈和德国古典哲学的终结》是马克思主义哲学概论。以上每一部著作都值得我们认真阅读，深入思考，把握要义，指导实践。

中国共产党人历来重视阅读经典著作。毛泽东的一生是读书学习的一生，即使在条件极其恶劣的战争年代，也是手不离书，尤其是马列经典著作。在延安时期，毛泽东曾亲自推荐五本书：《共产党宣言》、《社会主义从空想到科学的发展》、《在民主革命中社会民主党的两个策略》、《共产主义运动中的"左派"幼稚病》、《联共（布）党史简明教程》。后来，根据中国革命和建设形势的变化，对必读书目又进行了必要的调整。

在改革开放新的历史条件下，中国共产党人更加重视学习经典著作。2011年 5 月 13 日，在中央党校春季学期第二批入学学员开学典礼上，习近平作了《领导干部要重视学习马克思主义经典著作》的重要讲话。他指出，"马克思主义经典著作包含着经典作家所汲取的人类探索真理的丰富思想成果，体现着经典作家攀登科学理论高峰的不懈追求和艰辛历程。阅读经典著作，本身就是增长知识、开阔眼界、增加思想深度和训练思维方式的过程，就是培养高瞻远瞩的战略洞察力和脚踏实地的工作作风的过程，会使我们在潜移默化中受到他们崇高风范和人格力量的熏陶，从而实现自己思想境界和道德情操的升华。"① 他为学员们推荐了十八本马克思、恩格斯、列宁、毛泽东的著作。他特别强调：哲学是人类的智慧之学。领导干部学习马克思主义经典著作，尤其要注意学习马克思主义哲学。把握马克思主义哲学，是掌握马克思主义完整科学体系的门径和前提。领导干部无论从事什么工作最要紧的是把思想方法搞对头。

在新的时代背景下，阅读马克思、恩格斯的经典著作，应注意遵循以下基本原则：

第一，坚持全面性和重点性相统一的原则，完整把握马克思主义的科学体系。马克思主义是以科学的世界观和方法论为基础，包括政治经济学、科学社会主义等学说构成的有机整体。每一个学说又包括许许多多的内容，比如哲学就包括了本体论、认识论、辩证法、历史观等诸多方面的内容。所以，在阅读经典著作时，要学习和掌握马克思主义的基本原理、基本方法、基本逻辑，而不要花费太多的精力去研究一些事件、人物、典故；要学习和掌握各个基本原理、基本方法、基本逻辑之间的内在联系，不能将其割裂开来；在学习和掌握某一基本原理时，必须注意到它在整个学说体系中的地位以及与其他诸原理之间的有机联系；真正处理好全面性和重点性的关系。

第二，坚持继承性和变革性相统一的原则，正确理解马克思主义同前人优秀理论遗产的批判继承关系，把握马克思主义的创立在人类思想史上所实现的伟大变革。马克思主义经典作家对于以往人类历史上所创立的一切思想，都是采取理性的批判的态度给予重新审视和探讨，并经过社会实践加以严格的检验，吸取其合理成分，摒弃其糟粕，根据新的历史条件赋予其新的含义，在解决新的时代课题的过程中加以推进、创新和发展，从而实现人类思想发展史上的伟大变革。因此，了解以往人类思想发展史，掌握思想发展史中继承和变革的内在规律性，就成为读懂马克思主义经典著作的必要条件。

第三，坚持逻辑性和历史性相统一的原则，注意把握马克思主义发展过程

① 《习近平：认真学习马克思主义著作　推进中国特色社会主义事业》，《人民日报》2011 年 5 月 14 日。

中的内在联系和不同发展阶段上具体的历史特点，注意把握马克思主义的理论内容与其所处历史条件之间的内在关联。不能把其中内在的本质性的东西与各个不同发展阶段上的具体历史特点和表现形式相混同或者对立起来；要通过认真的阅读和研究，真正把握哪些是贯穿整个体系发展过程始终的基本立场、观点和方法，哪些是这些基本立场、观点和方法在不同的国家、不同的时代、针对解决不同问题而表现出来的具体形式和特点。基本立场、观点和方法是在任何情况下都不能背离的，而具体形式和特点则随着历史条件的变化而不断发生变化；真正处理好坚持马克思主义和发展马克思主义的关系。

第四，坚持理论和实践相统一的原则，把握马克思主义普遍真理与各国具体实践相结合这条主线，探索马克思主义哲学在不同时代、不同类型的国家是如何通过这种结合的实现而得到运用和发展的，特别是注重探讨马克思主义在中国传播的历史过程中与中国具体实际相结合而实现的伟大历史性飞跃所获得理论成果，即毛泽东思想和中国特色社会主义理论体系，尤其要注重学习习近平新时代中国特色社会主义思想；要正确认识毛泽东思想和中国特色社会主义理论体系、习近平新时代中国特色社会主义思想在马克思主义发展史中的地位，深刻理解中国共产党人的理论创新和实践创新对马克思主义的发展所作出的重要贡献。同时，坚持理论和实践相统一原则的另一个重要含义，就是通过学习马克思主义经典著作，坚定马克思主义信仰，增强解决改革发展过程中重大理论问题和实践问题的本领。毛泽东说过："要使马克思列宁主义的理论和中国革命的实际运动结合起来，是为着解决中国革命的理论问题和策略问题而去从它找立场，找观点，找方法的。这种态度，就是有的放矢的态度。'的'就是中国革命，'矢'就是马克思列宁主义。我们中国共产党人所以要找这根'矢'，就是要射中国革命和东方革命这个'的'的。这种态度，就是实事求是的态度。"[1]

第五，坚持精读和泛读相统一的原则。马克思恩格斯的著作数量非常多，作为一般读者不要说读完《马克思恩格斯全集》，就是要读完各种选集也是不容易的。因此，我们要选择一些最能代表马克思主义的著作进行精读，尤其要

---

[1] 《毛泽东选集》第3卷，人民出版社1991年版，第801页。

注意理解和把握经典作家在分析各种问题的过程中所采取的立场、观点和方法，理解和掌握马克思主义哲学的基本原理，注意培养和提高自己的理论思维能力。而对于其他一些著作，则可以泛读。

要试图真正读懂马克思主义经典著作，掌握马克思主义的基本原理，只有下真功、潜心苦读。为了帮助广大读者阅读、理解经典著作，应人民出版社之邀，我们为《马克思恩格斯著作特辑》中的十五部经典著作撰写了导读。导读主要包括三个方面的内容：一是介绍了经典著作写作的历史背景和写作原因；二是准确概括经典著作的逻辑结构，全面阐述经典著作所包含的基本理论；三是结合中国特色社会主义建设的重大理论和实践问题的分析，提出其时代价值和现实意义。

最后，借用马克思《〈政治经济学批判〉序言》中的一段话作为结束语。马克思说："在科学的入口处，正像在地狱的入口处一样，必须提出这样的要求：'这里必须根绝一切犹豫；这里任何怯懦都无济于事'。"①

希望我们的努力，能对广大读者走进马克思、恩格斯的思想世界，学习马克思主义的基本理论和思维方法有所助益。

阮　青

2018 年 3 月 30 日（2022 年 4 月修订）

---

① 《马克思恩格斯选集》第 2 卷，人民出版社 2012 年版，第 5 页。

马克思主义诞生的标志

——《共产党宣言》导读

　　《共产党宣言》是国际共产主义运动第一个纲领性文献，是马克思主义诞生的标志。恩格斯指出，《宣言》"是全部社会主义文献中传播最广和最具有国际性的著作"，也是世界各国无产阶级政党的第一部"完备的理论和实践的党纲"。列宁强调，它"是每个觉悟工人必读的书籍"。

一、历史背景和写作原因

19 世纪 40 年代，资本主义在欧洲一些国家得到迅速发展，并在英、法等国家取得统治地位。随着资本主义的发展，无产阶级和资产阶级的矛盾日益尖锐，斗争日益激烈，各国爆发了一系列声势浩大的工人运动，其中规模比较大的有 1831 年和 1834 年法国里昂工人的两次起义，1837 年开始的英国宪章运动，1844 年德国西里西亚纺织工人的起义。在这些斗争中，无产阶级已经提出自己的阶级要求，并作为一支独立的政治力量登上历史舞台。但是，因为缺乏科学的社会主义理论为指导，特别是缺乏一个以科学社会主义理论武装起来的革命政党的领导，这些斗争都先后失败了。

面对这种情况，马克思、恩格斯一方面积极参加工人运动，在总结工人运动革命经验的基础上，吸取自然科学和社会科学研究的最新成果，批判改造各种资产阶级学说，同当时流行的各种非科学的或反动的社会主义进行坚持斗争，积极进行理论研究和理论创新，为工人运动提供科学的世界观和方法论。另一方面，马克思、恩格斯又积极创立工人阶级政党。1845 年，在布鲁塞尔建立了"共产主义小组"。1846 年，成立了"共产主义通讯委员会"，为建立无产阶级政党作了初步准备。1847 年 6 月，把国际性革命团体"正义者同盟"改组为"共产主义者同盟"，并通过了《共产主义者同盟章程》。章程规定同盟的目的是"推翻资产阶级政权，建立无产阶级统治，消灭旧的以阶级对抗为基础的资产阶级社会和建立没有阶级、没有私有制的新社会"①。同盟的战斗口号

---

① 马克思、恩格斯：《共产党宣言》，人民出版社 2018 年版，第 138 页。

是"全世界无产者，联合起来！"这是一个建立在科学社会主义基础上的国际无产阶级的秘密组织，是国际无产阶级政党的雏形。1847 年 11 月，"共产主义者同盟"第二次代表大会在伦敦召开，马克思和恩格斯受大会委托起草了一个周详的理论和实践党纲，这就是 1848 年 2 月发表的《共产党宣言》。

二、主要内容和基本理论

《共产党宣言》包括七篇序言、引言、四章正文。

《1872 年德文版序言》是马克思、恩格斯合写的。序言说明：25 年的实践证明，不管情况发生了多大变化，《宣言》中所阐述的基本原理仍然是完全正确的。但是，在运用这些基本原理时"随时随地都要以当时的历史条件为转移"，① 即坚持把基本原理与本国的实际情况相结合，而不能照抄照搬照转，要杜绝教条主义的倾向。

《1882 年俄文版序言》明确说明：《宣言》的任务，就是宣告现代资产阶级所有制必然灭亡。

《1883 年德文版序言》是马克思逝世后恩格斯一人写的。说明贯穿《宣言》的基本思想是历史唯物主义，它包括相互联系的三个方面的内容：一是社会物质资料的生产决定社会的经济基础，而社会的经济基础决定社会的上层建筑。二是生产力与生产关系、经济基础与上层建筑之间的矛盾，在阶级社会里总是集中地表现为阶级矛盾和阶级斗争，即剥削阶级与被剥削阶级、统治阶级与被统治阶级之间的矛盾和斗争。因此，自原始公社解体以来的全部社会的历史都是阶级斗争的历史。三是无产阶级只有解放全人类才能解放无产阶级自己。无产阶级如果不同时使整个社会永远摆脱剥削和压迫，它就不能使自己获得解放。

在《1888 年英文版序言》里，恩格斯回顾了《宣言》的翻译、出版、传

---

① 马克思、恩格斯：《共产党宣言》，人民出版社 2018 年版，第 3 页。

播情况，说明《宣言》的命运和国际工人运动是紧密联系在一起的；《宣言》在世界各国得到广泛传播，已经成为全部社会主义文献中传播最广和最带国际性的著作，被千百万工人公认为共同纲领；说明《宣言》之所以不叫社会主义宣言，因为当时所谓的社会主义者，一是指各种空想主义体系的信徒，二是指形形色色的社会庸医。所以，《宣言》理所当然地应该称为共产主义宣言。

《1890 年德文版序言》，恩格斯回顾了《宣言》出版后发生的一些事情，重申了前面几篇序言中的重要观点。

《1892 年波兰文版序言》，恩格斯指出，《宣言》在某种程度上已经成为测量欧洲大陆大工业发展的一种尺度。波兰文新版本出版，标志着波兰工业的重大发展，这是波兰人民拥有强大生命力的新的证明，是波兰人民即将达到民族复兴的新的保证。

《1893 年意大利文版序言》，恩格斯回顾了在 1848 年 3 月 18 日发生在米兰和柏林的革命，说明意大利人但丁"是中世纪的最后一位诗人，同时又是新时代的最初一位诗人"，[①] 标志着封建的中世纪的终结和现代资本主义纪元的开端。

"引言"集中讲《宣言》产生的历史背景、目的和任务。19 世纪 40 年代，共产主义在欧洲已经成为一种公认的、不可抗拒的政治势力和社会力量，这必然引起了一切旧势力的恐慌。于是他们编造出关于"共产主义幽灵"的神话，进行诬蔑，加以围剿。为了回击反动势力的进攻，向全世界公开说明自己的观点、目的和意图，各国共产党人集于伦敦，拟定宣言，用多种文字，公布于世。

第一章，资产者和无产者。马克思、恩格斯运用历史唯物主义的基本观点，着重论述阶级斗争学说，说明阶级斗争是阶级社会发展的直接动力；分析了资产阶级和无产阶级产生、发展及其相互斗争的历史过程，肯定资本主义大生产在人类社会发展过程中所起的革命作用；揭示了资本主义社会内在矛盾及其危机，论证了资本主义社会必然灭亡和社会主义必然胜利的客观规律，阐明

---

① 马克思、恩格斯：《共产党宣言》，人民出版社 2018 年版，第 24 页。

了无产阶级的历史使命。

第二章，无产者和共产党人。马克思和恩格斯阐明了共产党的性质、特点和基本纲领，驳斥了资产阶级对共产党人和共产主义的种种责难，论述了无产阶级专政的基本思想和通向共产主义的发展道路。

第三章，社会主义和共产主义的文献。揭露和批判了当时流行的各种假社会主义和空想社会主义思潮，分析他们产生和存在的社会阶级根源和各自代表的阶级利益；说明随着无产阶级反对资产阶级的阶级斗争的深入发展，各种假社会主义和空想社会主义已经失去了其理论价值和实践意义。

第四章，共产党人对各种反对党派的态度。集中阐明了无产阶级政党的斗争策略，要求共产党在反对现存社会制度的斗争中，必须把眼前利益和长远利益、当前斗争同实现共产主义的伟大目标结合起来，始终代表整个运动的未来；在不同国家领导革命时，要坚持党的原则的坚定性和策略的灵活性的统一。

在《宣言》的最后，马克思、恩格斯以无产阶级革命家的伟大气魄，气势磅礴地向全世界庄严宣告：共产党人的"目的只有用暴力推翻全部现存的社会制度才能达到。让统治阶级在共产主义革命面前发抖吧。无产者在这个革命中失去的只是锁链。他们获得的将是整个世界"。"全世界无产者，联合起来！"这是一个充满无产阶级国际主义精神的伟大战斗口号。

《共产党宣言》蕴含的基本原理和思想要义：

（一）阶级斗争是阶级社会发展直接动力理论

马克思、恩格斯指出："至今一切社会的历史都是阶级斗争的历史。"恩格斯在 1888 年英文版上加了一个注，说明"这是指有文字记载的全部历史"。马克思、恩格斯关于人类社会有文字记载以来的历史是阶级斗争的历史的论断，是历史唯物主义的一个基本观点。

在马克思主义创立之前，一些资产阶级思想家已经明确提出阶级和阶级斗争的问题。但是他们的共同局限性在于：没有科学地揭示阶级的起源和本质，只承认资产阶级反对封建贵族的斗争的合理性，而否认甚至反对无产阶级反对资本主义的斗争；力图把资本主义制度理想化，把阶级区分永恒化，为资产阶级统治的合理性提供理论根据。针对这种局限性，马克思在1852年3月5日《致约·魏德迈》的信中说："我所加上的新内容就是证明了下列几点：(1)阶级的存在仅仅同生产发展的一定历史阶段相联系；(2)阶级斗争必然导致无产阶级专政；(3)这个专政不过是达到消灭一切阶级和进入无阶级社会的过渡……。"① 这就从总体上系统阐明了阶级和阶级斗争的产生、发展和消灭的客观规律性，从而划清了马克思主义同资产阶级的界限，也划清了马克思主义同机会主义的界限。

马克思、恩格斯运用阶级分析方法考察资产阶级的产生和发展过程，肯定了资本主义的发展对人类社会的发展进步所起到的"非常革命"的作用。随着资本主义工业的发展，新大陆的发现，新航线的开辟，市场的不断扩大，需求的日益增加，特别是蒸汽机和机器的应用所引起的工业生产的革命，促使现代大工业代替了工场手工业，同时也使资产阶级日益发展壮大起来。"随着工业、商业、航海业和铁路的扩展，资产阶级也在同一程度上发展起来，增加自己的资本，把中世纪遗留下来的一切阶级排挤到后面去。""资产阶级在历史上曾经起过非常革命的作用。"资产阶级在它已经取得了统治的地方把一切封建的、宗法的和田园诗般的关系都破坏了。它无情地斩断了把人们束缚于天然尊长的形形色色的封建羁绊，它使人和人之间除了赤裸裸的利害关系，除了冷酷无情的"现金交易"，就再也没有任何别的联系了。它把宗教虔诚、骑士热忱、小市民伤感这些感情的神圣发作，淹没在利己主义打算的冰水之中。它把人的尊严变成了交换价值，用一种没有良心的贸易自由代替了无数特许的和自力挣得的自由。总而言之，它用公开的、无耻的、直接的、露骨的剥削代替了由宗教幻想和政治幻想掩盖着的剥削。资产阶级抹去了一切向来受人尊崇和令人敬畏的职业的神圣光环，把一切职业都变成可以出钱招雇的雇佣劳动者；资产阶级撕下了罩在家庭关系上的温情脉脉的面纱，把这种关系变成了纯粹的金钱关

---

① 《马克思恩格斯选集》第4卷，人民出版社2012年版，第426页。

系；资产阶级开拓了世界市场，使一切国家的生产和消费都成为世界性的了；资产阶级由于生产工具的迅速改进和交通的极其便利，把一切民族甚至是最野蛮的民族都卷到文明中来了。它的商品的低廉价格，是它用来摧毁一切万里长城、征服野蛮人最顽强的仇外心理的重炮。它迫使一切民族采用资产阶级的生产方式；它迫使它们在自己那里推行所谓的文明，即变成资产者。一句话，它按照自己的面貌为自己创造出一个世界。

资产阶级不仅创造和改变了城市，而且也使农村屈服于城市的统治。马克思、恩格斯指出，资产阶级创造了巨大的城市，使城市人口比农村人口大大地增加起来，因而使很大一部分居民脱离了农村生活的愚昧状态。资产阶级日甚一日地消灭生产资料、财产和人口的分散状态。它使人口密集起来，使生产资料集中起来，使财富聚集在少数人的手里。由此必然产生的结果就是政治的集中：原来各自独立的、几乎只有同盟关系的、各有不同利益、不同法律、不同政府、不同关税的各个地区，现在已经结合为一个拥有统一的政府、统一的法律、统一的民族阶级利益和统一的关税的统一的民族。"资产阶级在它的不到一百年的阶级统治中所创造的生产力，比过去一切世代创造的全部生产力还要多，还要大。"[①]

但是，资产阶级生产关系仍然是一种私有制代替另一种私有制，一种剥削形式代替另一种剥削形式；资本主义社会的生产社会化和生产资料的私人占有之间的矛盾日益尖锐，必然导致其自身无法解脱的周期性经济危机。因此，"资产阶级用来推翻封建制度的武器，现在却对准资产阶级自己了。"随着生产力的高度发展和高度社会化，资本主义私人占有的生产关系已经容纳不了这样的生产力了；与生产力社会化相适应，用社会占有生产资料的社会主义制度取代私人占有生产资料的资本主义制度的时刻就要到来了。这说明资本主义的灭亡是自身矛盾发展的必然结果。《宣言》强调指出，资产阶级不仅锻造了置自身于死地的武器，它还产生了将要运用这种武器的人，即现代的工人，无产者。

---

① 马克思、恩格斯：《共产党宣言》，人民出版社 2018 年版，第 32 页。

马克思、恩格斯考察无产阶级的发展过程，阐述无产阶级的历史使命。无产阶级和资产阶级是同时产生的。无产阶级是出卖劳动力的雇佣劳动者，又是新的生产力的代表者，是最有力量、最有前途的革命阶级，是资本主义制度的掘墓人。无产阶级的发展过程，也是同资产阶级的斗争过程，经历了从自在阶级到自为阶级的发展过程。最初，无产阶级的斗争表现为个别工厂或工人反对直接剥削他们的单个资产者，他们摧毁机器，破坏设备，这是一种分散的自发进行的斗争；随后，工人运动从自发斗争发展到有组织的自觉斗争，工人们开始成立反对资本家的同盟组织，要求增长工资，减少工时，提高经济待遇等。经过无数次反复的斗争，工人愈来愈团结，把地方性的斗争汇合成全国范围的斗争，把个别工人或工厂反对个别资本家的斗争汇合成整个无产阶级反对整个资产阶级及其政府的阶级斗争，从而发展到以夺取政权为目标的政治斗争。无产阶级在反复斗争中，积累了经验，增长了才干，认识到资本主义制度的本质，认识到自己的历史使命，认识到必须团结起来组织自己的政党来领导自己反对资产阶级的斗争的必要性。这样，无产阶级就从自在阶级发展成为自为阶级，成为推翻资本主义制度的革命力量。

马克思、恩格斯把无产阶级与其他阶级相比较，指出无产阶级的革命性和先进性。首先，在当前同资产阶级对立的一切阶级中，只有无产阶级是真正革命的阶级，其余的阶级都随着大工业的发展而日趋没落和灭亡，而无产阶级却是大工业本身的产物，并随着大工业的发展而日益发展壮大，代表了人类社会发展的趋势和潮流。其次，过去一切阶级在争得统治之后，总是使整个社会服从于它们发财致富的条件，企图以此来巩固它们已经获得的统治地位。而无产者只有废除资本主义私人占有方式，建立生产资料归社会占有的制度，才能推动社会生产力的发展。因此，无产者没有什么自己的东西必须加以保护，他们必须摧毁至今保护和保障私有财产的一切制度。最后，过去的一切运动都是少数人的，或者为少数人谋利益的运动。"无产阶级的运动是绝大多数人的，为绝大多数人谋利益的独立的运动。"无产阶级作为现今社会的最下层，如果不炸毁构成官方社会的整个上层统治，就不能抬起头来、挺起胸来，就不能获得翻身解放。总之，随着资本主义社会矛盾的日益激化，无产阶级的日益发展壮大，"资产阶级的灭亡和无产阶级的胜利是同样不可避免的。"① 这个科学结论揭示出资本主义社会发展的客观规律。

（二）共产党的性质和基本纲领理论

马克思、恩格斯分析了共产党与其他工人政党的关系，指出共产党是无产阶级政党，而不是与其他工人政党相对立的特殊政党，"他们没有任何同整个无产阶级的利益不同的利益"，"他们不提出任何特殊的原则，用以塑造无产阶级的运动"。但是，共产党与其他工人政党又有着本质的区别，"一方面，在无产者不同的民族的斗争中，共产党人强调和坚持整个无产阶级共同的不分民族的利益；另一方面，在无产阶级和资产阶级的斗争所经历的各个发展阶段上，共产党人始终代表整个运动的利益。"② 这就从空间布局上说明，共产党代表着无产阶级整体的利益，没有任何自己的特殊利益；从时间进程上说明，共产党代表着无产阶级革命斗争的未来方向，在革命斗争过程中难免会遇到曲折和磨难，斗争的方向永远不会改变。因此，共产党人具有了自己的特殊优势：在实践方面，由于有无产阶级整体的支持而更加具有斗争的坚定性和彻底性；在理论方面，由于了解无产阶级运动的条件、进程和一般目的，把握无产阶级革命运动的一般规律，具有先进的理论作指导。这两点使共产党成为无产阶级的先锋队。

马克思、恩格斯阐述了共产党的基本纲领。共产党人最近目的是：把无产阶级组织成为强大的阶级力量，推翻资产阶级统治，由无产阶级夺取政权。共产党人的理论原理，决不是以这个或那个世界改革家所发明或发现的思想、原则为根据的，而是以马克思主义的历史唯物主义为指导思想的。历史唯物主义告诉我们，一切所有制关系都经历了经常的历史更替、经常的历史变革。共产主义的特征并不是要废除一般的所有制，而是要废除资产阶级的所有制。因为

---

① 马克思、恩格斯：《共产党宣言》，人民出版社 2018 年版，第 40 页。

② 马克思、恩格斯：《共产党宣言》，人民出版社 2018 年版，第 41 页。

现代资产阶级私有制是建立在阶级对立基础之上、阶级压迫基础之上的最后而又最完备的私有制。因此，"从这个意义上说，共产党人可以把自己的理论概括为一句话：消灭私有制。"①

马克思、恩格斯全面驳斥了资产阶级思想家对共产主义的各种攻击和诘难。

有人说，共产党人消灭私有制，就是要消灭个人通过劳动挣得的财产，而这些财产是构成个人的一切自由和独立的基础。马克思、恩格斯明确回答，在资产阶级私有制出现以前的那些小资产阶级的、小农的财产已经被大工业的发展所消灭了，而且每天都在消灭，用不着我们去消灭；无产阶级作为雇佣者根本没有财产，也就谈不上什么消灭。资本家占有资本，而资本不是一种个人力量，它是一种社会力量，它只有依靠社会全体成员在整个经济运行过程中才能实现自己。因此，与生产的社会化相适应，把本来就属于社会所有的资本变为公共的、属于社会全体成员的财产，这并不是把个人财产变为社会财产，而是改变了财产的社会性质，即由资本主义私人占有转变为整个社会占有，资本也就失掉了它的阶级性质。所以，马克思、恩格斯强调，主张的"消灭私有制"，并不是简单地消灭一切人的财产，甚至消灭老百姓的生活资料，而是要消灭资本主义私有制。

有人说，共产党要消灭独立性、个性和自由。马克思、恩格斯敏锐地指出，在资产阶级社会里，资本具有独立性和个性，而广大工人阶级却没有独立性和个性；所谓自由就是自由贸易、自由买卖；这些都是资本主义生产关系所特有的。所以，共产党就是要消灭资产者的独立性、个性和自由，进而消灭资本主义生产关系。

有人说，共产党要共妻啊。马克思、恩格斯非常巧妙地指出，资产者把自己的妻子当作单纯的生产工具，他们听说生产工具将要公共使用，自然就不能不想到妇女也会遭到同样的命运。而问题正在于使妇女不再处于单纯生产工具的地位。在马克思、恩格斯看来，资产阶级的婚姻实际上是公妻制，他们霸占

----

① 马克思、恩格斯：《共产党宣言》，人民出版社2018年版，第42页。

无产者的妻子和女儿、卖淫嫖娼，甚至以互相诱奸妻子为最大的享乐。因此，随着资本主义生产关系的消灭，从中产生的公妻制，即正式的和非正式的卖淫也就消失了。

此外，资产阶级思想家还提出其他一些诘难，在此不再多述。总之，马克思、恩格斯面对资产阶级的诘难，运用历史唯物主义的分析方法，言辞尖锐，分析透彻，充满了政治智慧，说理性极强，令人信服，有时也令人捧腹大笑，笑资产阶级思想家的愚蠢，笑他们搬起石头砸了自己的脚。

马克思、恩格斯明确提出："共产主义革命就是同传统的所有制关系实行最彻底的决裂；毫不奇怪，它在自己的发展进程中要同传统的观念实行最彻底的决裂。"①"两个最彻底的决裂"的思想，明确提出了共产主义革命的任务，充分体现了无产阶级革命的彻底精神。

（三）无产阶级专政理论

马克思、恩格斯强调，无产阶级革命的第一步，是使无产阶级上升为统治阶级，争得民主。无产阶级取得政治统治权，就可以利用政治权力来一步一步地剥夺资产阶级的全部生产资料，把它集中到"国家即组织成为统治阶级的无产阶级"手中，尽可能快地提高生产效率，极大地丰富社会物质财富，为消灭阶级、实现共产主义创造物质条件。

无产阶级要做到这一点，必须采取一系列措施对资产阶级生产关系实行强制性的干涉。马克思、恩格斯提出十个方面措施：一、剥夺地产，把地租用于国家支出；二、征收高额累进税；三、废除继承权；四、没收一切流亡分子和叛乱分子的财产；五、通过拥有国家资本和独享垄断权的国家银行，把信贷集中在国家手里；六、把全部运输业集中在国家手中；七、按照共同的计划增加国家工厂和生产工具，开垦荒地和改良土壤；八、实行普遍劳动义务制，成立产业军，特别是在农业方面；九、把农业和工业结合起来，促使城乡对立逐步

---

① 马克思、恩格斯：《共产党宣言》，人民出版社 2018 年版，第 49 页。

消灭；十、对所有儿童实行公共的和免费的教育，取消儿童的工厂劳动，把教育同物质生产结合起来，等等。

马克思、恩格斯指出，当阶级差别在发展进程中已经消失，全部生产集中在联合起来的无产阶级手里的时候，公共权力就失去政治性质。原来意义上的政治权力，是一个阶级用以压迫另一个阶级的有组织的暴力。那么，无产阶级为了进行反对资产阶级的斗争，就一定要联合起来通过革命使自己成为统治阶级，并以统治阶级的资格用暴力消灭旧的生产关系；然而，无产阶级在消灭资本主义生产关系的同时，消灭了私有制存在的经济根源，也就消灭了阶级的存在条件；既然阶级存在的条件消灭了，无产阶级也就失去了其存在的理由，无产阶级的阶级统治也就失去了存在必要。在那时，"代替那存在着阶级和阶级对立的资产阶级旧社会的，将是这样一个联合体，在那里，每个人的自由发展是一切人的自由发展的条件。"① 这个社会就是共产党人所追求的共产主义社会。

三、时代价值和现实意义

《共产党宣言》公开发表已经 170 多年了。在这 170 多年里，资本主义世界发生了很大的变化，社会主义运动走过了艰难曲折的道路，也取得了令世人瞩目的成就。站在中国特色社会主义新时代的视角，重新阅读《共产党宣言》，最深刻的感受是，马克思、恩格斯在《宣言》中阐述的关于共产党要为无产阶级谋利益的理论。

为无产阶级和广大人民群众谋利益，还是为少数人或小集团谋利益，是无产阶级政党与其他一切政党的根本区别。因为，任何一个政党都是以特定阶级为基础，代表和体现着特定阶级的利益；无产阶级政党是以无产阶级为其阶级基础的，其根本特征和唯一宗旨就是为无产阶级和广大人民群众谋利益。

马克思、恩格斯指出，代表最广大人民群众的利益是无产阶级政党的根

---

① 马克思、恩格斯：《共产党宣言》，人民出版社 2018 年版，第 51 页。

本特征。以往的一切剥削阶级及其政党，都是把无产阶级和广大人民群众当作榨取物质财富的机器，当作改朝换代的工具。与此相反，无产阶级政党则把自己当作是为无产阶级和广大人民群众求解放、谋利益的工具；无产阶级政党除了无产阶级和广大人民群众的利益之外，没有任何自己的特殊利益。正如《宣言》所说的："过去的一切运动都是少数人的或者为少数人谋利益的运动。无产阶级的运动是绝大多数人的，为绝大多数人谋利益的独立的运动。"共产党"没有任何同整个无产阶级的利益不同的利益"，"他们不提出任何特殊的原则，用以塑造无产阶级的运动"。但是，共产党与其他工人政党又有着本质的区别，"一方面，在无产者不同的民族的斗争中，共产党人强调和坚持整个无产阶级共同的不分民族的利益；另一方面，在无产阶级和资产阶级的斗争所经历的各个发展阶段上，共产党人始终代表整个运动的利益。"① 这就是说，与以往人类社会所发生的一切社会运动相比较，无产阶级所进行的社会运动的最大特色在于是为绝大多数人谋利益的，那么，无产阶级必须使整个社会永远摆脱剥削和压迫，实现全人类的解放，才能最终解放无产阶级自己。因此，无产阶级及其政党不仅反对资产阶级的压迫和剥削，主张用生产资料的社会占有代替生产资料的资本家私人占有，用社会主义制度代替资本主义制度，而且要求消灭一切阶级和压迫，最终实现人类最美好的共产主义社会。这是共产党人能够从根本上代表最广大人民群众的意志和利益的理论根据。

无产阶级政党代表广大人民群众根本利益的最高表现，是带领无产阶级和广大人民群众推翻资本主义社会，确立无产阶级和广大人民群众在国家政治经济生活中的主体地位，发挥其主人翁作用。马克思说："我们知道，要使社会的新生力量很好地发挥作用，就只能由新生的人来掌握它们，而这些新生的人就是工人。"② 恩格斯在多篇著作中谈到，只有到了社会主义社会，不仅可以保证一切社会成员有富足的和一天比一天富裕的物质生活，而且还可以保证他们的体力和智力获得充分自由的发展和运用，人们才最终脱离了动

---

① 马克思、恩格斯：《共产党宣言》，人民出版社 2018 年版，第 41 页。
② 《马克思恩格斯文集》第 2 卷，人民出版社 2009 年版，第 580 页。

物的生存条件而进入人的生存条件，原来统治着人们的生活条件现在却受到人们的支配和控制，人终于成为自然界的主人，成为社会的主人，成为自身的主人。

恩格斯专门提醒，共产党人必须时刻牢记无产阶级政党代表无产阶级和最广大人民群众的根本利益这个宗旨，警惕自己由人民的公仆变成人民的主人。恩格斯把那些力图挤入上层社会得到显赫地位，"以党作幌子，利用一切人以达到私人的目的"的人，称作"狡猾的生意人，他们在党还容忍的时候，总是利用党来谋取自身的实际利益"，这不是人民的公仆而是人民的主人。恩格斯在共产党成立的初期便意识到权力有可能腐败的问题，真的是高瞻远瞩，值得我们深入学习和思考。

中国共产党人在领导中国人民进行革命、建设和改革的伟大进程中，继承了马克思、恩格斯提出的物质利益基本原则，又结合中国共产党人的历史使命，提出"全心全意为人民服务"的宗旨，"以人为本、执政为民"的执政理念，"让人民过上美好生活"的奋斗目标，构建起中国共产党人的利益观。

首先，人民群众的利益至高无上是中国共产党人利益观的根本原则。人民的利益是我们一切工作的根本出发点和落脚点，坚持人民利益高于一切，个人利益、集团利益必须无条件地服从人民利益。毛泽东曾指出："全心全意为人民服务，一刻也不脱离群众；一切从人民的利益出发，而不是从个人或小集团的利益出发；向人民负责和向党的领导机关负责的一致性；这些就是我们的出发点。"[1] 又提出："我们的责任，是向人民负责"，要"为人民的利益而坚持好的，为人民的利益改正错的"。因此，"共产党人必须随时准备坚持真理，因为任何真理都是符合于人民利益的；共产党人必须随时准备修正错误，因为任何错误都是不符合人民利益的。"在改革开放过程中，邓小平反复强调要把"人民拥护不拥护"，"人民赞成不赞成"，"人民高兴不高兴"，"人民答应不答应"作为制定各项政策的出发点和归宿。习近平在中共中央政治局第二十六次集体学习时强调："凡是有利于党和人民事业的，就坚决干、加油干、一刻不停

---

① 《毛泽东选集》第3卷，人民出版社1991年版，第1094—1095页。

歇地干；凡是不利于党和人民事业的，就坚决改、彻底改、一刻不耽误地改。"从根本上说，无产阶级政党所进行的一切活动，都是为广大人民谋利益；这恰恰体现了中国共产党人的最高价值追求和历史使命。

其次，让人民过上美好生活是中国共产党人利益观的集中体现。中国共产党是代表中国工人阶级和最广大人民群众的根本利益的先进执政党，因此，坚持全心全意为人民服务的宗旨，坚持以人为本、执政为民的执政理念，最终体现为让人民过上美好生活。党的十八大结束时，习近平带领新一届中央政治局常委同中外记者见面时说："我们的人民热爱生活，期盼有更好的教育、更稳定的工作、更满意的收入、更可靠的社会保障、更高水平的医疗卫生服务、更舒适的居住条件、更优美的环境，期盼孩子们能成长得更好、工作得更好、生活得更好。人们对美好生活的向往，就是我们的奋斗目标。"这段讲话朴实亲切、饱含深情，向全世界展示了中国共产党人的执政理念和高尚情操。然而，能否准确把握人民群众的需要，能否用恰当的方式满足人民群众的需要，这不仅是一个理论问题，更是一个直接关系到党和国家事业兴衰成败的实践问题。在这个问题上，我们有成功的经验，也经历过挫折和苦难。改革开放新征程能够起航的关键一点，在于中国共产党人重新把社会主要矛盾确定为"人民群众日益增长的物质文化需要与落后的社会生产之间的矛盾"，并以解决这个社会主要矛盾为中心规划出中国社会发展的宏伟蓝图。当前，处于整体转型升级的当代中国社会，人民群众的需要呈现出新的特点，人民群众的需要与需要的满足也呈现出诸多困境。党的十九大报告指出：中国特色社会主义进入新时代，我国社会主要矛盾已经转化为人民日益增长的美好生活需要和不平衡不充分的发展之间的矛盾。我国稳定解决了十几亿人的温饱问题，总体上实现了小康，不久将全面建成小康社会，人民美好生活需要日益广泛，不仅对物质文化生活提出了更高要求，而且在民主、法治、公平、正义、安全、环境等方面的要求日益增长。同时，我国社会生产力水平总体上显著提高，社会生产能力在很多方面进入世界前列，更加突出的问题是发展不平衡不充分，这已经成为满足人民日益增长的美好生活需要的主要制约因素。因此，全体中国共产党人必须要在继续推动发展的基础上，着力解决好发展不平衡不充分的问题，大力提升发展质量和效益，更好满足人民在经济、政治、文化、社会、生态等方面日益增长的需要，更好推动人的全面发展、社会全面进步。

最后，每一个共产党员特别是党的领导干部要以为人民谋利益作为价值追求和人生信念。为什么人谋利益的问题，既是世界观、人生观问题，又是利益观、价值观的问题。中国共产党人的世界观、人生观决定其利益观和价值观，具有高度的一致性。因此，每一个共产党员都要把"人民利益高于一切"，作为约束自身行为的最高准则；把"全心全意为人民谋利益"，作为一切言行的根本出发点和落脚点；把是否符合人民利益、能否切实解决人民利益问题，真正让人民群众拥有获得感、幸福感和安全感，过上美好生活，作为判断工作得失成败的根本标准。毛泽东曾说："以中国最广大人民的最大利益为出发点的中国共产党人，相信自己的事业是完全合乎正义的，不惜牺牲自己个人的一切，随时准备拿出自己的生命去殉我们的事业，难道还有什么不适合人民需要的思想、观点、意见、办法，舍不得丢掉的吗？"[①] 在当前全面深化改革、全面建设社会主义现代化国家的条件下，一方面，我们要按照习近平总书记的要求，抓民生要抓住人民最关心最直接最现实的利益问题，抓住最需要关心的人群，一件事情接着一件事情办、一年接着一年干，锲而不舍向前走。要多谋民生之利，多解民生之忧，在学有所教、劳有所得、病有所医、老有所养、住有所居上持续取得新进展。另一方面，面对全面深化改革的顶层设计和整体推进的全面落实，党政机构改革的深入进行，每一位党员领导干部都面临着能否服从大局、服从党的安排，甚至牺牲个人的、局部的利益的重大考验。因此，我们必须自觉地把个人的价值追求融入中国共产党的价值理想之中，在实现党的价值理想的同时实现自己的人生价值理想，才能获得对自己行为合理性的自信心、使命感、荣誉感和神圣感，才能避免由于生活目的失落而产生各种焦虑和恐慌，找到"精神安宁"的家园。

---

① 《毛泽东选集》第 3 卷，人民出版社 1991 年版，第 1096—1097 页。

工人阶级的圣经
——《资本论》导读

　　《资本论》是马克思用毕生心血写成的科学巨著，是马克思主义的百科全书，是工人阶级的圣经。当今的时代同马克思生活的时代相比发生了巨大变化，但《资本论》中所包含的基本原理和基本方法，仍然是我们正确认识当代资本主义，把握世界发展大趋势的理论基石，是构建中国特色社会主义政治经济学的重要思想来源，是构建和完善社会主义市场经济体制的指导思想。

一、历史背景和写作原因

伟大的思想都是时代的产物。17世纪40年代，英国发生了资产阶级革命，随着资产阶级取得了阶级统治，资本主义经济的发展加快了速度。到了19世纪40年代，工业革命完成，机器大工业取代了工场手工业，资本主义生产关系的物质技术基础得以确立。虽然资本主义还处在自由竞争的上升时期，但其固有的内在矛盾已经开始激化，1825年开始并周期性爆发的经济危机，说明资本主义生产关系已从生产力发展的促进力量逐渐变为生产力发展的阻碍力量。

资本主义经济危机的周期性爆发给工人阶级带来了深重的灾难，也促使无产阶级反抗资产阶级的斗争逐步发展起来。这种斗争最初表现为单纯的经济斗争，工人自发地破坏机器；后来发展为独立的政治斗争，工人阶级作为独立的政治力量登上了历史舞台。工人运动的发展迫切需要用系统的革命理论来指导，而当时流行的形形色色的"社会主义"理论只能把工人运动引向邪路。科学地剖析资本主义生产方式内在矛盾的任务，历史地提到了无产阶级先进分子的面前。马克思正是适应这种历史的需要而创作《资本论》的。

马克思最初是研究法律和政治学的。推动马克思研究经济问题的动因是，1842年至1843年间德国莱茵省议会关于经济问题的争论。当时，马克思任《莱茵报》主编，接触了许多经济问题，如林木盗窃、地产析分、自由贸易和关税保护等，马克思第一次遇到要对所谓物质利益发表意见的"难事"。为了彻底弄清楚这些问题，非研究政治经济学不可。恩格斯在回忆马克思的这段经历时介绍说：我曾不止一次地听马克思说，正是他对林木盗窃法和摩塞尔河地区农民处境的研究，推动他由纯政治转向经济关系的研究，从而走向社会主义。

对物质利益重要性的认识，促使马克思彻底批判自己以前的哲学信仰，并对黑格尔的辩证法进行根本的改造，为政治经济学的研究提供方法论基础。1843 年夏，马克思写了《黑格尔法哲学批判》；同年年底，又写了《〈黑格尔法哲学批判〉导言》，第一次论证了上层建筑与经济基础之间的辩证关系。1847 年 8 月，马克思出版了《哲学的贫困》，对政治经济学的对象和方法做了新的说明。同年冬天，马克思在工人夜校做了几次讲演，后来在此基础上出版了他的《雇佣劳动与资本》一书，第一次较为系统地阐述了资本家剥削工人的实质。1848 年 2 月出版了马克思和恩格斯合著的《共产党宣言》，提出了无产阶级革命运动的纲领和消灭私有制、剥夺剥夺者的任务。

从 1850 年起，马克思在伦敦用批判的精神透彻地研究政治经济学的一些基本理论。1857—1858 年，马克思写了《经济学手稿（1857—1858）》，这是《资本论》的最初草稿，即《资本论》第一稿。1859 年 6 月，马克思出版了《政治经济学批判》，在该书序言中，马克思第一次对唯物史观作了经典的概括，并以此作为经济学研究总的指导思想和方法论基础。1861—1863 年，马克思又写了《1861—1863 年经济学手稿》，这是《资本论》的第二稿。1864—1865 年，马克思又重新写了《资本论》第三稿。在此基础上，1867 年 9 月 14 日，马克思亲自校订出版了《资本论》第一卷。1883 年马克思去世后，恩格斯分别于 1885 年和 1894 年整理出版了《资本论》的第二卷和第三卷。《资本论》是马克思"整个一生科学研究的成果。它是工人阶级政治经济学的科学表述"[①]。

二、主要内容和基本理论

《资本论》研究的是资本主义生产方式。资本主义生产方式是以剩余价值

---

① 《马克思恩格斯全集》第 16 卷，人民出版社 1964 年版，第 411 页。

为中心的资本的生产过程和流通过程的统一。根据从抽象到具体的逻辑方法，《资本论》第一卷阐述资本的生产过程，中心内容是分析剩余价值的生产问题；第二卷阐述资本的流通过程，中心内容是分析剩余价值的实现问题；第三卷阐述作为资本的生产过程和流通过程统一的资本主义生产的总过程，中心内容是分析剩余价值的分配问题。

《资本论》第一卷共七篇，可分为三大部分：第一部分即第一篇"商品和货币"，阐述了劳动价值学说。商品流通是资本的出发点，货币是资本的最初表现形式。分析商品和货币是对资本进行逻辑和历史分析的前提和理论基础，因此，这一篇也可以看作是分析资本主义生产过程的引论。第二部分即第二至六篇，阐述了剩余价值学说。说明生产尽可能多的剩余价值，是资本主义生产的决定性目的和动机。第三部分即第七篇"资本的积累过程"，阐述了资本积累学说。这一篇分析了资本积累的实质、资本主义积累的一般规律、资本主义发展的历史趋势，得出了"资本主义私有制的丧钟就要响了，剥夺者就要被剥夺了"的科学结论。总之，第一卷从生产过程深刻地揭示了资本主义产生、发展和必然灭亡的客观规律。

《资本论》第二卷共三篇，可分为两大部分：第一部分即第一至二篇，阐述了资本循环和周转学说。第一篇"资本形态变化及其循环"，分析资本循环采取的不同形式以及循环本身的各种形式；第二篇"资本周转"，是把资本循环当作周期性的过程来研究，重点分析资本周转速度对剩余价值生产的影响。第二部分即第三篇"社会总资本的再生产和流通"，阐述了社会总资本再生产学说；说明各个单个资本的流通是互相联系、互相交错的，并且在联系和交错中形成社会总资本的流通；而社会总资本再生产和流通中的矛盾逐渐激化，最终导致经济危机的爆发。

《资本论》第三卷共七篇，可分为三个部分：第一部分即第一至三篇，阐述了平均利润和生产价格学说。第一篇讲利润，第二篇讲利润的平均化，第三篇讲利润率变化的趋势，重点说明产业资本家作为一个阶级是如何占有工人创造的剩余价值的。第二部分即第四至六篇，阐述了商业利润、利息和地租学说。第四篇讲商业资本和商业利润，第五篇讲生息资本和利息，第六篇讲地租，重点说明剩余价值是如何通过它的各种形式在各剥削集团之间瓜分的。第三部分即第七篇，阐述了收入学说。马克思研究了各阶级的关系，指出所有剥削阶级的全部收入都来自工人阶级创造的剩余价值；因此，要改变这种分配关系，必须彻底改变资本主义的生产关系，消灭资本主义制度。第七篇不仅是第三卷的总结，也是整个《资本论》全三卷的总结。

阅读这部著作要掌握的基本理论有：

（一）劳动价值理论

这一理论的主要内容包含在《资本论》第一卷第一篇和相关的其他篇章中，中心阐明价值的质、价值的量、价值形式和价值规律，构成了整个《资本论》理论体系的基础。主要包括以下内容：

1. 价值是商品的特有属性

由于社会分工和不同利益主体的出现，产生了商品生产。商品是用来交换的劳动产品，具有使用价值和价值两个因素；而使劳动产品成为商品的决定因素，不是它的使用价值，而是它的价值，即凝结在商品中的无差别的一般人类劳动。价值是商品所特有的社会属性，是被物的关系所掩盖的商品生产者之间的社会生产关系。

2. 价值量的确定

生产商品的劳动具有二重性，即具体劳动和抽象劳动；商品的价值是由人们的抽象劳动形成的，因此，商品的价值量只能由生产商品的抽象劳动量即社会必要劳动时间来决定。

3. 商品价值量与劳动生产力的关系

商品的价值量是由生产商品的社会必要劳动时间决定的；就是说，如果生产商品所需要的劳动时间不变，商品的价值量也就不变。而劳动生产力越高，生产一种物品所需要的劳动时间就越少，凝结在该物品中的劳动量就越少，该物品的价值量就越小。相反地，劳动生产力越低，生产一种物品的必要劳动时间就越多，该物品的价值就越大。可见，商品的价值量与实现在商品中的劳动的量成正比地变动,与这一劳动的生产力成反比地变动。

4. 简单劳动与复杂劳动

创造商品价值的劳动是简单平均劳动,比较复杂的劳动只是自乘的或多倍的简单劳动。因此,少量的复杂劳动等于多量的简单劳动。

5. 价值的形式

价值只有通过交换价值即两种不同使用价值相交换的比例关系,才能表现出来。交换价值是价值的外在形式,价值是交换价值的基础。价值形式在历史上先后经过简单的价值形式,扩大的价值形式,一般的价值形式,最后产生货币形式;货币形式的出现是商品内部矛盾发展的结果:一方面,它解决了交换中的困难,缓和了矛盾;另一方面,交换又带来新的困难,使得商品经济的矛盾更加扩大和发展。商品内部的使用价值与价值的矛盾发展为商品与货币的外部对立。

6. 货币本质和职能

货币是固定充当一般等价物的商品;货币的本质通过其职能得到表现。货币具有五种职能:价值尺度、流通手段、贮藏手段、支付手段、世界货币等。其中价值尺度和流通手段是其基本职能,其他几种职能是随着商品经济的发展而逐渐产生的。货币作为价值尺度,能够把形形色色的商品的价值转化为价格,使之在质的方面相同,在量的方面可以比较。货币作为流通尺度,能够充当商品交换的媒介,使不同商品之间的交换形成商品流通。在一定时期流通中的货币量与流通中商品价格总额成正比,与货币本身的流通速度成反比,这就是货币流通规律。

7. 价值规律

基本内容和要求是:商品的价值由生产商品的社会必要劳动时间决定的,商品按照价值量进行交换。商品的价格是以价值为基础并围绕着价值进行波动,是价值规律的必然表现形式。价值规律通过竞争、供求、价格等机制发挥作用,调节着资源在不同生产部门之间的分配比例;刺激商品生产者改进技术,提高劳动生产率;结果引起商品生产者两极分化,实现优胜劣汰。一方面推动经济的发展,另一方面导致贫富分化。在资本主义私有制条件下,必然产生商品拜物教。

（二）剩余价值理论

这一理论的主要内容包含在《资本论》第一卷第二篇至第六篇中，中心是阐明剩余价值的来源，资本的本质和剩余价值规律，构成了马克思的整个经济理论的核心和基石。主要包括以下内容：

1. 货币转化为资本的根本前提条件是劳动力成为商品

劳动力是指存在于人的身体中的体力和智力的总和。劳动力要成为商品，劳动力的所有者就必须成为具有双重意义上的自由人。"一方面，工人是自由人，能够把自己的劳动力当做自己的商品来支配，另一方面，他没有别的商品可以出卖，自由得一无所有，没有任何实现自己的劳动力所必需的东西……只有当生产资料和生活资料的占有者在市场上找到出卖自己劳动力的自由工人的时候，资本才产生；而单是这一历史条件就包含着一部世界史。因此，资本一出现，就标志着社会生产过程的一个新时代。"[1]"资本主义时代的特点是，对工人本身来说，劳动力是归他所有的一种商品的形式，他的劳动因而具有雇佣劳动的形式。"[2]

2. 劳动力商品的使用价值是价值和剩余价值的来源

劳动力商品的价值包括三个部分：第一，劳动者本人生产和再生产劳动力所必需的生活资料的价值；第二，劳动力的补充者或家属所必需的生活资料的价值；第三，劳动者的教育和训练费用。人们的必不可少的生活需要的范围本身是历史的产物，它取决于一国的经济文化发展水平。因此，劳动力的价值决定包含着一个历史的和道德的因素。劳动力的使用价值不同于一般商品的使用价值，其特殊性就在于它能够创造价值，并且能够创造出大于劳动力自身价值的价值。"劳动力的消费过程，同时就是商品和剩余价值的生产过程"。[3]

---

① 马克思：《资本论》（节选本），人民出版社 2018 年版，第 89 页。

② 马克思：《资本论》（节选本），人民出版社 2018 年版，第 89 页（注 41）。

③ 马克思：《资本论》（节选本），人民出版社 2018 年版，第 93 页。

3.剩余价值的生产过程和生产方法

劳动力的价值和劳动力在劳动过程中创造的价值是两个完全不同的量，资本家购买劳动力时，正是看中了这个差额。工人的劳动一方面作为具体劳动，把生产资料的价值转移到新产品中去；另一方面作为抽象劳动，每时每刻都在创造新价值。既然资本家购买了工人的劳动力，那么，劳动力的使用权也是属于资本家的。资本家不仅要工人在必要劳动时间内生产出劳动力价值，并且要让工人继续劳动，在必要劳动时间以上提供剩余劳动，生产剩余价值。剩余价值是由雇佣工人剩余劳动创造的被资本家无偿占有的超过劳动力价值的价值。"资本主义生产——实质上就是剩余价值的生产。"[①] 通过延长工作日而生产的剩余价值，叫作绝对剩余价值；通过缩短必要劳动时间、相应地改变工作日的两个组成部分的量的比例而生产的剩余价值，叫作相对剩余价值。相对剩余价值生产是通过各个资本家追逐超额剩余价值的竞争来实现的。

4.资本的本质和构成

资本的唯一目的和动机就是榨取剩余价值，实现价值增殖。"作为资本家，他只是人格化的资本。他的灵魂就是资本的灵魂。而资本只有一种生活本能，这就是增殖自身，创造剩余价值，用自己的不变部分即生产资料吮吸尽可能多的剩余劳动。资本是死劳动，它像吸血鬼一样，只有吮吸活劳动才有生命，吮吸的活劳动越多，它的生命就越旺盛。"[②] 因此，资本不是物，而是一定的、社会的、属于一定历史社会形态的生产关系。资本的不同组成部分在资本价值增殖过程中执行着不同职能：转变为生产资料的那部分资本，在生产过程中并不改变自己的价值量，是不变资本；转变为劳动力的那部分资本，在生产过程中改变自己的价值，它再生产自身的等价物和一个超过这个等价物而形成的余额即剩余价值，是可变资本。恩格斯指出：马克思"确定了资本分为不变资本和可变资本，就第一个详尽地阐述了剩余价值形成的实际过程，从而说明了这一过程，而这是他的任何一个前人都没有做到的……这个区别提供了一把解决经

---

① 马克思：《资本论》（节选本），人民出版社 2018 年版，第 118 页。
② 《马克思恩格斯文集》第 5 卷，人民出版社 2009 年版，第 269 页。

济学上最复杂的问题的钥匙"①。

5.资本主义工资

资本主义工资是劳动力价值或价格的转化形式，其本质是劳动力的价值，但却采取了劳动的价格的虚幻形式。这一形式使资本家对工人的剥削关系在表面上产生了平等交换的假象。资本主义剥削的实质在于无偿占有剩余价值，而资本主义工资则把劳动创造的价值与劳动力价值相混同，把劳动力的价值表现为劳动创造的全部价值，进而把剩余价值的来源掩盖起来了。因此，不揭露工资所产生的假象，剩余价值理论就难以最终确立。马克思把"工资第一次被描写为隐藏在它后面一种关系的不合理的表现形式"看作是整个《资本论》三大崭新因素之一。②

6.剩余价值规律

马克思指出："生产剩余价值或赚钱，是这个生产方式的绝对规律。"③第一，资本主义生产的直接动机和根本目的是生产剩余价值。第二，对剩余价值的追逐，决定着资本主义经济过程的一切主要方面和主要过程，是资本主义生产、交换、分配和消费等一切经济活动的出发点和归宿。第三，剩余价值生产决定了资本主义产生、发展和必然走向灭亡的全过程。在剩余价值的追逐和资本主义积累一般规律作用下，资本主义的基本矛盾和各种矛盾日益尖锐化，最终导致资本主义生产方式必然被新的社会生产方式所取代。

（三）资本积累理论

资本积累理论主要包含在《资本论》第一卷第七篇中。马克思认为，资本主义再生产的特点是扩大再生产，资本积累是扩大再生产的资本主义形式。如果资本家把剥削来的剩余价值全部用作个人消费，使生产仍在原有规模上简单重复，就是资本主义简单再生产。资本主义扩大再生产过程就是资本积累过

① 马克思：《资本论》（节选本），人民出版社2018年版，第234页。

② 参见《马克思恩格斯文集》第10卷，人民出版社2009年版，第276页。

③ 马克思：《资本论》（节选本），人民出版社2018年版，第204页。

程，资本积累就是剩余价值的资本化，剩余价值是资本积累的源泉。资本积累的作用是双重的。第一，加强了资本家的统治。"积累是对社会财富世界的征服。它在扩大被剥削的人身材料的数量的同时，也扩大了资本家直接和间接的统治。"[①] 第二，为新社会提供物质基础。"资本家只有作为人格化的资本，他才有历史的价值……作为价值增殖的狂热追求者，他肆无忌惮地迫使人类去为生产而生产，从而去发展社会生产力，去创造生产的物质条件；而只有这样的条件，才能为一个更高级的、以每个人的全面而自由的发展为基本原则的社会形式建立现实基础。"[②]

（四）资本循环和周转理论

资本循环和周转理论主要包含在《资本论》第二卷第一篇和第二篇中，中心是阐明作为单个产业资本运动的特点和规律。主要包括以下内容：

1. 产业资本循环

产业资本在它的现实运动中，依次经过购买、生产和出卖三个阶段，相应采取货币资本、生产资本、商品资本三种不同职能形式，执行不同的职能，最后以货币形式回到出发点使价值增殖，这一过程就是产业资本循环。

2. 产业资本的连续运动

产业资本的连续运动必须是三种资本循环形式的统一，实现这种统一的条件是三种资本的职能形式在空间上的并存和在时间上的继起。因此，"资本作为自行增殖的价值，不仅包含着阶级关系，包含着建立在劳动作为雇佣劳动而存在的基础上的一定的社会性质。它是一种运动，是一个经过各个不同阶段的循环过程，这个过程本身又包含循环过程的三种不同的形式。因此，它只有理解为运动，而不能理解为静止物。"[③]

---

① 马克思：《资本论》（节选本），人民出版社 2018 年版，第 196 页。

② 马克思：《资本论》（节选本），人民出版社 2018 年版，第 195 页。

③ 马克思：《资本论》（节选本），人民出版社 2018 年版，第 253 页。

3. 资本周转的速度

周转速度是指资本周转一次所经过的时间，或者说是在一定时间内资本可以周转的次数。因此，资本周转速度可以用周转时间或周转次数来表示。资本周转时间越短，表明资本周转速度越快；反之则越慢。影响资本周转速度的因素，首先是生产资本的组成，即固定资本和流动资本。固定资本和流动资本的比例的大小以及它们各自周转的快慢，会直接影响预付资本的总周转。在资本总量一定的前提下，固定资本占的比重越大，预付资本的周转就越慢；反之，就越快。加速周转，可以增加剩余价值总量、减少预付资本的数量和提高年剩余价值率。

（五）社会资本再生产和流通理论

社会总资本再生产和流通理论主要包含在《资本论》第二卷第三篇中，中心是阐明社会资本再生产的实现条件和规律。主要包括以下内容：

1. 社会资本再生产和流通的两个基本理论前提

社会总资本，是指资本主义社会中互相联系的所有单个资本的总和。资本主义的社会总资本就是资本主义的社会总产品。社会总产品，从物质形态上划分为生产资料和消费资料两大部分，相应地把社会生产划分为生产资料生产 I 和消费资料生产 II 两大部类；社会总产品从价值形态上划分为不变资本 C、可变资本 V 和剩余价值 M 三个组成部分。这是分析社会总资本再生产和流通的两个基本理论前提。

2. 社会资本再生产和流通的核心是实现问题

实现问题是社会总产品的各个组成部分在价值上得到补偿和在实物上得到补偿。所谓价值补偿，是指产品价值的各个组成部分如何从商品形式转化为货币形式，也就是社会总产品价值的各个组成部分如何通过流通而全部收回。所谓实物补偿，是指社会产品价值的各个组成部分实现为货币形式以后，又如何转化为所需要的商品，也就是资本家所需要的生产资料和资本家与工人所需要的消费资料从何处取得。只有社会总产品的各个组成部分既在价值上得到补偿，又在实物上得到补偿，社会总资本的再生产才能继续进行。

3. 社会资本简单再生产的实现条件

I（V+M）=IIC，即第一部类的可变资本加剩余价值，应等于第二部类的不变资本。这一公式体现了社会生产两大部类之间的内在联系，它表明，要使简单再生产顺利进行，第一部类生产资料的生产和第二部类对生产资料的需要之间，以及第二部类消费资料的生产和第一部类对消费资料的需要之间，都必须保持适当的比例关系。I（C+V+M）=IC+IIC，即第一部类所生产的生产资料价值的总和，应等于两大部类不变资本的价值总和。这一公式体现了生产资料的生产同两大部类对生产资料的需要之间的比例关系。II（C+V+M）=I（V+M）+II（V+M），即第二部类所生产的消费资料价值的总和，应等于两大部类可变资本和剩余价值的总和。这一公式体现了消费资料的生产同两大部类对消费资料需要之间的比例关系。

（六）平均利润和生产价格理论

平均利润和生产价格理论是《资本论》第三卷前三篇的基本内容，是马克思考察资本主义生产总过程和剩余价值转化为各种具体形式的理论基础。主要包括以下内容：

1. 成本价格和利润

按照资本主义生产方式生产的每一个商品，其价值都是由不变资本价值、可变资本价值和剩余价值三部分构成，用公式表示就是：W=c+v+m。如果我们从这个产品价值中减去剩余价值 m，那么，在商品中剩下的，只是一个在生产要素上耗费的资本价值 c+v 的等价物或补偿价值。商品价值的这个部分，即补偿所消耗的生产资料价格和所使用的劳动力价格部分，只是补偿商品使资本家自身耗费的东西，所以对资本家来说，这就是商品的成本价格。成本价格的补偿是再生产正常进行的必要条件，是资本家经营企业赚钱或亏本的界限，是决定资本家在竞争中胜败的关键。随着所费资本转化为成本价格，剩余价值就转化为利润。利润和剩余价值本来是一个东西，所不同的只是，剩余价值是对可变资本而言的，而利润则是对全部预付资本而言的。剩余价值与预付总资本的比率，叫作利润率。利润率和剩余价值率是同一个剩余价值量以不同的计算方法而得出的不同的比率。剩余价值率反映的是资本家对工人的剥削程度。利润率反映的则是资本自身的增殖程度。因而，作为剩余价值率转化形式的利润率，掩盖了资本对雇佣劳动的剥削关系和剥削程度。

2. 平均利润和生产价格

利润率的平均化具有客观必然性。在剩余价值率不变的条件下，一方面，不同的生产部门会因资本有机构成的高低和资本周转速度的快慢而出现不同的利润率；另一方面，资本的本性则要求等量资本得到等量利润。这一矛盾必然要求利润率的平均化。利润率的差别性是利润率平均化的前提和基础，资本家追求高利润率的竞争是利润率平均化的机制。资本家唯利是图的本性，决定了处在利润率低的部门的资本家必然与利润率高的部门的资本家展开争夺利润的竞争。正是由于这种部门之间的竞争，使得利润率趋向平均化，形成平均利润率。各部门的资本家根据平均利润率获得与其投入的资本量大小相适应的利润，这种按照平均利润率归资本家占有的利润，就是平均利润。随着利润转化为平均利润，商品的价值也就转化为生产价格。生产价格的形成，是以平均利润率的存在为前提的，它等于成本价格加平均利润，是商品价值的转化形式。生产价格规律是利润率平均化条件下价值规律作用的必然表现形式。

（七）商业资本和商业利润理论

这一理论是《资本论》第三卷第四篇的主要内容，中心是阐明商业资本的作用和商业利润的来源。马克思指出，只要处在流通过程中的商品资本作为一种特殊资本的特殊职能独立起来，作为一种由分工赋予特殊一类资本家的职能固定下来，商品资本就成为商业资本。商业资本在资本主义生产中起着重要的作用。从产业资本的角度看，一是缩短了产业资本循环中的流通过程，二是缩短了产业资本家出卖商品的时间，三是节省了产业资本家的货币准备金，以用于扩大再生产。从社会总资本的角度看，节省了流通费用和流通时间，加快了商品资本的形态变化。商业资本运动的目的是赚取商业利润。商业利润是商业资本家出卖商品的价格超过他购买商品的价格的差额，它来源于产业工人创造的剩余价值。商业资本一方面由于对社会生产的依赖性能促进社会再生产的发展，另一方面又由于自己的独立性也有可能造成虚假的市场繁荣，加速经济危机的爆发。

（八）借贷资本和信用理论

这一理论是《资本论》第三卷第五篇的主要内容，中心是阐明借贷资本和信用的作用和它怎样参与瓜分剩余价值的。借贷资本是货币资本家为取得利息而贷给职能资本家的货币资本，是以放贷为条件的资本商品，是一种所有权与使用权相分离的资本形式。在借贷资本关系下，货币资本家以利息的形式占有平均利润的一部分，平均利润的另一部分则以企业主收入的形式留在工商资本家手中。资本主义利息是职能资本家因取得贷款而付给借贷资本家的一部分剩余价值。利息率 = 利息 / 借贷资本，它的高低，在一定的平均利润率之下，取决于借贷资本的供求关系。信用是以偿还为条件的价值运动的特殊形式，资本主义以前的信用的基本形式是高利贷资本，资本主义信用的基本形式是借贷资本，资本主义信用主要分为商业信用和银行信用两种基本形式。商业信用是资本主义信用制度的基础，它是在职能资本家之间提供的信用。银行信用是在商业信用的基础上发展起来的，是银行以贷款方式向职能资本家提供的信用，它是信用的发达形式。银行是现代社会经济运行的中枢和调控的中心。信用制度促进了股份公司的建立和发展。在股份公司内，职能已经同资本所有权相分离，因而劳动也已经完全同生产资料的所有权和剩余劳动的所有权相分离。资本主义生产极度发展的这个结果，是资本再转化为生产者的财产所必需的过渡点，不过这种财产不再是各个互相分离的生产者的私有财产，而是联合起来的生产者的财产，即直接的社会财产。在股份公司的基础上产生了虚拟资本，即投入生产和流通的资本的"纸制复本"，是现实资本以票据形式存在的所有权证书，而这些所有权证书又可以作为资本商品来买卖。虚拟资本作为一种特殊的资本商品，它的价格不是由现实的收入决定的，而是由预期得到的、预先计算的收入决定的。

（九）地租理论

这一理论是《资本论》第三卷第六篇的主要内容，中心是阐明大土地所有者是怎样参与剩余价值瓜分的。地租是凭借土地所有权而获得的收入。大土地所有者将土地租给农业资本家，农业资本家再雇佣农业工人进行生产，农业资本家把农业工人创造的一部分剩余价值作为地租交给土地所有者。资本主义地租体现着土地所有者、农业资本家共同剥削雇佣工人的关系。资本主义地租的主要形式是级差地租和绝对地租，即由土地的等级和所处的位置不同而造成的不同的生产率所形成的归土地所有者占有的超额利润是级差地租，土地所有者凭借土地私有权的垄断而取得的地租是绝对地租。由垄断价格产生的高于价值或生产价格的超额利润转化的地租是垄断地租。资本化的地租是土地价格。土地价格 = 土地年地租货币额 / 年利息率。实际的地价还包括投资于土地的固定资本的折旧费和利息等因素。

（十）收入理论

这一理论是《资本论》第三卷第七篇的主要内容，这一篇不仅是对第三卷的总结，而且是对《资本论》全书理论部分的总结，中心是阐明资本主义国民收入的来源和分配。马克思在这一篇通过对庸俗经济学三位一体公式，即劳动创造工资、资本创造利润、土地创造地租的批判，通过对斯密教条，即商品价值最终分解为工资、利润和地租的批判，通过把分配关系看作是自然关系的批判，指出了资本主义社会的各种收入的真正来源是雇佣工人创造的剩余价值，论证了资本主义分配关系是由资本主义生产关系决定的，揭示了资本主义分配关系和生产关系一样都具有历史的暂时性，从而必然要向高级的社会形式过渡。

三、时代价值和现实意义

中国特色社会主义政治经济学是马克思主义政治经济学基本原理与当代中国经济实践相结合的最新理论成果，也是习近平新时代中国特色社会主义思想的重要内容。这一重大理论创新既来自于波澜壮阔的改革开放的伟大实践，也来源于《资本论》所提供的基本分析框架。

（一）《资本论》对市场经济历史起源的分析，为破解社会主义与市场经济有机结合这一"世界难题"提供了重要的思想渊源，为中国特色社会主义政治经济学的创立提供了重要的理论基点

虽然马克思没有提出市场经济概念，但他提出并论述了商品生产、商品交换和货币流通的概念。商品是市场经济的细胞和元素，马克思关于商品产生的历史过程的分析，可以看作是他关于市场经济历史起源的分析。在马克思看来，商品产生的条件，一是社会分工，二是存在不同利益主体；由于有了社会分工，才产生了交换的必要。社会分工使商品占有者的劳动成为单方面的，而使他的需要成为多方面的。劳动单一性和需要多样性的矛盾，只有通过交换来解决。这种交换之所以要采取商品交换的形式，是由于交换双方都是不同的利益主体。"为使这种让渡成为相互的让渡，人们只须默默地彼此当做那些可以让渡的物的私有者，从而彼此当做独立的人相对立就行了"[①]。马克思在《资本论》交换过程一章中讲得更明白。他说，商品交换是在共同体的尽头，在它们与别的共同体或其成员接触的地方开始的。但是物一旦对外成为商品，由于反作用，它们在共同体内部也成为商品。恩格斯指出："政治经济学从商品开始，即从产品由个别人或原始公社相互交换的时刻开始。进入交换的产品是商品。但是它成为商品，只是因为在这个物中，在这个产品中结合着两个人或两个公社之间的关系，即生产者和

---

① 马克思：《资本论》（节选本），人民出版社2018年版，第55页。

消费者之间的关系，在这里，两者已经不再结合在同一个人身上了。"①

按照马克思和恩格斯的分析，市场经济是在社会分工条件下，不同利益主体之间劳动交换必然采取的经济活动方式，它所要求的制度基础是不同利益主体的存在，这种不同的利益主体有多种存在形式，既可以是相互对立的私人利益，也可以是共同利益基础上存在着利益差别的经济主体。社会主义与共产主义的真正区别就在于，它还没有达到生产力的巨大发展，还没有创造出消除不同经济主体存在利益差别这一基本条件。不同利益主体之间通过混合所有制经济实现利益相通和共同繁荣，这是社会主义基本经济制度的重要实现形式。马克思、恩格斯的这一分析，为市场经济与社会主义之间架起了一座桥梁，为实现社会主义市场经济理论创新提供了一个基点。

（二）《资本论》对市场经济共性和个性相统一的分析，为正确认识中国特色社会主义市场经济的基本特征提供了重要的理论启示

社会主义经济和资本主义经济虽然具有社会化大生产和市场经济的共同属性，但又有本质区别。我们不能只看到两种经济制度的共性而忽略它们的个性。现实的市场经济就是共性与个性的辩证统一。社会主义市场经济就是市场经济的一般要求与社会主义基本制度特殊要求的辩证统一。

认识市场经济的一般与特殊的辩证关系极为重要。从古典经济学开始，资产阶级经济学就形成一个重要传统，即把资本主义市场经济当成超历史的永恒的自然现象，自觉不自觉地抹杀市场经济的历史特征和制度属性。马克思则认为，"商品生产和商品流通是极不相同的生产方式都具有的现象，尽管它们在范围和作用方面各不相同。因此，只知道这些生产方式所共有的抽象的商品流通范畴，还是根本不了解这些生产方式的不同特征，也不能对这些生产方式做出判断。"② 现实的市场经济总是与特定社会制度结合在一起的，有着特殊的社

---

① 《马克思恩格斯选集》第 2 卷，人民出版社 2012 年版，第 14 页。

② 马克思:《资本论》（节选本），人民出版社 2018 年版，第 65 页（注 73）。

会属性和具体特点。在《资本论》中，关于资本主义经济的所有规律和范畴，如资本、利润、工资、利息、地租等，既以商品货币关系为基础，同时又体现了资本主义经济关系的特殊社会属性。

社会主义市场经济是与社会主义基本制度相结合的市场经济，它同样是共性与个性的统一。我们既不能把市场经济等同于资本主义经济，否定市场经济存在的共性；也不能把市场经济等同于社会主义经济，否定社会主义市场经济的个性。对于这一点，我们党认识得非常清楚。邓小平同志指出："社会主义市场经济优越性在哪里？就在四个坚持"，即坚持四项基本原则。江泽民同志指出："我们搞的市场经济，是同社会主义的基本制度紧密结合在一起的。如果离开了社会主义基本制度就会走向资本主义。""'社会主义'这几个字是不能没有的，这并非多余，并非'画蛇添足'，而恰恰相反，这是'画龙点睛'。所谓'点睛'，就是点明我们市场经济的性质。"胡锦涛同志"把坚持社会主义基本制度同发展市场经济结合起来"作为我国改革开放获得成功的重要经验之一郑重提出来。习近平同志更是明确指出："公有制为主体、多种所有制经济共同发展的基本经济制度，是中国特色社会主义制度的重要支柱，也是社会主义市场经济的根基。要坚持社会主义市场经济改革方向，坚持辩证法、两点论，继续在社会主义基本制度与市场经济的结合上下功夫，把两方面优势都发挥好。"①

（三）《资本论》对市场经济运行机制的分析，对理解和贯彻市场在资源配置中的决定性作用和更好发挥政府作用，对科学认识和积极推进供给侧结构性改革提供了重要的理论指导

《资本论》对市场经济运行机制的分析是非常精辟的。马克思认为，市场机制是指市场各主要因素，即供求、价格、竞争之间相互联系、相互制约、

---

① 《习近平2015年11月23日主持中央政治局第28次集体学习时的讲话》，《人民日报》2015年11月26日。

相互作用的过程和机理。供求是市场运行的基本条件。供求双方既相互对立又相互依赖：供给者拿的是商品，目的是换取货币；需求者拿的是货币，目的是换取商品。供求关系就是商品和货币换位的运动。商品和货币能否实现换位，关键在于价格是否合理。市场价格是商品价值的货币表现，是供求关系的综合反映。供求变化在市场上引起价格升降，价格波动又会引起供求变化。供求关系实际上就是竞争关系。市场竞争是市场供求双方围绕商品质量和价格等方面进行的经济较量。在发达的市场经济中，竞争渗透在生产和流通的各个环节，涉及生产的各种要素。只有竞争，才能使价格随供求变化而波动；只有竞争，才能使价值规律得以贯彻；只有竞争，才能使经济充满活力。所以，竞争是市场机制的灵魂。市场机制配置资源的作用正是在供求、价格和竞争三大要素的相互依赖、相互作用的过程中实现的。市场主体的内部动力和竞争压力形成一种客观强制，迫使他们去改进技术，改善经营管理，节约社会资源或劳动消耗，在优胜劣汰中促进资源不断优化配置，技术不断进步，生产力不断提高。

同时，马克思也认为，既然市场经济存在于特定社会，资源配置首先就体现这种特定社会的性质。例如，生产资料和劳动力是两大基本资源，这两大资源的配置首先是由生产资料的归属和劳动力在生产中的地位决定的。而作为对市场运行进行调控的政府也一定是这一特定社会的代表，它既为市场经济发展提供服务，同时也要求和规定着市场经济的发展方向。市场经济的发展既要求发挥市场机制在资源配置中的决定性作用，也要求发挥政府对市场经济运行的调控作用。例如，马克思在《资本论》中对英国政府制定资本主义工厂法及其作用的论述就是如此。

习近平指出："我国实行的是社会主义市场经济体制，我们仍然要坚持发挥我国社会主义制度的优越性，发挥党和政府的积极作用，市场在资源配置中起决定性作用，并不是起全部作用。发展社会主义市场经济，既要发挥市场作用，也要发挥政府作用"。[①]"在市场作用和政府作用的问题上，要讲辩证法，

---

① 习近平：《关于〈中共中央关于全面深化改革若干重大问题的决定〉的说明》，《人民日报》2013 年 11 月 16 日。

两点论，'看不见的手'和'看得见的手'都要用好，努力形成市场作用和政府作用有机统一、相互补充、相互协调、相互促进的格局，推动经济社会持续健康发展。"①

此外，《资本论》关于市场经济发展一般规律，包括价值规律、货币流通规律、社会再生产规律、科技进步规律、平均利润规律、虚拟资本与实体资本协调发展规律、汇率变化规律、地租地价变动规律、收入分配规律等的分析，对自觉认识和遵循经济规律，实现中国特色社会主义市场经济稳定健康可持续发展，都具有重要的现实指导意义。

---

① 《习近平谈治国理政》，外文出版社 2014 年版，第 116 页

马克思主义及其哲学的诞生地
——《1844 年经济学哲学手稿》导读

　　《1844 年经济学哲学手稿》是马克思系统地构建自己学说的首次尝试，标志着马克思思想形成过程中的一次重大飞跃。在《手稿》中，马克思在研究和批判资产阶级政治经济学、黑格尔哲学和空想共产主义理论的基础上，第一次把哲学、政治经济学和共产主义理论有机地结合起来，初步地对自己所获得的新观点进行了综合性的阐述。因此，《手稿》是在马克思主义形成和创立过程中诞生的一部重要的著作，它以萌芽的形式蕴含了整个马克思主义学说的要点，特别是含有十分丰富和广博的哲学思想。可以说，《手稿》是马克思"新唯物主义"哲学的真正诞生地。

一、历史背景和写作原因

马克思 1837 年在柏林大学就读期间开始熟悉了黑格尔本人及其弟子的大部分著作，使他克服了过于脱离现实的康德和费希特的理想主义而转向黑格尔哲学。1839 年至 1841 年，他通过博士论文《德谟克利特的自然哲学和伊壁鸠鲁的自然哲学的差别》的写作，从哲学史的方面参与了青年黑格尔派关于"自我意识哲学"的制定和宣传工作。1842 年初，马克思通过为《莱茵报》撰稿以及任该报主编开始直接参与社会的政治生活，并在对社会现实状况和社会问题的深入研究过程中，逐渐觉察到社会经济因素、社会物质关系的客观性。1843 年他通过对黑格尔法哲学进行系统的批判（这是以撰写《黑格尔法哲学批判》一书的形式完成的），初步地确立了对社会历史现象的唯物主义理解，并摆脱了黑格尔哲学。随后，在 1843 年底，马克思就开始从政治经济学中寻求对"市民社会"即社会物质关系领域的解剖，着手系统地研究政治经济学，大量研读英、法、德各国主要经济学家们的著作，甚至包括法国社会主义者和德国政论家们的有关著作，深化自己已经取得的有关历史的新见解。

同时，也正是在这一年，费尔巴哈出版了他的几本最有影响的著作，即《基督教的本质》第二版、《关于哲学改造的临时纲要》以及《未来哲学原理》。在这些著作中，费尔巴哈进一步批判了黑格尔的哲学唯心主义，把神学归结为人类学，并系统地阐述了他的人类学唯物主义的主要原理。此外，也正是在这一年，赫斯撰写了《货币的本质》一文，并将其提交到了由马克思和卢格担任主编的《德法年鉴》编辑部。在这篇文章中，赫斯已表述出这一核心观点：生产和交往规定了人的本质，而金钱不外是人的本质的异化。费尔巴哈和赫斯的著作的问世，无疑给马克思以很大的启迪和推动力，促使马克思进一步深化和详细论证自己的观点。它们与英国古典政治经济学家的著作以及法国社会主义者的著作一起，构成了马克思思想创作《1844 年经济学哲学手稿》一书的重要思想理论来源。

二、主要内容和基本理论

《1844 年经济学哲学手稿》（以下简称《手稿》）现由"序言"和 [第一手稿]、[第二手稿]、[第三手稿] 四个部分组成。马克思为《手稿》规定的一个重要任务是弄清私有制、贪欲同劳动、资本、地产三者的分离之间的本质联系，交换和竞争之间、人的价值和人的贬值之间、垄断和竞争等之间，以及全部"异化"和货币之间的本质联系。

在本书"序言"中，马克思说明了本书所着重论述的重点和主题，即批判资产阶级政治经济学，论述政治经济学同国家、法、道德、市民生活等的关系。此外，马克思评述了费尔巴哈哲学的功绩，阐明了对黑格尔辩证法和一般哲学进行批判的必要性。

学习本文要把握的基本理论有：

（一）劳动在人及其历史发展过程中的地位和作用理论

在《手稿》中，"劳动"概念居于中心地位。它既是一个经济学概念，同时也是一个哲学概念。作为经济学概念，它体现"劳动一般"，是创造财富的手段，是一个现代的范畴，被马克思后来在《〈政治经济学批判〉导论》中称为"现代经济学的起点"[①]，并且只是到了资本主义社会的最现代的存在形式才具有了最成熟和完善的形态。作为哲学概念，它实际上是人们的物质生产实践活动的表述，具有它作为经济学概念所具有的类似"劳动一般"的特点。对劳

---

① 《马克思恩格斯选集》第 2 卷，人民出版社 2012 年版，第 705 页。

动的地位、作用的肯定和对异化劳动的详细分析，构成了《手稿》的一个中心内容。马克思提出，劳动、生产是人的根本性的实践活动，是人的社会本质的规定，也是人类社会和历史过程的基础。但是，在资本主义条件下，劳动表现为奴役劳动者的"异化劳动"。马克思分析了异化劳动的实质，揭示了异化劳动的根源，指出了异化劳动的历史合理性和扬弃的历史必然性，为理想社会的产生提供了必要的哲学上的论证。

在论述异化劳动范畴过程中，马克思阐明了一系列重要的哲学思想。

马克思全面地探讨了劳动、物质生产在人们的社会生活和历史发展过程中的地位和作用，并且得出如下一些重要结论：劳动是人和动物相区别的本质属性，和动物相比，人的生产的特点是全面的、不受直接的肉体需要支配的、再生产整个自然界的、可以运用任何物种尺度的和按照美的规律进行的；劳动是人类自我认识的中介和手段，通过劳动"人不仅像在意识中那样在精神上使自己二重化，而且能动地、现实地使自己二重化，从而在他所创造的世界中直观自身"[1]；劳动是宗教、家庭、国家、法、道德、科学和艺术等社会诸现象的本质，后者都是前者的"一些特殊的方式"，并且受前者普遍规律的支配[2]；劳动是整个人类历史过程的基础，人类历史是劳动史，"整个所谓世界历史不外是人通过人的劳动而诞生的过程"[3]；劳动也是人和自然相统一的基础，劳动一方面使人成为"类存在物"或"人的自然存在物"，一方面使自然成为人的"作品"和"现实"，成为"人化的"或"人类学的自然"，[4] 等等。马克思通过全面地揭示劳动或物质生产在人们社会生活和历史发展中的地位和作用，为其"彻底的自然主义或人道主义"提供和奠定了重要的实践观基础。

马克思基于自己的"劳动"概念和劳动观，批判地借鉴和吸取了费尔巴哈关于人的研究的某些合理成果，但又超出了费尔巴哈对人的狭隘的、自然主义的理解，深刻地论述了人的社会性，进而初步地提出了对于人的本质的新理

---

① 马克思：《1844 年经济学哲学手稿》，人民出版社 2018 年版，第 54 页。
② 马克思：《1844 年经济学哲学手稿》，人民出版社 2018 年版，第 78 页。
③ 马克思：《1844 年经济学哲学手稿》，人民出版社 2018 年版，第 89 页。
④ 马克思：《1844 年经济学哲学手稿》，人民出版社 2018 年版，第 104 页。

解。他指出，"个体是社会存在物"，"他的生命表现，即使不采取共同的、同他人一起完成的生命表现这种直接形式，也是社会生活的表现和确证。"① 这是因为，"社会性质是整个运动的普遍性质；正像社会本身生产作为人的人一样，社会也是由人生产的。活动和享受，无论就其内容或就其存在方式来说，都是社会的活动和社会的享受。"②

基于对人的社会性的理解，马克思对人作为社会存在物的实质、对人的本质作了规定，认为人的本质就是人的"自由的自觉的活动"，就是他的生产。"生产生活就是类生活。这是产生生命的生活。一个种的整体特性、种的类特性就在于生命活动的性质，而自由的有意识的活动恰恰就是人的类特性。"③ 根据马克思的理解，人是社会存在物的实质，在于他首先是实践的存在物。马克思所以将劳动、生产称为"自由自觉的活动"，是在如下的意义上，即人能够将自己的这种生命活动同自己区分开来，并将其变成自己的意识和意志的对象。

从对人的本质的新的理解出发，马克思对历史过程中的主、客体的关系也作了与以往传统哲学根本不同的解释。马克思在《手稿》中把主体理解为人，把客体理解为现实的自然界，而把这两者的中介理解为人的实践。在他那里，作为主体的人，是通过他的活动被自然化了的人，作为客体的自然，则是通过人的活动而被"人化的"自然（或"人类学的自然"）。而作为自然与人的中介的人的实践活动——首先是劳动，也不是黑格尔唯一知道并承认的抽象的精神劳动，而是物质生产，是物质生产的现实表现形式——工业。工业就是"人的本质力量的公开的展示"，是理解"自然界的人的本质"和"人的自然的本质"的钥匙。④

（二）资本主义私有制条件下的"异化劳动"理论

马克思在《手稿》中对"异化劳动"的具体分析是以资本主义条件下工

---

① 马克思：《1844 年经济学哲学手稿》，人民出版社 2018 年版，第 80 页。

② 马克思：《1844 年经济学哲学手稿》，人民出版社 2018 年版，第 79 页。

③ 马克思：《1844 年经济学哲学手稿》，人民出版社 2018 年版，第 52—53 页。

④ 马克思：《1844 年经济学哲学手稿》，人民出版社 2018 年版，第 86 页。

人与其产品的关系这一经济事实为基础的。这一事实就是：工人生产的财富越多，他的产品的力量和数量越大，他就越贫穷。工人创造的商品越多，他就越变成廉价的商品。马克思从哲学上来揭示这一经济事实的意义，认为这一事实不过表明，劳动的实现即"劳动的对象化"在资本主义条件下有其特殊的表现形态，即"劳动的产品，作为一种异己的存在物，作为不依赖于生产者的力量，同劳动相对立"。[①] 于是，马克思引进了曾被德国古典哲学家广泛采用过的哲学术语"异化"一词来对此进行描述，把"劳动的对象化"在资本主义私有制条件下的特殊表现概括为"劳动异化"。

根据现有研究材料，德语 Entfremdung（异化）一词译自希腊文 allotriŏsis，意为分离、疏远、陌生化。它是由马丁·路德于 1522 年在翻译圣经时从希腊文《新约全书》移植到新高地德语中的，用来意指疏远上帝、不信神、无知。此外，Entfremdung 一词在德语中的非宗教的、世俗的使用中还融汇了拉丁语 abalienare 和 alienatio 两词的内涵。abalienare 一词在中古高地德语中为 entfre-meden，意为陌生化、剥夺、取走。alienatio 一词意为陌生、脱离、转让，被用来指谓权利和财产的转与、让渡。它在"权利转让"的意义上被运用于古典的自然法。该词与作为哲学概念的异化一词有着更为密切的联系。

黑格尔开始把异化真正提升为一个哲学概念，用它来描述"绝对精神"的外化。然而，黑格尔仍是在该词固有的基本含义上、在外化和分离的意义上来使用它的。例如他在《精神现象学》中说："抽象物，无论属于感性存在的或属于单纯的思想事物的，只有先将自己异化，然后从这个异化中返回自身，才体现为它的现实性和真理，才是意识的财产。"[②]

到了费尔巴哈那里，异化第一次被赋予这样的引申的哲学含义：主体所产生的对象物、客体，不仅同主体本身相脱离，成为主体的异在，而且，反客为主，反转过来束缚、支配乃至压抑主体。这是一个双重对象化的过程：首先是主体将自己的本质对象化，尔后是主体沦为这一对象化的对象。费尔巴哈认

---

① 马克思：《1844 年经济学哲学手稿》，人民出版社 2018 年版，第 47 页。

② Hegel, Werke in zwanzig Banden, Suhrkamp, 1970, Bd.3, S.39.

为，宗教的隐秘就在于此："人使他自己的本质对象化，然后，又使自己成为这个对象化了的、转换成为主体、人格的本质的对象。这就是宗教之秘密。"①

马克思对异化概念的使用和对异化现象的研究大体经历了由自然的异化到政治的异化再到经济的异化这一过程。早在博士论文（1839—1841）中，马克思就已谈到了自然和自然现象的异化。他认为，"对自然的任何关系本身同时也就是自然的异化。"他还谈到，在伊壁鸠鲁那里，现象被理解为本质的"异化"②。这里，异化一词是在黑格尔哲学的意义上即作为外化的同义语被使用的。当然，这时马克思还站在黑格尔唯心主义哲学的立场上。但是，到了《黑格尔法哲学批判》，马克思已经把异化概念的蕴含及对异化现象的批判引申到了现实的政治领域。该书提出了"市民社会"（物质生活关系）决定政治国家的思想，可以视为马克思确立有关社会历史现象的唯物主义观点的开端。正是在这本书中，马克思提出了政治国家、政治制度像宗教一样也是一种"类"的异化的观点。在文中，马克思强调，"政治国家的彼岸存在无非就是要确定它们这些特殊领域的异化（Entfremdung）。"③ 在与《〈黑格尔法哲学批判〉导言》同时撰写和发表的《论犹太人问题》一文中，马克思拟定了其经济异化理论的要点，明确提出"金钱是从人异化（entfremden）出来的人的劳动和存在的本质"。这一要点尔后在他的《詹姆斯·穆勒〈政治经济学原理〉一书摘要》和《手稿》中得到了详尽的发挥，并且一直延伸到他的《资本论》中。

在《手稿》中，马克思对"异化劳动"概念进行了集中、详尽的阐释。在对工人与其产品的关系的进一步分析中，马克思揭示出蕴含在其中的"劳动异化"的四项规定。第一个规定是劳动者同自己劳动产品相异化。其具体表现是："工人生产的越多，他能够消费的越少；他创造的价值越多，他自己越没有价值、越低贱；工人的产品越完美，工人自己越畸形；工人创造的对象越文明，工人自己越野蛮；劳动越有力量，工人越无力；劳动越机巧，工人越愚笨，越

---

① ［德］费尔巴哈：《基督教的本质》，载《费尔巴哈哲学著作选集》下卷，商务印书馆 1984 年版，第 56 页。

② 《马克思恩格斯全集》第 40 卷，人民出版社 1982 年版，第 174、231 页。

③ 《马克思恩格斯全集》第 1 卷，人民出版社 1956 年版，第 283 页。

成为自然界的奴隶。"① 第二个规定是劳动者同自己劳动活动相异化。工人同劳动本身相异化是工人同劳动产品相异化的原因。其表现是：首先，劳动是外在的强制的劳动。"劳动对工人来说是外在的东西，也就是说，不属于他的本质；因此，他在自己的劳动中不是肯定自己，而是否定自己，……因此，他的劳动不是自愿的劳动，而是被迫的强制劳动。因此，这种劳动不是满足一种需要，而只是满足劳动以外的那些需要的一种手段。"② 其次，人们对劳动采取逃避态度。"劳动的异己性完全表现在：只要肉体的强制或其他强制一停止，人们就会像逃避瘟疫那样逃避劳动。"最后，劳动的属他性。"对工人来说，劳动的外在性表现在：这种劳动不是他自己的，而是别人的"③。第三个规定是人同自己的本质相异化。"异化劳动使人自己的身体同人相异化，同样也使在人之外的自然界同人相异化，使他的精神本质、他的人的本质同人相异化。"④ 第四个规定是人同人相异化。当工人与自己的劳动产品、自己的劳动、自己的类本质相分离时，必然意味着他人对工人本该拥有的东西的占有，因而必然导致人与人相对立。通过异化劳动，人不仅生产出他同作为异己的、敌对的力量的生产对象和生产的关系，而且生产出其他人同他的生产和他的产品的关系，以及他同这些人的关系。"当人同自身相对立的时候，他也同他人相对立。凡是适用于人对自己的劳动、对自己的劳动产品和对自身的关系的东西，也都适用于人对他人、对他人的劳动和劳动对象的关系。"⑤

马克思还认为，在资本主义条件下，人的本质的异化在货币身上得到了最明显的体现。货币是"人的异化的、外化的和外在化的类本质"，"是人类的外化的能力"⑥。货币的本质鲜明地表现在货币的特性上。货币具有购买一切东西、占有一切对象的特性。货币的这种特性的普遍性是货币的本质的万能。"货

---

① 马克思：《1844 年经济学哲学手稿》，人民出版社 2018 年版，第 49 页。
② 马克思：《1844 年经济学哲学手稿》，人民出版社 2018 年版，第 50 页。
③ 马克思：《1844 年经济学哲学手稿》，人民出版社 2018 年版，第 50 页。
④ 马克思：《1844 年经济学哲学手稿》，人民出版社 2018 年版，第 54 页。
⑤ 马克思：《1844 年经济学哲学手稿》，人民出版社 2018 年版，第 54 页。
⑥ 马克思：《1844 年经济学哲学手稿》，人民出版社 2018 年版，第 140 页。

币是一种外在的、并非从作为人的人和作为社会的人类社会产生的、能够把观念变成现实而把现实变成纯观念的普遍手段和能力[①]，它是作为一种普遍的颠倒黑白的力量出现的。"所以它是一切事物的普遍的混淆和替换，从而是颠倒的世界，是一切自然的品质和人的品质的混淆和替换。"[②] 马克思关于货币的这些论述，进一步展开和推进了他在《论犹太人问题》一文中所提出的关于"金钱是人的劳动和人的存在的同人相异化的本质"的思想。

关于异化劳动与私有财产的关系，马克思认为，私有财产是异化劳动的产物，同时，它又反过来成为劳动借以异化的手段。根据马克思对异化劳动与私有财产的关系的分析，私有财产即资本主义私有制的普遍本质就表现在："私有财产作为外化劳动的物质的、概括的表现，包含着这两种关系：工人对劳动、对自己的劳动产品和对非工人的关系，以及非工人对工人和工人的劳动产品的关系。"[③] 马克思认为，通过异化劳动，工人不仅生产出他同异己的、敌对的生产产品和生产行为的关系，而且生产出资本家同他的生产和他的产品的关系。从而，"私有财产是外化劳动即工人对自然界和对自身的外在关系的产物、结果和必然后果"。这样，马克思通过分析，"从外化劳动这一概念，即从外化的人、异化劳动、异化的生命、异化的人这一概念得出私有财产这一概念。"据此，马克思明确地肯定，不是私有财产（私有制）决定外化和异化劳动，而是外化和异化劳动决定私有财产（私有制）："尽管私有财产表现为外化劳动的根据和原因，但确切地说，它是外化劳动的后果，正像神原先不是人类理智迷误的原因，而是人类理智迷误的结果一样。"在马克思看来，私有财产的秘密就表现在，"私有财产一方面是外化劳动的产物，一方面又是劳动借以外化的手段，是这一外化的实现。"[④]

如果把私有财产的根源追溯到外化和异化劳动，那么，外化和异化劳动又是如何发生的？马克思指出，"把私有财产的起源问题变为外化劳动对人类发

---

① 马克思：《1844年经济学哲学手稿》，人民出版社2018年版，第141页。
② 马克思：《1844年经济学哲学手稿》，人民出版社2018年版，第297页。
③ 马克思：《1844年经济学哲学手稿》，人民出版社2018年版，第212页。
④ 马克思：《1844年经济学哲学手稿》，人民出版社2018年版，第57页。

展进程的关系问题"①，问题的这种新提法本身就已包含问题的解决。实际上，外化和异化劳动的概念在一定意义上表征了人与自然的关系，即生产力，私有财产的概念则在一定意义上表征了人与人之间的关系，即生产关系。把私有财产的起源归结为外化和异化劳动，在一定意义上就意味着把生产关系归结到生产力，即人类自身本质和能力的发展。

关于异化劳动的扬弃，马克思认为，如果说宗教异化的扬弃涉及的是意识领域，那么异化劳动的扬弃涉及的则是现实生活领域。具体来说，就表现为对私有财产的扬弃，而其结果就是共产主义。"共产主义是对私有财产即人的自我异化的积极的扬弃，因而是通过人并且为了人而对人的本质的真正占有；因此，它是人向自身、也就是向社会的即合乎人性的人的复归，……它是人和自然界之间、人和人之间的矛盾的真正解决"②。

（三）共产主义理论

在《手稿》中，马克思从哲学角度论述了他所理解的共产主义，阐明了一些重要的思想。

马克思论证了关于共产主义的历史必然性。他把共产主义理解为私有财产和劳动异化（或人的自我异化）在发展中走向自身否定的过程，即私有财产和劳动异化的"积极的扬弃"过程。在马克思那里，私有财产和劳动异化是同一件事情的两个方面：劳动异化是私有财产的"主体本质"，而私有财产不过是劳动异化或人的异化的"物质的感性的表现"。私有财产的发展是一种现实的历史运动，因而，私有财产的扬弃即共产主义也是一种现实的生产活动或经验的诞生活动。这样，共产主义的必然性就存在于私有财产自身的运动中，"整个革命运动必然在私有财产的运动中，即在经济的运动中，为自己既找到经验的基础，也找到理论的基础。"③

---

① 马克思：《1844 年经济学哲学手稿》，人民出版社 2018 年版，第 59 页。

② 马克思：《1844 年经济学哲学手稿》，人民出版社 2018 年版，第 77—78 页。

③ 马克思：《1844 年经济学哲学手稿》，人民出版社 2018 年版，第 78 页。

　　马克思批判地考察了既有的关于共产主义的各种理论形态，对共产主义重新进行了诠释，提出了自己的关于共产主义的理解和主张。他把既有的和已经出现的共产主义理论区分为三种理论形态，这三种理论形态同时也标示了人们对共产主义认识的三个不同阶段。第一种是最初的共产主义理论形式，即以巴贝夫为代表的"粗陋的共产主义"。这种共产主义实际上是"私有财产关系的普遍化和完成"。第二种理论形式"还具有政治性质，是民主的或专制的"① 共产主义，以及尚未完全废除国家，并且仍带有私有财产即人的异化的烙印的共产主义。这实际上是指以蒲鲁东和傅立叶、欧文等为代表的共产主义。这种共产主义虽然已经把共产主义理解为人的自我异化的扬弃，但尚未摆脱私有财产的本质。马克思提及的第三种共产主义理论形式，实际上是以他为代表的共产主义见解，这种"共产主义是私有财产即人的自我异化的积极的扬弃，因而是通过人并且为了人而对人的本质的真正占有；因此，它是向人自身、向社会的（即人的）人的复归"。"它是人和自然界之间、人和人之间的矛盾的真正解决，是存在和本质、对象化和自我确证、自由和必然、个体和类之间的斗争的真正解决。"② 按照马克思的理解，这种共产主义作为对私有财产的直接扬弃，是作为否定之否定（公有制—私有制—公有制）的肯定，是人的解放和复归的一个现实的、对下一段历史发展说来必然的环节，是紧邻和代替资本主义社会的必然的社会形式极其有效的原则，但并不是人类发展的终极目标和社会状态。他强调指出，"共产主义是最近将来的必然的形态和有效的原则，但是，这样的共产主义并不是人类发展的目标，并不是人类社会的形态。"③ 通过对共产主义学说的三种形态的划分和描述，马克思确定了自己的共产主义理论的地位，并将自己的见解同以前的形形色色的各种社会主义理论区分开来。

　　关于共产主义的实质和目标，马克思明确提出，共产主义应是人的本质的全面发展和拥有，应是一种"完整的人"的实现。"对私有财产的积极的扬弃……不应当仅仅被理解为直接的、片面的享受，不应当仅仅被理解为占有、

---

① 马克思：《1844 年经济学哲学手稿》，人民出版社 2018 年版，第 78 页。

② 马克思：《1844 年经济学哲学手稿》，人民出版社 2018 年版，第 78 页。

③ 马克思：《1844 年经济学哲学手稿》，人民出版社 2018 年版，第 90 页。

拥有。人以一种全面的方式，就是说，作为一个完整的人，占有自己的全面的本质。"①因此，这种共产主义，是人的感性的彻底解放。在客体方面，"一切对象对他来说也就成为他自身的对象化，成为确证和实现他的个性的对象"②；在主体方面，人的感觉真正成为人的感觉，即"社会的人的感觉"，具有"同人的本质和自然界的本质的全部丰富性相适应的人的感觉"③。这样，"全部历史是为了使'人'成为感性意识的对象和使'人成为人'的需要成为需要而作准备的历史（发展的历史）。"④

马克思还对自己所理解的共产主义的表现形式和实现途径进行了说明。他指出，这种共产主义，是"通过工人解放这种政治形式表现出来的"，而在工人解放中，就包含着全人类的解放。原因在于，"整个人类奴役制就包含在工人同生产的关系中，而一切奴役关系只不过是这种关系的变形和后果罢了。"⑤马克思认为，为了消灭资本主义这种现实的奴役关系，必须诉诸革命实践："要消灭私有财产的思想，有共产主义的思想就完全够了。而要消灭现实的私有财产，则必须有现实的共产主义行动。历史将会带来这种共产主义行动"⑥。

（四）黑格尔辩证法和哲学批判理论

在《手稿》中，马克思批评了施特劳斯和鲍威尔对黑格尔哲学采取的非批判态度，肯定并推进了费尔巴哈对黑格尔哲学的批判，通过对黑格尔《精神现象学》的剖析，揭示了黑格尔哲学的历史功绩和局限性，从而进一步扬弃了黑格尔的辩证法和一般哲学。

---

① 马克思：《1844 年经济学哲学手稿》，人民出版社 2018 年版，第 81 页。
② 马克思：《1844 年经济学哲学手稿》，人民出版社 2018 年版，第 83 页。
③ 马克思：《1844 年经济学哲学手稿》，人民出版社 2018 年版，第 84 页。
④ 马克思：《1844 年经济学哲学手稿》，人民出版社 2018 年版，第 86 页。
⑤ 马克思：《1844 年经济学哲学手稿》，人民出版社 2018 年版，第 58 页。
⑥ 马克思：《1844 年经济学哲学手稿》，人民出版社 2018 年版，第 126 页。

马克思认为，"费尔巴哈是唯一对黑格尔辩证法采取严肃的、批判的态度的人；只有他在这个领域内作出了真正的发现，总之他真正克服了旧哲学。"他认为，费尔巴哈的主要功绩在于：第一，证明了黑格尔哲学不过是变成思想的宗教，不过是人的本质的异化的另一种形式和存在方式。第二，把"人与人之间的"社会关系当作理论的基本原则，创立了真正的唯物主义和现实的科学。第三，把感性确定物即现实的自然界和人同黑格尔的"绝对精神"对立起来。但是同时马克思也通过其具体论证表明，费尔巴哈实际上只是揭示了黑格尔哲学的神学性质，只是以感性确定性作为根据来肯定人和自然界的实在性，而并没有真正扬弃黑格尔哲学特别是黑格尔的辩证法。

费尔巴哈把黑格尔表述的"绝对精神"外化为自然界和人类社会然后又复归"绝对精神"自身的"否定之否定"过程，归结为黑格尔哲学自身的矛盾，归结为黑格尔哲学先否定神学然后又肯定神学的表现，从而把黑格尔哲学归结为"思辨神学"。马克思通过考察黑格尔哲学体系（它首先体现在作为黑格尔哲学发源地的《精神现象学》一书的结构中）认为，黑格尔所描述的这一"绝对精神"的否定之否定运动实际上是为人的形成史找到一种抽象的、逻辑的、思辨的表达，只是黑格尔错误地把现实的人的外化和异化的历史描述成了逻辑的、思辨的思维生产史。这样一来，异化就成为抽象思维同感性现实在思想本身范围内的对立，而异化的扬弃，即人对自己的已经成为异己对象的本质的重新占有，就成了纯粹的思维活动，成了在纯思维中实现的占有。

马克思还指出，由于黑格尔紧紧抓住人的异化，他的哲学中已"潜在地包含着批判的一切要素"[1]。黑格尔哲学的功绩就体现在，把人的自我产生看作一个过程，把对象化看作外化及其扬弃，因而，它"抓住了劳动的本质，把对象性的人、现实的因而是真正的人理解为人自己的劳动的结果"[2]。当然，黑格尔的这些合理的理解同时又是与他的哲学的局限性联系在一起的，即它把人的劳动仅仅理解为"抽象的精神的劳动"，把人和"自我意识"完全等同起

---

① 马克思：《1844 年经济学哲学手稿》，人民出版社 2018 年版，第 97 页。

② 马克思：《1844 年经济学哲学手稿》，人民出版社 2018 年版，第 98 页。

来。由于黑格尔哲学把人同自我意识等同起来，因此，"人的本质的全部异化不过是自我意识的异化。自我意识的异化没有被看作人的本质的现实异化的表现，……相反，现实的即真实地出现的异化，……本质来说，不过是现实的人的本质即自我意识的异化现象。"① 此外，黑格尔哲学的局限性还表现在，它把对象化即外化同异化混淆起来。在黑格尔那里，"对象性本身被认为是人的异化了的、同人的本质即自我意识不相适应的关系。因此，重新占有在异化规定内作为异己的东西产生的人的对象性本质，不仅具有扬弃异化的意义，而且具有扬弃对象性的意义"②。

马克思把黑格尔所描述的自我意识对自己对象的重新占有作了概括，并对其进行了阐释。黑格尔把"物性"看作作为人的自我意识的外化所设定的东西。马克思批判了黑格尔的唯心主义，他指出，"自我意识通过自己的外化所能设定的物性，即只是抽象物、抽象的物，而不是现实的物。"③ 因而，这样的"物性"决不是什么独立的、实质的东西。当现实的、肉体的人通过自己的外化把自己的本质力量设定为异己的对象时，"设定"也"并不是主体，而是对象性的本质力量的主体性，因此这些本质力量的活动也必定是对象性的活动"④。这样，马克思就阐明了自己的新唯物主义的立场，他将这种立场称之为"彻底的自然主义或人道主义"。这种"彻底的自然主义或人道主义，既不同于唯心主义，也不同于唯物主义，同时又是把这二者结合起来的真理"⑤。

从"彻底的自然主义或人道主义"的立场出发来理解人，马克思首先承认"人直接地是自然存在物"。人作为自然存在物，一方面具有能动性，一方面又具有受动性。正是这种双重性决定人是一种对象性的存在物，也就是说，"人有现实的、感性的对象作为自己本质的即自己的生命表现的对象；或者说，人

---

① 马克思：《1844 年经济学哲学手稿》，人民出版社 2018 年版，第 100 页。

② 马克思：《1844 年经济学哲学手稿》，人民出版社 2018 年版，第 99 页。

③ 马克思：《1844 年经济学哲学手稿》，人民出版社 2018 年版，第 102 页。

④ 马克思：《1844 年经济学哲学手稿》，人民出版社 2018 年版，第 102 页。

⑤ 马克思：《1844 年经济学哲学手稿》，人民出版社 2018 年版，第 102 页。马克思这里所说的"唯物主义"是指以往的旧唯物主义。

只有凭借现实的、感性的对象才能表现自己的生命。"① 同时，正因为人是一种能动性的、对象性的存在，马克思进一步补充和强调，"人不仅是自然存在物，而且是人的自然存在物，就是说，是自为地存在着的存在物，因而是类存在物。他必须既在自己的存在中也在自己的知识中确证并表现自身。"② 由此，马克思就把人的自然性与人的社会性联结起来。从"彻底的自然主义或人道主义"的立场出发来理解人的历史，马克思认为，人固然有自己的历史，但这一历史并不是黑格尔所理解的"绝对精神"外化和自我发展的历史，而是"对人来说是被认识到的历史"，"是人的真正的自然史"。③

马克思还分析了黑格尔的把否定和保存二者结合为一体的"扬弃"这一概念。马克思认为，在黑格尔那里人作为自我意识对自身异己对象的扬弃，说到底不过是在思想中进行的对思想的东西的扬弃。"所以，这种思想上的扬弃，在现实中没有触动自己的对象"④。实际上，"黑格尔在哲学中扬弃的存在，并不是现实的宗教、国家、自然界，而是已经成为知识的对象的宗教本身，即教义学；法学、国家学、自然科学也是如此。"⑤

同时，马克思认为，黑格尔的"扬弃"概念在异化这个规定之内，也包含和体现了黑格尔辩证法的积极精神。这表现在，"它主张人的现实的对象化，主张人通过消灭对象世界的异化的规定、通过在对象世界的异化存在中扬弃对象世界而现实地占有自己对象性本质。"⑥ 所以，马克思借助黑格尔"扬弃"这一概念，把他所理解的共产主义描述为对资本主义私有制的扬弃，描述为"实践的人道主义"："正像无神论作为神的扬弃就是理论的人道主义的生成，而共产主义作为私有财产的扬弃就是要求归还真正人的生命即人的财产，就是实践的人道主义的生成"⑦。而这样的共产主义"才是人的本质的现实生成，是人的

---

① 马克思：《1844 年经济学哲学手稿》，人民出版社 2018 年版，第 103 页。
② 马克思：《1844 年经济学哲学手稿》，人民出版社 2018 年版，第 104 页。
③ 马克思：《1844 年经济学哲学手稿》，人民出版社 2018 年版，第 105 页。
④ 马克思：《1844 年经济学哲学手稿》，人民出版社 2018 年版，第 109 页。
⑤ 马克思：《1844 年经济学哲学手稿》，人民出版社 2018 年版，第 109 页。
⑥ 马克思：《1844 年经济学哲学手稿》，人民出版社 2018 年版，第 110 页。
⑦ 马克思：《1844 年经济学哲学手稿》，人民出版社 2018 年版，第 110 页。

本质对人来说的真正的实现，是人的本质作为某种现实的东西的实现"①。

总的说来，在《手稿》中，马克思对黑格尔辩证法和一般哲学的扬弃是从劳动概念开始的。他把黑格尔的"自我意识"的人归结为"现实的人"，把黑格尔的精神劳动归结为物质生产实践，把黑格尔的自我意识的异化归结为现实的人的异化，从而建立起自己的、既源于费尔巴哈又超越于费尔巴哈的"彻底的自然主义或人道主义"的理论。虽然马克思当时在对"唯物主义"概念的理解上还受着费尔巴哈的某种影响，即由于庸俗唯物主义者对"唯物主义"一词的滥用而没有接受和使用这一术语，但其哲学的新唯物主义立场和基本倾向却是十分明显和明晰的。

三、时代价值和现实意义

由于《手稿》论域的广博性以及其思想的深刻性，在当代成为国际学术界理论研究的一个热点，人们从这一著作中可以获得多方面的感悟和启迪。

（一）从实践的视阈来认识人的本质及其发展

在《手稿》中，马克思基于对"劳动"概念的理解，深入地考察和论述了人的社会性，并进而系统地提出了关于人的本质的新见解。他将人的本质归结为人的"自由的有意识的活动"，即人的实践活动，首先是人的物质生产实践活动。根据马克思的理解，"生产生活就是类生活。这是产生生命的生活。一个种的整体特性、种的类特性就在于生命活动的性质，而自由的有意识的活动恰恰就是人的类特性。"② 马克思之所以将劳动、物质生产称为"自由的有意识的活动"，是指在如下意义上：人能够将自己的这种生命活动同自己的生命本

---

① 马克思：《1844 年经济学哲学手稿》，人民出版社 2018 年版，第 110 页。
② 马克思：《1844 年经济学哲学手稿》，人民出版社 2018 年版，第 205 页。

身区分开，并将其变成自己的意识和意志的对象。

对马克思《手稿》的传统诠释认为，马克思在《手稿》中沿袭费尔巴哈的"抽象的人本主义"而预定了一种先验的抽象的人的本质。这种观点显然误读了"自由的有意识的活动"这一表述在马克思那里的特定含义。实际上，在马克思那里，人的本质及其自由并不是预定的，而是一个现实的、归根到底通过人自身的实践活动而不断生成的过程。正如马克思自己所指出的：人的本质的发展是一个历史过程。马克思的这一观点，为人认识和发展自我开辟了新的境域。据此，人的本质的丰富性在根本上取决于其实践活动的发展，取决于其实践活动的深度和广度，人只有在其自觉的实践活动过程中并通过其自觉的实践活动才能不断丰富和完善自我，实现自身的生命价值。

（二）通过资本主义现代性来认识一般现代性的矛盾

马克思为《手稿》规定的一个重要任务是弄清私有制、贪欲同劳动、资本、地产三者的分离之间的本质联系，交换和竞争之间、人的价值和人的贬值之间、垄断和竞争之间，以及全部"异化"和货币之间的本质联系。可以说，《手稿》的全部内容都是围绕这一主题而展开的。其中，对"异化劳动"的分析和论述是其核心部分。从现代性的角度来解读，马克思对"异化劳动"的分析，就特殊意义而言，是对资本主义生产方式内在矛盾的分析，同时也是对资本主义现代性内在矛盾的分析。马克思将这种矛盾概括为"物的世界的增值同人的世界的贬值"，深刻地揭示了资本主义现代化过程中进步与退步、创造与毁灭、发展与代价的矛盾的对抗性质。就一般意义而言，这种对资本主义现代性的特定分析也蕴含着对现代性一般规律的理解。它在一定意义上也深刻地反映了一般现代化条件下特别是市场经济条件下人们所普遍面临的生存状况和生存矛盾。

目前，我国正处在现代化发展的关键时期。如何坚持"以人为本"和"以人民为中心"，处理好现代性自身所包含的各种内在矛盾，解决好发展与代价等各种关系，将始终是党和国家所面临的理论课题和实践课题。

（三）从人与人、人与自然的关系来深入理解和把握共产主义

在《手稿》中，马克思对他所主张的共产主义有两个重要的界定。其一，马克思明确地把人的本质和能力的充分发展和自由实现作为共产主义的实质和目的，而把异化劳动及其结果私有财产的扬弃作为其必要的前提和条件。他申明：共产主义"是私有财产即人的自我异化的积极的扬弃，因而是通过人并且为了人而对人的本质的真正占有"，"是人向自身、也就是向社会的即合乎人性的人的复归"[1]。而且，这种对人的本质的占有，"决不是返回到非自然的、不发达的简单状态去的贫困。恰恰相反，无神论、共产主义才是人的本质的现实的生成，是人的本质对人说来的真正的实现，或者说，是人的本质作为某种现实的东西的实现。"[2] 马克思认为，这一人的本质的异化及其复归过程就是"历史之谜的解答"。其二，马克思明确地从人与自然、人与人的关系的角度对共产主义作了界定，认为"这种共产主义，作为完成了的自然主义，等于人道主义，而作为完成了的人道主义，等于自然主义，它是人和自然界之间、人和人之间的矛盾的真正解决，是存在和本质、对象化和自我确证、自由和必然、个体和类之间的斗争的真正解决"[3]。这两个定义都十分经典。前一界定是从历史的、纵向的角度，而后一界定则是从广义自然这一整体的、横向的角度。后一界定与前一界定紧密联系、相互补充，深化了人们对共产主义的理解。同时，它也为中国特色社会主义建设提供了根本性的指导思想和原则。中国特色社会主义建设的实践经验表明，社会主义现代化建设不仅是人们之间的社会关系的不断调整和改革，而且也是人与自然关系的深刻变革和更新，而这两者又是有机地联系在一起的。

---

[1]　马克思：《1844 年经济学哲学手稿》，人民出版社 2018 年版，第 78 页。

[2]　马克思：《1844 年经济学哲学手稿》，人民出版社 2018 年版，第 110 页。

[3]　马克思：《1844 年经济学哲学手稿》，人民出版社 2018 年版，第 78 页。

马克思主义哲学创立的标志
——《德意志意识形态》导读

　　《德意志意识形态》是马克思、恩格斯在创立和系统构建他们自己的哲学理论即"新唯物主义"时期所撰写的一部最重要的著作。在这部著作中，马克思、恩格斯通过批判以鲍威尔、费尔巴哈和施蒂纳等人为代表的"青年黑格尔派"哲学，系统地论证和阐发了唯物主义历史观的基本原理。该著作的第一卷第一章（"费尔巴哈"部分），实际上是全书的导论，集中了全书的主要内容和思想精华。因此，学习这部著作特别是第一卷第一章，对于了解本真和原生意义上的马克思主义哲学，掌握科学的世界观和方法论，具有重要的意义。

一、历史背景和写作原因

《德意志意识形态》全书的绝大部分写于 1845 年夏至 1846 年秋^① 前后。1842 年以前，马克思和恩格斯受到黑格尔哲学的影响，站在黑格尔唯心主义哲学的立场。1842—1844 年初，马克思和恩格斯通过参加社会实践，几乎同时完成了从唯心主义向唯物主义的转变。在 1844 年至 1845 年初，他们通过《1844 年经济学哲学手稿》（1844.4—8）、《神圣家族》（1844.9—11）和《关于费尔巴哈的提纲》（1844 年底或 1845 年初）等文的写作，大致完成了唯物主义历史观的初创工作。此后，面临的主要任务是从各方面详细制定和论证有关这一理论的新观点。这一任务通过《德意志意识形态》一书的完成得到了实现。马克思在 1859 年撰写的《政治经济学批判》序言中曾这样回顾这本书的写作：当 1845 年初恩格斯也住在布鲁塞尔时，"我们决定共同阐明我们的见解与德国哲学的意识形态的见解的对立，实际上是把我们从前的哲学信仰清算一下。这个心愿是以批判黑格尔以后的哲学的形式来实现的。"^② 因此，可以说，《德意志意识形态》集马克思、恩格斯早期哲学思想之大成，是马克思主义哲学创立的标志。

《德意志意识形态》的写作主旨是清算"青年黑格尔派"的哲学乃至马克思、恩格斯本人以前所持有的哲学唯心主义立场，批判唯心主义历史观，论证和构建唯物主义历史观。青年黑格尔派又称黑格尔左派，是黑格尔哲学解体以后从

---

① 开始写作时间和最后完成时间依据作者本人的考证。

② 《马克思恩格斯选集》第 2 卷，人民出版社 1995 年版，第 34 页。

黑格尔学派中分化出来的一个重要哲学派别，其主要人物有施特劳斯、鲍威尔、费尔巴哈和施蒂纳等。青年黑格尔派哲学是德国古典哲学的重要组成部分和当时德国资产阶级意识形态的主要代表，作为德国资产阶级民主革命的理论准备和理论先导，曾于1835—1845年期间在德国思想界和社会上产生了重要的影响和作用。马克思、恩格斯曾经和鲍威尔、费尔巴哈、施蒂纳有过密切的接触和交往，并受到过他们哲学思想的启示和影响。由于研究对象的复杂性和重要性以及创立新世界观的需要，马克思和恩格斯在《形态》中深入和彻底地探讨了历史观的诸种基本理论问题，在全面清理德国古典哲学特别是青年黑格尔派哲学的同时，极为详尽地论证和阐发了他们有关唯物主义历史观的新见解。因此，在马克思和恩格斯的著作中，《德意志意识形态》是阐释唯物主义历史观基本原理最详尽、最系统的一部著作。通过阅读该书，人们不仅可以系统地了解唯物主义历史观的基本原理，而且还可以深入地了解这些基本原理赖以形成和确立的基本前提、依据和路径，以及其中所体现和蕴含的方法论原则。

在马克思、恩格斯生前，《德意志意识形态》全书未能出版，只有极个别章节以论文的形式在杂志上发表过。该书第一卷第一章首次发表是在苏联，由苏共中央马克思恩格斯研究院于1924年用俄文发表，1926年用原文即德文发表。该书全书首次发表是在1932年，以原文即德文形式发表于《马克思恩格斯全集》历史考订版第一部第五卷。该书第一卷第一章的第一个中译本由郭沫若翻译，于1938年在上海言行出版社出版。由于该书问世时间较晚，列宁生前未能读到此书。此外，在我国，由于受苏联哲学界教条主义的影响，该书曾长期为哲学界、理论界所忽视。

二、主要内容和基本理论

《德意志意识形态》第一卷第一章现存遗稿的中文本系以巴加图利亚所编版本为底本，根据1985年德文单行本译校，全文分为四个部分。在该章中，马克思、恩格斯对他们所创立的唯物主义历史观进行了系统的论证和阐发。

贯穿于《德意志意识形态》第一卷第一章全文的逻辑主线是：以现实的人（"现实的个体"）为出发点，以人的实践活动为人的基本存在和发展方式，以人的自由全面发展为归宿和目标。

学习本文要把握的基本理论有：

（一）唯物主义历史观的现实出发点理论

马克思、恩格斯在阐述人类历史的现实前提的基础上，阐明了唯物主义历史观的现实出发点。

马克思、恩格斯在考察历史时，不是运用思辨的方法，从任意的前提出发，而是运用经验的方法，从现实的前提出发。他们把这种现实的前提表述为"现实的个人"，"他们的活动"，以及"他们的物质生活条件"[①]。其中，首要的前提是现实的个体或有生命的个体。

马克思、恩格斯认为，"全部人类历史的第一个前提无疑是有生命的个人的存在"。而个体的肉体组织决定着人们必须进行自己的物质生活资料的生产，从而发生人们与自然之间的关系。人们用以生产自己的生活资料的方式，不仅是他们的肉体存在的再生产，而且在更大程度上是他们的"活动方式"和"生活方式"，是决定他们的本质的东西，因为人们生产自己的生活资料，同时也就间接地生产着自己的物质生活本身。因此，物质生产是人的本质规定，一当人开始生产自己的生活资料，人就开始把自己和动物区别开来。

那么，人们的意识、精神与他们的存在又是什么关系？以往的历史观把人的精神、意识作为人的存在和社会历史的决定力量以及自己的哲学的出发点。马克思、恩格斯坚持从物质实践的观点出发，把意识、精神看作"人们物质行动的直接产物"，认为"意识在任何时候都只能是被意识到了的存在，而人们的存在就是他们的现实生活过程"。[②] 按照这一理解，意识、意识形态自身不

---

① 马克思、恩格斯：《德意志意识形态》（节选本），人民出版社 2018 年版，第 11 页。

② 马克思、恩格斯：《德意志意识形态》（节选本），人民出版社 2018 年版，第 17 页。

具有自己的独立性及独立发展的历史，而是依附于它们所产生的社会物质条件，是由人们的社会存在所决定的一种历史的产物："道德、宗教、形而上学和其他意识形态，以及与它们相适应的意识形式便不再保留独立性的外观了。它们没有历史，没有发展，而发展着自己的物质生产和物质交往的人们，在改变自己的这个现实的同时也改变着自己的思维和思维的产物。"①

在揭示人类历史的现实前提以及人类物质实践活动对于人类自身存在意义的基础上，马克思、恩格斯确定了唯物主义历史观的出发点。唯物主义历史观的出发点就是"现实中的个人"："我们的出发点是从事实际活动的人"②。

由此出发，马克思、恩格斯进一步从哲学对象的角度对唯物主义历史观进行了界定，提出它是"描述人们实践活动和实际发展过程的真正的实证科学"③。这一规定，肯定了人在唯物主义历史观中的中心地位，同时也内含和体现了唯物主义历史观的科学性和价值性的双重本性：既肯定人是历史主体，也肯定人是价值主体。前者体现客观的历史事实，后者体现主体的价值取向。

（二）唯物主义历史观的实践观理论

从人类历史的现实前提出发，马克思、恩格斯对在《关于费尔巴哈的提纲》中已经确立的实践观进行了具体展开，进一步揭示了实践在人类历史发展过程中的地位和作用。他们指出，实践是整个现存感性世界的基础，是人与自然相统一的基础，而费尔巴哈的局限性就在于，没能把感性世界理解为构成这一感性世界的个人的实践活动。而且，实践，物质生活资料的生产，是人类生存的第一个前提，是人们仅仅为了生活就必须每日每时从事的历史活动，因此，它"是一切历史的基本条件"。正是通过物质生活资料的生产，人类满足自身生命生产的需要，并为意识和精神的生产提供源泉和动力。

出于对实践的这种理解，与以往的哲学家们停留于哲学的思辨不同，马克

---

① 马克思、恩格斯：《德意志意识形态》（节选本），人民出版社 2018 年版，第 17 页。
② 马克思、恩格斯：《德意志意识形态》（节选本），人民出版社 2018 年版，第 17 页。
③ 马克思、恩格斯：《德意志意识形态》（节选本），人民出版社 2018 年版，第 18 页。

思、恩格斯关注和重视哲学向实践的转化，即哲学的现实化。他们强调："对实践的唯物主义者即共产主义者来说，全部问题都在于使现存世界革命化，实际地反对并改变现存的事物。"①这样，马克思、恩格斯就进一步把自己的哲学表述为一种"实践的唯物主义"。这一概念表明，在马克思、恩格斯那里，实践的观点与唯物主义的观点是统一的。只有坚持实践的观点，才能坚持彻底唯物主义的观点。此外，唯物主义的观点与共产主义的理论也是统一的。共产主义就是唯物主义在社会实践中的运用和体现。

从实践的观点来理解唯物主义历史观的本质，马克思、恩格斯认为，"这种历史观就在于：从直接生活的物质生产出发阐述现实的生产过程，把同这种生产方式相联系的、它所产生的交往形式即各个不同阶段上的市民社会理解为整个历史的基础，从市民社会作为国家的活动描述市民社会，同时从市民社会出发阐明意识的所有各种不同的理论产物和形式，如宗教、哲学、道德等等，而且追溯它们产生的过程。"②它和唯心主义历史观的区别在于："不是从观念出发来解释实践，而是从物质实践出发来解释各种观念形态"③。

（三）唯物主义历史观的意识形态理论

马克思、恩格斯在系统阐述实践观的基础上，专门研究了意识形态与统治阶级、与占统治地位的物质关系即经济基础的关系，集中阐述了意识形态的本质。

"意识形态"一词为希腊语 idea 和 graphein 构成，意为"观念的学说"。德文语词为 Ideologie，"观念体系"或"思想体系"之意。在《形态》中，马克思、恩格斯首先是在这一概念的德语语词所具有的通常含义即"观念体系"的意义上来使用这一概念的。他们区分了"一般意识形态"和"德国意识形态"。前者指以往的一切意识形态，后者则专指青年黑格尔派哲学。

---

① 马克思、恩格斯：《德意志意识形态》（节选本），人民出版社 2018 年版，第 19 页。
② 马克思、恩格斯：《德意志意识形态》（节选本），人民出版社 2018 年版，第 37 页。
③ 马克思、恩格斯：《德意志意识形态》（节选本），人民出版社 2018 年版，第 37 页。

马克思、恩格斯认为，意识形态实质上是统治阶级的思想体系。"统治阶级的思想在每一时代都是占统治地位的思想"[①]，因为统治阶级是社会上占统治地位的物质力量，支配着物质生产资料，这就决定了它必然同时也是社会上占统治地位的精神力量，支配着精神生产资料。这意味着，统治阶级的统治，不仅表现在社会物质领域和政治领域中，而且，也必然表现在思想领域中。也就是说，统治阶级不仅作为物质生产的管理者进行统治，而且，还作为思想的生产者和调节者进行统治。统治阶级之所以需要思想、意识形态，是因为他们不仅需要支配物质生产资料，还需要支配精神生产资料。

一定的意识形态虽然是一定的统治阶级的思想，但是统治阶级往往赋予自己的思想以普遍的形式，把它们描述成唯一合理的、具有普遍意义的思想。马克思、恩格斯指出，这种做法其实只是在统治阶级的利益与其余一切非统治阶级的共同利益还有较多的联系、还没有发展为特殊利益时才有其合理性。

在指出意识形态是社会上占统治地位的思想、是统治阶级的思想的基础上，马克思、恩格斯进一步揭示了意识形态的根源，认为意识形态作为在社会上占统治地位的统治阶级的思想，是统治阶级的物质关系在观念上的反映和表现。马克思、恩格斯强调，占统治地位的思想之所以是统治阶级的思想，说到底，是因为统治阶级在社会物质关系领域居统治地位，统治阶级的物质关系是社会上占统治地位的物质关系，而"占统治地位的思想不过是占统治地位的物质关系在观念上的表现，不过是以思想的形式表现出来的占统治地位的物质关系"[②]。可见，在意识形态问题上，马克思、恩格斯也彻底坚持和贯彻了"不是人们的意识决定他们的存在、而是他们的社会存在决定他们的意识"的观点。由于意识形态是统治阶级物质关系的反映和表现，所以，它为统治阶级物质关系的存在和发展服务，是维持和巩固统治阶级的阶级统治的必要条件。

马克思、恩格斯还从意识的根源性的角度来定义意识形态，将其界定为人

[①] 马克思、恩格斯：《德意志意识形态》（节选本），人民出版社 2018 年版，第 44 页。

[②] 马克思、恩格斯：《德意志意识形态》（节选本），人民出版社 2018 年版，第 44 页。

们的存在即人们的物质生活过程的反映和升华物："意识在任何时候都只能是被意识到了的存在，而人们的存在就是他们的现实生活过程。如果在全部意识形态中，人们和他们的关系就像在照相机中一样是倒立成像的，那么这种现象也是从人们生活的历史过程中产生的，正如物体在视网膜上的倒影是直接从人们的生理过程中产生的一样。""甚至人们头脑中的模糊幻象也是他们的可以通过经验来确认的、与物质前提相联系的物质生活过程的必然升华物"①。

据此，马克思、恩格斯得出的一个极为重要的结论是，意识形态具有依存性的特征，它没有自身独立的发展历史："道德、宗教、形而上学和其他意识形态，以及与它们相适应的意识形式便不再保留独立性的外观了。它们没有历史，没有发展，而发展着自己的物质生产和物质交往的人们，在改变自己的这个现实的同时也改变着自己的思维和思维的产物。"②

这意味着，每一历史时期都需要也必然会产生与该时期的特定的物质生活过程相适应的特殊的意识形态，用以反映和借以解决该时期生产力与生产关系之间的矛盾以及由此产生的各种社会矛盾。任何意识形态及其社会作用都是具体的、历史的。

（四）唯物主义历史观的社会结构理论

在《形态》中，马克思、恩格斯以人们的社会实践活动为基础，对社会形态的结构作了较为系统的分析和描述。

1. 现实的个人与物质生产

与青年黑格尔派哲学、与以往的一切唯心主义历史观不同，马克思、恩格斯在考察历史时，不是运用思辨的方法，从任意的前提出发，而是运用经验的方法，从现实的前提出发。马克思、恩格斯把这种现实的前提表述为"现实的个人"，"他们的活动"，以及"他们的物质生活条件"③。

---

① 马克思、恩格斯：《德意志意识形态》（节选本），人民出版社 2018 年版，第 17 页。
② 马克思、恩格斯：《德意志意识形态》（节选本），人民出版社 2018 年版，第 17 页。
③ 马克思、恩格斯：《德意志意识形态》（节选本），人民出版社 2018 年版，第 11 页。

马克思、恩格斯着重揭示的是处在一定的物质生活条件下的个体与这些个体的活动的关系。他们认为，全部人类历史的第一个前提无疑是有生命的个体的存在，因而，第一个需要确定的事实就是这些个体的肉体组织以及他们与自然界的关系。个体的肉体组织决定着人们必须进行自己的物质生活资料的生产，这使生活资料的生产成为人类的"第一个历史活动"，并从而成为一切历史的"基本条件"。同时，人们用以生产自己的生活资料的方式，不仅是他们的肉体存在的再生产，而且在更大程度上是他们的"活动方式"和"生活方式"，是决定他们的本质的东西，因为人们生产自己的生活资料，同时也就间接地生产着自己的物质生活本身。因此，人类的物质生活资料的生产是任何科学的历史观所必须给予充分重视的基本事实。

这样，通过对人类历史的现实前提的揭示，马克思、恩格斯阐明了人类的物质实践活动对于历史认识的意义，论证了唯物主义历史观赖以建立的经验基础。

2.人们的社会存在与社会意识

从社会关系中划分出"交往关系"即生产关系，找到社会领域中的物质关系的表现形式，使马克思、恩格斯能够对人们的存在与他们的意识即社会存在与社会意识的关系问题作出科学的说明，从而不仅在对自然的认识方面，而且也在对历史的认识方面彻底解决存在与思维的关系问题。

马克思、恩格斯指出，思想、观念、意识的生产最初是直接与人们的物质活动，与人们的物质交往，与现实生活的语言交织在一起的。人们的想象、思维、精神交往在这里还是人们物质活动的直接产物。表现在某一民族的政治、法律、道德、宗教、形而上学等的语言中的精神生产也是这样。"意识在任何时候都只能是被意识到了的存在，而人们的存在就是他们的现实生活过程。"因此，意识是随着人们的现实生活的改变而不断变化的，"不是意识决定生活，而是生活决定意识"。①

马克思、恩格斯阐述了意识的社会性。意识产生于个人之间的交往的迫

---

① 马克思、恩格斯：《德意志意识形态》（节选本），人民出版社 2018 年版，第 17 页。

切需要。交往关系是人的社会实践活动的一个组成部分，为人而存在并且是人这一主体所专有的。动物不存在这种关系的问题。对于动物来说，它对他物的关系不是作为关系而存在的。因而，"意识一开始就是社会的产物，而且只要人们存在着，它就仍然是这种产物。"[①] 意识的社会性在原始意识中仅具有低级的、萌芽的形态。原始意识只是对直接的可感知的环境的一种意识，是对处于开始意识到个体自身之外的其他人和其他事物的狭隘联系的一种意识，以及对自然界的一种纯粹动物式的意识。但是，即使如此，原始意识也已经是对人们的交往和社会性的某种反映。以后，由于生产效率的提高，需要的增长以及人口的增多，意识获得了进一步的发展和提高。特别是由于脑力劳动与体力劳动分离的发生，意识就获得了相对的独立性和真正的社会意义。从这时起，意识能够摆脱世界而去构造"纯粹的"理论、神学、哲学、道德等各种形式。但是，这并不意味着意识失去了社会的现实基础，相反，马克思、恩格斯强调，如果意识的诸种形式与现存的社会关系发生了矛盾，那么，必须从现存的社会关系和现存的生产力之间的矛盾中得到解释和说明。

3. 生产力与交往形式（生产关系）

在手稿中，马克思、恩格斯通过对人的实践活动的分析，第一次阐明了一定社会的生产力与生产关系的辩证关系。

马克思、恩格斯分析了人的社会活动的若干方面或若干因素，即物质生活资料的生产，新的需要的产生以及与种的繁衍相关的家庭等。这些因素作为人的生命的生产活动，包含了双重关系：一方面是人与自然的关系，另一方面是人们之间的社会关系。两者是密不可分的，一定的生产方式或工业阶段始终与一定的合作方式和社会阶段相联系。由此出发，他们就把生产力与生产关系的矛盾从诸种社会现象中划分出来，生产关系在多数场合又被称为"交往形式"或"交往关系"。

马克思、恩格斯考察了生产力与交往关系的矛盾发展的历史，特别是生产力与作为劳动组织形式和分工结果的所有制的矛盾发展的历史。通过考察，他

[①] 马克思、恩格斯：《德意志意识形态》（节选本），人民出版社 2018 年版，第 26 页。

们得出这样的结论："一切历史冲突都根源于生产力和交往形式之间的矛盾"①，它们都不过是生产力和交往形式这一矛盾所采取的附带形式。

按照马克思、恩格斯的理解，生产力与交往形式的关系就是交往形式与个体的物质活动的关系。交往形式受制于生产力，它在历史的每一阶段上都与同一时期的生产力发展相适应，因此也就伴随生产力的发展不断由个体的活动条件转化为它的桎梏，从而在整个历史发展过程中构成一个新旧交替的有联系的交往形式的序列。交往形式迄今为止的几个历史发展阶段是：部落所有制、古代公社所有制、封建的或等级的所有制以及资本主义所有制。

4.分工与所有制

在手稿中，马克思、恩格斯给予了分工以特殊的重视。在他们看来，分工既是生产力发展的结果，同时又是交往关系或生产关系的前提和基础。

分工决定于生产力。分工的发展程度是生产力发展水平的客观标尺。分工的发展阶段依赖于当时生产力的发展水平。

分工决定了生产方式的演变。民族内部的分工引起工业同农业的分离，然后引起商业同工业的分离。

分工和所有制是同义语，分工是就活动而言，所有制是就活动的结果而言。分工发展的不同阶段就是所有制的不同形式。在分工还很不发达、自然分工占统治地位的情况下，所有制形式是部落所有制。在分工已经很发达、城乡对立已经产生的情况下，所有制形式是古代公社所有制和国家所有制。在封建制繁荣时代，分工因小块土地的耕作而受阻，各城市间交往有限，以及居民稀少和需求有限，因此分工很少，所有制形式是封建的或等级的所有制。

分工决定阶级和国家的产生。阶级划分直接以分工和生产工具为基础。分工使精神活动和物质活动、享受和劳动、生产和消费由不同的人来分担成为可能和现实。分工产生了普遍利益和特殊利益的对立，这种普遍利益以国家这种虚幻的共同体形式出现。分工是劳动异化的根源。要扬弃异化，必须消灭分工。而消灭分工的前提，是生产力的巨大增长和高度发展。

---

① 马克思、恩格斯：《德意志意识形态》（节选本），人民出版社 2018 年版，第62页。

分工的发展经历了不同的历史阶段：性别分工；自然分工；真正的分工（脑体劳动的分离）。在野蛮社会：自然形成的生产工具，人受自然支配，地产统治，个人通过家庭、部落、土地而联合，人与自然交换，脑体劳动未完全分工，统治形式是个人关系或共同体，没有不同个人间的分工；在文明社会：文明创造的生产工具，人受劳动产品支配，资本统治，个人通过交换而联合，人与人交换，脑体劳动已实现分工，统治形式是货币，以分工为基础。

5."市民社会"（经济基础）与政治和观念的上层建筑

马克思、恩格斯将交往关系（生产关系）从各种社会关系中划分出来作为社会结构中具有决定性的因素，并沿袭传统社会学的术语将其称为"市民社会"。

按照他们的理解，市民社会包括各个人在生产力发展的一定阶段上的一切物质交往，包括该阶段上的整个商业生活和工业生活，也标志着直接从生产和交往中发展起来的社会组织。马克思、恩格斯指出，正是市民社会，"在一切时代都构成国家的基础以及任何其他的观念的上层建筑的基础"[①]，因此，"这个市民社会是全部历史的真正发源地和舞台"[②]。

在揭示交往关系或市民社会的作用的基础上，马克思、恩格斯阐明了作为政治上层建筑的国家以及作为观念上层建筑的意识形态。

他们认为，国家是交往关系发展到一定阶段产生的，是分工和私有制的产物。国家作为阶级统治的工具，"是统治阶级的各个人借以实现其共同利益的形式"[③]现代资本主义国家则是与现代资本主义私有制相适应的，尽管它具有以前的国家所不曾具有的普遍形式和独立性，但它不过是"资产者为了在国内外相互保障各自的财产和利益所必然要采取的一种组织形式"。[④] 国家是政治上层建筑的核心，一切共同的规章制度都以国家为中介并获得自己的政治形式。而法作为一种规章制度，无非是统治阶级意志的普遍表现，是一定的所有

---

① 马克思、恩格斯：《德意志意识形态》（节选本），人民出版社 2018 年版，第 77—78 页。
② 马克思、恩格斯：《德意志意识形态》（节选本），人民出版社 2018 年版，第 33 页。
③ 马克思、恩格斯：《德意志意识形态》（节选本），人民出版社 2018 年版，第 79 页。
④ 马克思、恩格斯：《德意志意识形态》（节选本），人民出版社 2018 年版，第 78—79 页。

制关系的表达。

6. 个体与共同体

马克思、恩格斯论述了个体与阶级、个体与社会、个体与共同体的关系，并区别了真正的共同体与"虚幻的共同体"即共产主义社会与以往的剥削阶级社会。

各个个体的社会地位，从而他们的个体发展是由阶级决定的，他们隶属于阶级。以一定的方式进行生产活动的一定的个体，发生一定的社会关系和政治关系。社会结构和国家是从一定的个体的生活过程中产生的。

真正的共同体即共产主义是异化扬弃的形式。只有在这一共同体中，个体才能获得全面发展自己才能的手段，才能有个体的自由。真正的共同体与虚幻的共同体的区别在于：在虚幻的共同体中，个体不是作为个体而是作为阶级的成员处在这种共同体的关系中；在真正的共同体中，各个个体则是作为个体参加的。在虚幻的共同体中，个体的发展和运动的条件受偶然性的支配，并作为某种独立的东西同单个个体相对立，联合对于个体来说是异己的联系，是个体有可能利用偶然性的一些条件的联合；在真正的共同体中，联合则是把个体的自由发展和运动的条件置于他们的控制之下。在虚幻的共同体中，个体自由只是对于那些统治阶级的成员来说是存在的；在真正的共同体中，各个个体则在自己的联合中并通过这种联合获得自己的自由。

7. 民族历史与世界历史

在手稿中，马克思、恩格斯提出了他们的"世界历史"思想，这实际上也就是今天被称之为"全球化"的理论。确切地说，是对全球化的一种哲学表述。他们认为，是资本主义大工业创造了交通工具和现代的世界市场，从而开创了世界历史。世界市场是世界历史赖以形成的重要物质基础；而世界历史的发展，将导致共产主义的实现。世界历史的开启，其重要意义在于：首先，它使地域性的生产力成为一种国际化的生产力，为生产力的保存和进一步发展提供了保障。某一个地域创造出来的生产力，特别是发明，在以后的发展中是否会失传，完全取决于交往扩展的情况。只有当交往已成为世界历史交往和以大工业为基础的时候，只有当一切民族都卷入竞争斗争的时候，保持已创造出来的生产力才有了保障。其次，世界历史为共产主义创造条件。共产主义的建立以生产力的普遍发展和与此相联系的人们之间的世界交往为前提，因此，它"只有作为'世界历史性的'存在才有可能实现"①。最后，世界历史也为个人的解放创造前提。个人只有能够摆脱民族和地域的界限而同世界生产发生联系，才能获得利用全球生产的能力，才能由地域性的个人转变为世界历史的个人。总之，"每一个单个人的解放的程度是与历史完全转变为世界历史的程度一致的"②。

（五）唯物主义历史观的价值观及理想社会构想理论

在《德意志意识形态》第一卷第一章中，马克思、恩格斯对唯物主义历史观的未来社会构想——共产主义及其价值目标进行了明晰、详尽的论述。在这里，共产主义是被作为唯物主义历史观的价值观的具体体现和实践结果而提出的。

在马克思、恩格斯看来，人的自由全面发展即"自由个性"或"人格自由"的实现既是唯物主义历史观的价值观，同时也是共产主义的实质和最高价值目标。它建立在人的真正的"自主活动"基础之上。所谓自主活动是指主体按照自身的意愿自我决定，并且能够自由支配所需的各种外部社会条件从而能够付诸现实的实践活动。自主活动是"自由个性"的承担者和现实规定，而"自由个性"则是"自主活动"的主体表现。在资本主义条件下，劳动已失去了任何"自主活动"的假象，成为摧残生命的方式，成为"自主活动"的否定方式，成为手段。只有在共产主义条件下，才能实现"自主活动"同物质生活的一致，实现强制劳动向"自主活动"的转化，从而也才能实现个体"对生产力总和的占有以及由此而来的才能总和的发挥"③，即实现人的自由全面发展或"自由个性"。在此意义上，所谓共产主义就是使个体的才能得到全面发展、使个体的

---

① 马克思、恩格斯：《德意志意识形态》（节选本），人民出版社 2018 年版，第 32 页。

② 马克思、恩格斯：《德意志意识形态》（节选本），人民出版社 2018 年版，第 34 页。

③ 马克思、恩格斯：《德意志意识形态》（节选本），人民出版社 2018 年版，第 76 页。

自由得到真正实现的自由人联合体:"在真正的共同体的条件下,各个人在自己的联合中并通过这种联合获得自己的自由。"①

马克思、恩格斯指出,共产主义是资本主义社会生产力和交往形式或生产关系矛盾运动的必然产物。他们认为,共产主义并不是主观人为设定的、现实必须与其相适应的一种社会理想或目标,而是"一种消灭现存状况的现实的运动"。这个运动的条件是由现有的前提产生的。也就是说,是现存的资本主义生产力和生产关系矛盾运动的必然结果。

马克思、恩格斯强调,共产主义的建立首先需要以生产力的巨大增长和高度发展为前提。因为只有这种增长和发展,才能扬弃人的活动的异化,才能消除贫困、极端贫穷的普遍化,才能随着生产力的普遍发展建立起人们之间的普遍交往,才能使地域性的个体转变为世界历史性的个体。因此,"建立共产主义实质上具有经济的性质"②,这就是推翻一切旧的生产关系的基础,消灭私有制,为自由个体的联合创造各种物质条件,把现存的条件变成联合的条件。另外,共产主义只有作为世界历史性的存在才有可能实现。马克思、恩格斯认为,人类历史是由民族历史向世界历史的转变过程。生产力越发展,各民族的原始封闭状态被日益完善的生产方式、交往和民族间的分工消灭得越彻底,历史越成为世界历史。"无产阶级只有在世界历史意义上才能存在"。共产主义也"只有作为'世界历史性的'存在才有可能实现"③。按照马克思、恩格斯的构想,资本主义大工业开创了世界历史,而共产主义则是世界历史发展的必然趋势和结果。

三、时代价值和现实意义

马克思、恩格斯在《德意志意识形态》提出的上述思想和原理,全面展

---

① 马克思、恩格斯:《德意志意识形态》(节选本),人民出版社 2018 年版,第 65 页。

② 马克思、恩格斯:《德意志意识形态》(节选本),人民出版社 2018 年版,第 68—69 页。

③ 马克思、恩格斯:《德意志意识形态》(节选本),人民出版社 2018 年版,第 32 页。

现了马克思主义哲学的理论内容及其深度和广度，为我们认识中国特色社会主义的发展和现代化建设的实践以及当代社会的全球化趋势提供了根本的思想武器。

（一）从物质生产实践出发来观察和认识人类社会与历史

揭示物质生产实践在人类社会发展中的基础和决定作用以及由此出发来揭示人类历史发展的一般规律，是马克思主义哲学所实现的哲学变革的实质和核心，也是唯物主义历史观的本质所在。在《德意志意识形态》中，马克思、恩格斯也正是这样来说明他们所创立的唯物主义历史理论的："这种历史观就在于：从直接生活的物质生产出发阐述现实的生产过程，把同这种生产方式相联系的、它所产生的交往形式即各个不同阶段上的市民社会理解为整个历史的基础"[①]。

从物质生产出发来观察和认识人类社会和人类历史，乃至认识人所生存于其中的周围的感性世界，也就是把实践提升为一种真正的思维方式，即实践思维。根据马克思的论述，实践思维的基本要求，是不仅要从客体方面去认识和把握客观对象，而且更重要的是要从实践活动、从主体的方面去认识和把握客观对象，把客观对象作为人的实践对象来理解，从而把人的社会实践活动纳入对客观对象的本质理解之中。列宁对此发挥说："必须把人的全部实践——作为真理的标准，也作为事物同人所需要它的那一点的联系的实际确定者——包括到事物的完整'定义'中去。"[②]

（二）自觉地将现实的个体作为社会认识和实践的出发点

在马克思、恩格斯那里，从现实的个体出发与从物质生产出发来观察、认

---

① 马克思、恩格斯：《德意志意识形态》（节选本），人民出版社 2018 年版，第 37 页。
② 《列宁选集》第 4 卷，人民出版社 1995 年版，第 419 页。

识人类社会和人类历史是一致的，只不过一个是就活动的主体而言，一个是就主体的活动而言。马克思、恩格斯所说的"现实的个体"，是处在物质生产实践过程中的、经验的个体，或者说，是作为物质生产实践主体的个体。这样的现实的个体既是人类历史的现实前提，是社会关系、社会结构的主体，同时，又是人类历史的产物，是社会关系、社会结构的产物；这样，处在一定历史条件下的人既是历史的剧作者，同时，又是历史的剧中人。而这两者均统一于现实的个体的实践活动。这表明，对物质生产实践活动的重视和地位的提升同对现实的个体的重视和地位的提升是一致的，它们不过是同一件事情的不可分割的两个方面。因此，人——不是抽象的人，而是现实中的处在一定历史条件之下的从事社会实践的个体，在马克思主义哲学中有着中心的地位。可是在传统的马克思主义哲学的诠释中，现实的个体的这种中心地位却被有意无意地遮蔽和抹煞了。

承认现实的个体是人的认识和实践活动的出发点，是坚持人的自由全面发展这一价值目标的前提，也是坚持"以人为本"的哲学根据，以及坚持"以人民为中心"的哲学根据，因为"人民"不是一个抽象的概念，而是由无数现实的个体构成的。

（三）运用社会基本矛盾分析方法来认识和解决我国现阶段全面深化改革过程中所遇到的各种社会矛盾

在《德意志意识形态》中，马克思、恩格斯从人们的物质生产实践出发，揭示出其所内含的生产力与交往关系即生产关系的矛盾，并把交往关系或生产关系作为整个社会赖以建立的经济基础，由此去追溯和研究建立在这个基础之上的以国家权力为中心的政治上层建筑和以意识形态为主体部分的观念上层建筑，从而揭示了社会形态的一般结构和基本矛盾，即生产力与生产关系、经济基础与上层建筑的矛盾，为人们观察和分析各种社会关系和社会现象提供了基本的方法。这一方法，显然也是我国社会现阶段进行全面深化改革所必须遵循的基本方法。

值得注意的是，马克思、恩格斯在分析生产力与交往关系或生产关系的矛盾时，除了强调这一矛盾从根本上决定一切社会矛盾和社会冲突，还把社会分工看作联系生产力与生产关系的现实环节。马克思、恩格斯在书中用大量的篇幅对分工问题进行了考察和研究。根据他们的论述，在生产力与生产关系的有机统一中，分工具有重要的作用。它一方面直接决定于生产力，是生产力发展的结果，一方面又是人们之间社会物质交往的前提和基础。就分工决定于生产力而言，分工的发展程度是生产力发展水平的客观标尺。就分工是人们之间社会物质交往的前提而言，分工和所有制是同一件事情，一个是就活动而言，另一个是就活动的产品而言。分工发展的不同阶段，就是所有制发展的不同形式。因此，随着根源于生产力的分工的发展，人们也就改变他们的生产关系和生产方式。鉴于马克思、恩格斯对分工在社会结构中的地位的这种界定，在考察生产力和生产关系的具体矛盾状况时不能撇弃分工这一环节或要素。

（四）坚持人的自由全面发展是中国特色社会主义的本质要求和价值目标

人的自由全面发展即"自由个性"或"自由人格"的实现，是马克思、恩格斯所构想的个体和人类发展的价值目标，也是包括社会主义社会在内的共产主义社会的本质规定和本质特征。它像一条红线贯穿在马克思、恩格斯的整个理论体系和思想发展过程之中，并被恩格斯称作能够"概括未来新时代精神"的基本思想①。

通常人们往往认为，所谓人的自由全面发展是在马克思所设想的未来共产主义社会才能够实现的一种价值目标，它即使将来能够实现，也距离今天十分遥远。其实，这种观点割裂了理想与现实、结果与过程的关系，本质上是一种反辩证法的形而上学的观点。显然，如果理想脱离了现实，结果脱离了过程，就变成了抽象和空洞的东西。正因如此，马克思、恩格斯在《德意志意识形态》中才特别强调：共产主义不是应当确立的状况，不是现实应当与之相适应的理

① 《马克思恩格斯文集》第 10 卷，人民出版社 2009 年版，第 666 页。

想，它是那种消灭现存状况的现实的运动。应该看到，理想就存在于现实之中，结果就存在于过程之中。只有坚持理想与现实、结果与过程的辩证统一，才能真正坚定理想信念，从而才能坚定对中国特色社会主义的道路自信、制度自信、理论自信和文化自信。

（五）深刻认识世界历史对于国家和个体发展的意义

马克思、恩格斯在书中较为系统地提出了他们的"世界历史"理论，表达了他们对全球化趋向的关注和前瞻。他们特别肯定了资本主义在开创世界历史过程中所起的作用以及世界历史形成的必要性和积极意义。在马克思、恩格斯看来，世界历史的形成不仅使地域性的生产力成为一种国际化的生产力，从而使其得到保存和进一步的发展，而且，也为共产主义这一世界历史性的存在创造前提，以及为每个个体的自由全面发展和解放创造前提。尔后，在《共产党宣言》中，马克思、恩格斯进一步发挥了他们的世界历史理论，从经济、政治、文化诸方面对那时已经凸显和展示的全球化趋势作了全面的描述。马克思、恩格斯的这些论述，为我们认识今天的全球化过程提供了重要的理论依据和思想资源。

揭示资本主义生产的实质

——《雇佣劳动与资本》导读

　　《雇佣劳动与资本》是马克思的重要政治经济学著作。在这部著作中，马克思用通俗易懂的语言论述了以剥削雇佣工人劳动为基础的资本主义生产关系的实质，阐明了后来在《资本论》中系统论证的剩余价值理论的某些思想，戳穿了资产阶级经济学家宣扬的"资本家和工人利益一致"的谎言，指出资本的利益和雇佣劳动的利益是截然对立的，进而说明了构成现代阶级斗争和民族斗争的物质基础的经济关系，揭示了资本主义制度的基本矛盾、深刻危机及其走向灭亡的历史必然性。

一、历史背景和写作原因

这部著作是马克思根据 1847 年 12 月在布鲁塞尔德意志工人协会发表的演说写成的，最初以社论的形式于 1849 年 4 月 5—8 日和 11 日在《新莱茵报》陆续发表。后来由于《新莱茵报》被迫停刊，这部著作的连载遂告中断。1880年，这部著作的单行本首次在布雷斯劳出版，并于 1881 年再版。1884 年，瑞士合作印书馆在霍廷根—苏黎世再次出版这部著作的单行本，并附有恩格斯写的简短序言。1891 年，为适应工人群众学习科学社会主义理论的需要，在恩格斯的关心下，这部著作的新单行本在柏林印行。恩格斯根据《资本论》的基本观点和科学论述，对这部著作进行了适当的修改和补充，并为新的单行本写了导言。

恩格斯指出，在发表《雇佣劳动与资本》的 19 世纪 40 年代，马克思还没有完成他的政治经济学批判工作，这个工作只是到 50 年代末才告完成。所以，《雇佣劳动与资本》原稿中的个别地方与他的成熟时期的思想不尽一致，有些用语和词句如果用后来著作中的观点来衡量，是不妥当甚至不正确的。虽然《雇佣劳动与资本》已经以小册子的形式出版过好几种单行本，但是现在刊印的新版是专为在工人中进行宣传工作用的，发行量很大，在这种情况下，为了让工人正确地理解马克思主义的经济理论，就有必要对原稿中不准确的地方进行修改。这种修改是完全符合马克思的心愿的。恩格斯强调指出，他所作的全部修改，都归结于一点：在原稿上是，工人为取得工资向资本家出卖自己的劳动，在现在这一版中则是出卖自己的劳动力。

恩格斯指出，古典政治经济学认为工厂主所购买的是工人的劳动，并偿付给工人劳动应获得的工资。这种看法必然会造成不可思议的谬误和混乱。古典经济学认为，商品的价值是由商品所包含的、为生产该商品所必需的劳动来决定的。可是，只要把商品价值由劳动来决定这个观点应用到"劳动"这个商品上去，他们马上就会陷入一连串的矛盾之中，就会导致劳动的价值由劳动决定的循环解释。在这种情况下，古典经济学企图另找出路，把商品的价值等于它的生产费用。因此，古典经济学家不去考察劳动本身的生产费用，而是去考察什么是工人的生产费用。工人的生产费用就是为了使工人具有劳动能力，保持其劳动能力，以及在他因年老、疾病或死亡而脱离生产时用新的工人来代替他，也就是为了使工人阶级能够以必要的数量繁殖下去所平均必需的生活资料数量，或者是这些生活资料的货币价格。恩格斯指出，这种解释方式也是行不通的。"如果说前面在谈到劳动价值的时候，我们曾经陷在一个圈子里走不出去，那么现在我们又完全陷进一个不能解决的矛盾之中。我们寻找劳动的价值，而我们找到的却多于我们所必需的。"[1] 对于工人说来，12 小时劳动的价值是 3 马克；对于资本家说来却是 6 马克，资本家从这 6 马克中拿出 3 马克作为工资付给工人，而其余 3 马克则装进了自己的腰包。这样看来，劳动不是有一个价值，而是有两个价值，并且是两个极不相同的价值！恩格斯说："不管我们怎样挣扎，只要我们还是讲劳动的买卖和劳动的价值，我们就不能够摆脱这种矛盾。"

恩格斯指出，古典经济学在这个问题上走入了绝境，而从这种绝境中找到出路的正是马克思。按照马克思的观点，必须把"劳动"和"劳动力"区别开来。经济学家看作"劳动"的生产费用的，并不是劳动的生产费用，而是活的工人本身的生产费用。而工人出卖给资本家的，也不是他的劳动，而是他的劳动力。这样，就能够从劳动力的生产费用确定劳动力的价值，并确定为生产一定数量的劳动力所需要的社会必要劳动量。劳动力可以创造出剩余价值，而这些剩余价值却被资本家无偿占有。这就揭示了资本家剥削工人的秘密。

恩格斯指出，古典经济学从"劳动"价值出发而无法解决的困难，一到我

---

[1] 《马克思恩格斯文集》第 1 卷，人民出版社 2009 年版，第 706 页。

们把"劳动力"价值作为出发点，就消失不见了。在资本主义社会里，劳动力是一种完全特殊的商品，它能够创造价值，是价值的源泉，并且是比自己具有的价值更多的价值的源泉。"在现代生产状况下，人的劳动力不仅仅在一天里能生产超过它本身具有的和消耗的价值；而且随着每一个新的科学发现，随着每一项新的技术发明，劳动力的一天产品超出其一天费用的那个余额也在不断增长，因而工作日中工人为偿还自己一天的工资而工作的那一部分时间就在缩短；另一方面，工人不得不为资本家白白工作而不取分文报酬的那部分时间却在延长。"① 这就是马克思在《资本论》中提出的绝对剩余价值和相对剩余价值生产理论。

恩格斯指出，日益加速发展的科技发明和发现，以前所未有的幅度提高着人类劳动的生产率，最终必将造成一种使当代资本主义经济走向灭亡的冲突。一方面是大量的产品过剩；另一方面却是占社会人口绝大多数的无产阶级无力获得这些产品，没有免除极度贫困的任何保障。整个社会日益分裂为人数很少的资产阶级和人数众多的无产阶级。"社会的这种状况一天比一天显得越加荒谬和越加不需要了。它应当被消除，而且能够被消除。"资本主义制度必然被推翻，一个美好的社会主义社会建立起来了。

恩格斯设想出未来的社会主义社会的美好愿景：在社会主义制度之下，当代的阶级差别将消失；可能在经过一个短暂的、有些艰苦的过渡时期以后，通过有计划地利用和进一步发展一切社会成员的现有的巨大生产力，在人人都必须劳动的条件下，人人也都将同等地、愈益丰富地得到生活资料、享受资料、发展和表现一切体力和智力所需的资料，实现人的自由而全面的发展。

二、主要内容和基本理论

马克思对工资、资本、资本与雇佣劳动的关系进行了深刻的论述，揭示了

---

① 马克思：《雇佣劳动与资本》，人民出版社 2018 年版，第 8 页。

资本主义危机必然导致资本主义灭亡的历史规律。

阅读这部著作要掌握的基本理论有：

（一）工资及其决定因素理论

马克思指出，工资看起来好像是资本家为购买工人劳动而偿付的一笔货币，工人是为了货币而向资本家出卖自己的劳动。这只是假象。实际上，工人为了货币而向资本家出卖的是他们自己的劳动力。工资只是人们通常称之为劳动价格的劳动力价格的特种名称。"工资不是工人在他所生产的商品中占有的一份。工资是原有商品中由资本家用以购买一定量的生产性劳动力的那一部分。"[①] 劳动力是一种商品，是由其所有者即雇佣工人出卖给资本的一种商品。工人出卖劳动力以获得自己所必需的生活资料。当然，劳动并不向来就是雇佣劳动，劳动力也并不向来就是商品，只是在资本主义生产关系下，工人才出卖自己的劳动力。"工人是以出卖劳动力为其收入的唯一来源的，如果他不愿饿死，就不能离开整个购买者阶级即资本家阶级。工人不是属于某一个资本家，而是属于整个资本家阶级。"[②]

为了说明工资是由什么决定的问题，马克思首先阐明了一般商品的价格决定问题。他指出，商品的价格与卖主之间的竞争、买主之间的竞争、卖主和买主之间的竞争三个因素相关，而衡量价格的依据却是生产费用。"商品的价格是这样由它的生产费用来决定的：某些时期，某种商品的价格超过它的生产费用，另一些时期，该商品的价格却下跌到它的生产费用以下，而抵消以前超过的时期，反之亦然。"[③] 劳动力作为商品，其价格也是由生产费用即为创造劳动力这一商品所需要的劳动时间来决定的。而劳动力的生产费用就是为了使工人保持其为工人并把他训练成为工人所需要的费用。"简单劳动力的生产费用就是维持工人生存和延续工人后代的费用。这种维持生存和延续后代的费用的

---

① 马克思：《雇佣劳动与资本》，人民出版社 2018 年版，第 17 页。

② 马克思：《雇佣劳动与资本》，人民出版社 2018 年版，第 19 页。

③ 马克思：《雇佣劳动与资本》，人民出版社 2018 年版，第 24 页。

价格就是工资。这样决定的工资就叫做最低工资额。这种最低工资额，也和商品价格一般由生产费用决定一样，不是就单个人来说的，而是就整个种属来说的。单个工人、千百万工人的所得不足以维持生存和延续后代，但整个工人阶级的工资在其波动范围内则是和这个最低额相等的。"[①]

（二）资本理论

马克思认为，资本是一种社会生产关系，"黑人就是黑人。只有在一定的关系下，他才成为奴隶。纺纱机就是纺棉花的机器。只有在一定的关系下，它才成为资本。脱离了这种关系，它也就不是资本了"。[②]

为了阐明作为社会生产关系的资本，马克思首先运用唯物史观对人们的社会生产关系进行了分析。马克思指出，人们只有结成一定的社会关系，才能进行生产活动。而各个人借以进行生产的社会关系，即社会生产关系，是随着物质生产资料、生产力的变化和发展而变化和发展的。资本作为一种社会生产关系，是资产阶级的生产关系，是资本主义社会的生产关系。

任何资本都是一些商品即交换价值的总和，那么它究竟是如何成为资本的呢？"它成为资本，是由于它作为一种独立的社会力量，即作为一种属于社会一部分的力量，通过交换直接的、活的劳动力而保存并增大自身。"[③] 只是由于物化劳动支配活劳动，积累起来的劳动才变为资本。资本的实质在于"活劳动是替积累起来的劳动充当保存并增加其交换价值的手段"[④]。

（三）资本和雇佣劳动之间关系理论

马克思指出，正是在资本与劳动的交换中隐藏着资本增殖的秘密。工人用

① 马克思：《雇佣劳动与资本》，人民出版社 2018 年版，第 25 页。
② 马克思：《雇佣劳动与资本》，人民出版社 2018 年版，第 26 页。
③ 马克思：《雇佣劳动与资本》，人民出版社 2018 年版，第 28 页。
④ 马克思：《雇佣劳动与资本》，人民出版社 2018 年版，第 29 页。

自己的劳动力换到生活资料，而资本家则拿工人所需的生活资料换到工人的生产活动。而工人生产活动所具有的创造力量不仅能补偿工人所消费的东西，并且还使积累起来的劳动具有比以前更大的价值。

马克思具体论述了资本与雇佣劳动互为前提、相互制约、相互产生的关系。"资本只有同劳动力交换，只有引起雇佣劳动的产生，才能增加。雇佣工人的劳动力只有在它增加资本，使奴役它的那种权力加强时，才能和资本交换。"① 在资本主义经济关系下，生产资本的增加意味着积累起来的劳动对活劳动的权力的增加，意味着资产阶级对工人阶级的统治力量的增加，意味着雇佣工人人数的增加。

马克思指出，虽然在生产资本迅速增长的前提下，工人工资也会提高，但是工人得到的社会满足程度却有可能反而降低。"生产资本的迅速增长，会引起财富、奢侈、社会需要和社会享受同样迅速的增长。所以，即使工人得到的享受增加了，但是，与资本家的那些为工人所得不到的大为增加的享受相比，与一般社会发展水平相比，工人所得到的社会满足的程度反而降低了。我们的需要和享受是由社会产生的；因此，我们在衡量需要和享受时是以社会为尺度，而不是以满足它们的物品为尺度的。因为我们的需要和享受具有社会性质，所以它们具有相对的性质。"② 即使名义工资未变，由于货币贬值或者生活资料价格上涨等原因，工人的实际工资却下降了。

进而言之，即使工人的实际工资可能仍然未变，甚至可能增加了，而其相对工资却可能降低。相对工资是指，同资本从直接劳动新创造的价值中所取得的份额相比，直接劳动在自己新创造的价值中所占的份额。马克思举例指出，假定一切生活资料跌价三分之二，而日工资只降低了三分之一，比方由三马克降低到两马克。这时，工人虽然用两马克可以买到比从前用三马克买到的更多的商品，但是他的工资和资本家的利润相比却降低了。资本家的利润增加了一马克，换句话说，资本家拿比以前少的交换价值付给工人，而工人却必须生产

---

① 马克思：《雇佣劳动与资本》，人民出版社 2018 年版，第 30 页。

② 马克思：《雇佣劳动与资本》，人民出版社 2018 年版，第 32 页。

出比以前更多的交换价值。资本的份额和劳动的份额相比提高了。资本家用同样多的资本支配着更大的劳动量。

在上述分析的基础上，马克思明确提出了决定工资和利润在其相互关系上的降低和增加的一般规律："工资和利润是互成反比的。资本的份额即利润越增加，则劳动的份额即日工资就越降低；反之亦然。利润增加多少，工资就降低多少；而利润降低多少，则工资就增加多少。"① 因此，资本的利益和雇佣劳动的利益是截然对立的。即使资本的增加改善了工人的物质生活状况，也不能消灭工人利益与资本家利益的对立。"所谓生产资本的尽快增加是对雇佣劳动最有利的条件这种论点，实际上不过是说：工人阶级越迅速地扩大和增加与它敌对的权力，即越迅速地扩大和增加支配它的他人财富，它就被允许在越加有利的条件下重新为增加资产阶级财富、重新为增大资本的权力而工作，满足于为自己铸造金项链，让资产阶级用来牵着它走。"②

马克思进一步阐明了生产资本的增长对于工资的影响。马克思指出，资本的增大加剧了资本家之间的竞争。为了尽力提高劳动的生产力，资本家竭力设法扩大分工和增加机器，并尽可能大规模地使用机器。如果一个资本家由于更细的分工、更多地采用新机器并改进新机器而提高了生产力，获得了更多的利润，那么，参与竞争的其他资本家也会采用同样的机器，实行同样的分工，并会以同样的或更大的规模采用这些机器和分工。因此，分工必然要引起更进一步的分工，机器的采用必然要引起机器的更广泛的采用，大规模的劳动必然要引起更大规模的劳动。"这是一个规律，这个规律一次又一次地把资产阶级的生产抛出原先的轨道，并且因为资本已经加强了劳动的生产力而迫使它继续加强劳动的生产力；这个规律不让资本有片刻的停息，老是在它耳边催促说：前进！前进！"③

马克思指出，分工加剧了工人之间的竞争。这一方面是因为，更进一步的分工使一个工人能做更多人的工作，因而就使工人之间的竞争加剧。另一方

---

① 马克思：《雇佣劳动与资本》，人民出版社 2018 年版，第 35 页。

② 马克思：《雇佣劳动与资本》，人民出版社 2018 年版，第 37 页。

③ 马克思：《雇佣劳动与资本》，人民出版社 2018 年版，第 40 页。

面，分工越细，劳动越简单，工人越容易受到竞争者的排挤。而竞争越激烈，工人的工资就越减少。"他工作得越多，他所得的工资就越少，而且原因很简单，因为他工作得越多，他就越是同他的工友们竞争，因而就使自己的工友们变成他自己的竞争者，这些竞争者也像他一样按同样恶劣的条件出卖自己。所以，原因很简单，因为他归根到底是自己给自己，即自己给作为工人阶级一员的自己造成竞争。"①

马克思指出，机器也发生着同样的影响，而且影响的规模更大得多。机器用不熟练的工人代替熟练工人，用女工代替男工，用童工代替成年工；在最先使用机器的地方，机器就把大批手工业工人抛向街头，而在机器日益完善、改进或为生产效率更高的机器所替换的地方，机器又把一批一批的工人排挤出去。

关于分工和机器对工人工资的影响，马克思进行了深刻的总结："生产资本越增加，分工和采用机器的范围就越扩大。分工和采用机器的范围越扩大，工人之间的竞争就越剧烈，他们的工资就越减少。"②

资本主义危机必然导致资本主义的灭亡。马克思指出，分工的细化和机器的采用，迫使资本家以日益扩大的规模利用既有的巨大的生产资料，并为此而动用一切信贷机构，这样，资本主义经济危机也必然会越来越频繁和剧烈。"这种危机之所以越来越频繁和剧烈，就是因为随着产品总量的增加，亦即随着对扩大市场的需要的增长，世界市场变得日益狭窄了，剩下可供榨取的新市场日益减少了，因为先前发生的每一次危机都把一些迄今未被占领的市场或只是很小的程度上被商业榨取过的市场卷入了世界贸易。"③ 而工人竞争的加剧、工资的下降也必然导致雇佣劳动对资本的反抗，工人阶级的反抗与经济危机的加剧最终必然导致资本主义走向灭亡。

---

① 马克思：《雇佣劳动与资本》，人民出版社 2018 年版，第 42—43 页。
② 马克思：《雇佣劳动与资本》，人民出版社 2018 年版，第 44 页。
③ 《马克思恩格斯文集》第 1 卷，人民出版社 2009 年版，第 742 页。

三、时代价值和现实意义

《雇佣劳动与资本》详细分析了资本主义生产关系，深刻揭露了资本主义制度的剥削本质。马克思的分析与揭示，具有非常重要的历史意义与现实意义。

（一）阐明了资本主义制度下阶级斗争的经济根源，指出了资本主义必然被社会主义代替的前景，它为无产阶级反对资产阶级提供了思想武器

对于推动国际共产主义运动的发展起到了很大的作用。自马克思主义诞生以来，资本主义尽管也在自我调整与自我改革，但其基本矛盾没有变化，资本对劳动的剥削依然存在，基于私有制而形成的财富分配不公平现象依然存在，这是资本和雇佣劳动关系发展的必然规律。资本与劳动的矛盾在资本主义生产关系框架下无法解决，最终必然导致资本主义逐步被共产主义所代替。认真学习、深刻领会这本著作中的观点，对于我们今天分析资本主义的经济现象，对于我们进一步树立资本主义必然灭亡、共产主义必然胜利的理想信念具有重要的意义。

（二）对于协调我国社会主义建设过程中的劳资矛盾问题有一定的启示意义

中国现在处于并将长期处于社会主义初级阶段，实行的是以公有制为主体、多种所有制经济共同发展的基本经济制度。在完善社会主义市场经济体制的过程中，也会出现资本与劳动的矛盾甚至对立。一般来说，社会主义要保护劳动者的利益，市场则遵循的是资本的逻辑，因此，社会主义市场经济既要利用资本，又要规范资本，防止资本野蛮生长甚至无序扩张。既要让资本有合理利润可以获取，又要避免资本对劳动的过度剥削，要尤其注重用法治来解决劳资之间的矛盾，探索构建和谐的劳资关系，以便调动一切积极因素共同建设富强民主文明和谐美丽的社会主义强国。

运用阶级分析方法的典范

——《1848 年至 1850 年的法兰西阶级斗争》导读

　　《1848 年至 1850 年的法兰西阶级斗争》是马克思总结 1848 年法国革命斗争经验的重要著作，是由马克思为《新莱茵报·政治经济评论》杂志撰写的系列文章组成。马克思原计划写四篇文章：《1848 年的六月失败》、《1849 年 6 月 13 日》、《6 月 13 日在大陆上产生的后果》和《英国的现状》，后来只发表了前三篇，总标题是《从 1848 年到 1849 年》。1895 年，恩格斯将这组文章编成单行本在柏林出版，并将总标题改为《1848 年至 1850 年的法兰西阶级斗争》。在编校过程中，恩格斯增添了第四章，即《新莱茵报·政治经济评论》第 5—6 期合刊发表的《时评·1850 年 5—10 月》中有关法国的事件的部分，并将标题命名为《1850 年普选权的废除》。

一、历史背景和写作原因

1848 年一场汹涌澎湃的革命风暴席卷了整个欧洲大陆,各阶级、阶层和政党都被卷入革命旋涡之中。这次革命的基本任务是消灭封建统治和封建残余,为资本主义的发展扫清道路,属于资产阶级民主革命。当时的法国站在革命斗争的最前列。法国二月革命推翻了金融贵族的七月王朝,巴黎无产阶级六月起义成为资本主义社会中无产阶级反对资产阶级的第一次伟大战斗。由于这时欧洲资产阶级民主派的革命性已大大减弱,作为这次革命主要力量的无产阶级尚未成熟,特别是领导革命的资产阶级的妥协、背叛,小资产阶级的软弱、动摇,革命最终以失败而告终。然而,这次革命毕竟沉重打击了法国的封建势力,为资本主义的进一步发展扫清了道路。特别是无产阶级通过这次革命认清了资产阶级的真面目,抛弃了对小资产阶级的幻想,提高了对马克思主义的认识,从而促进了工人运动与马克思主义的进一步结合,为社会主义革命创造了前提。

法国革命不仅验证了马克思主义的正确,而且为其进一步的丰富和发展提供了新材料和新经验。马克思、恩格斯密切关注这次革命,用他们的理论指导革命,为之制定了正确的战略和策略。在革命失败以后,又及时进行了极为出色的科学分析和深刻总结,从而把马克思主义推进到一个新的发展阶段。由于法国革命的典型性和巨大影响,马克思对法国革命进行了重点总结,写下了《法兰西阶级斗争》这一光辉篇章。在这部著作中,马克思运用唯物史观分析了法国 1848 年二月革命和六月起义等重大事件,剖析了法国的阶级结构以及各阶级的经济状况和政治态度,阐明了无产阶级革命斗争的理论和策略,第一次使用了"工人阶级专政"的概念，提出了"革命是历史的火车头"的著名论点，并阐述了工农联盟的思想。

二、主要内容和基本理论

《法兰西阶级斗争》包括一个前言和四章正文。

《前言》，说明了 1848 年至 1849 年法国革命的伟大历史作用。马克思认为，评价革命的历史作用不能完全根据表面的经验所得到的结果，而应该放到特定历史条件下进行具体研究。这是马克思研究法国革命的一个总的方法论原则。马克思认为，当时法国革命虽然失败了，却使得无产阶级摆脱了二月革命以前还没有摆脱的东西，即抛弃了小资产阶级社会主义者路易·勃朗等人物，丢掉了把资产阶级共和国当成"社会共和国"一类的幻想，甩开了争取劳动权之类的模糊观念和空想社会主义者改造社会的各种方案，使得他们逐渐确立起科学社会主义的思想。正是革命的失败使主张变革的政党，在同强大敌人的斗争中逐渐变得成熟，不断增强自己的力量，从而发展成为真正革命的政党。因此，虽然这次革命失败了，但它对于未来社会主义革命却具有重要的意义。

《1848 年的六月失败》，分析 1848 年二月革命到六月起义的历史，论述工农联盟和无产阶级专政的重要思想。

《1849 年 6 月 13 日》，分析 1848 年六月起义失败到 1849 年 6 月 13 日事件期间的历史，说明共和派资产阶级的反动性和妥协性，以及小资产阶级的软弱性和动摇性，阐述了个人与时代、与阶级的相互关系等重要思想。

《1849 年六月十三日事件的后果》，叙述 1849 年 5 月 28 日到 1850 年 3 月 10 日立宪共和国的历史，分析建立工农联盟的必要性，提出革命是历史的火车头的重要论断，阐述无产阶级专政和不断革命的重要思想。

《1850 年普选权的废除》，叙述 1850 年 3 月 10 日后到波拿巴政变前的历史，论述革命发生的历史条件。

阅读这部著作要掌握的基本理论有：

（一）建立工农联盟和实行无产阶级专政理论

马克思认为，在阶级社会中一切斗争都是阶段斗争的表现，而一切阶级斗争都根源于社会经济状况及其生产发展水平，所以分析历史事件首先要注重分析其经济原因。马克思详细分析了法国 1848 年二月革命前夕的社会经济状况和阶级关系。二月革命前的七月王朝是金融贵族的反动统治。七月王朝对内横征暴敛、专横腐败，通过发行公债、利用铁路建筑等手段，谋求解决国家财政困难和满足金融贵族的私欲。工业资产阶级的代表在议会中只占少数，它为了自身的利益反对金融贵族。而在七月王朝统治下被排斥在政权之外的小资产阶级和农民阶级也越来越愤怒。七月王朝对外不惜屈辱以乞求和平，反动的对外政策使法国的民族情感受到了凌辱，唤起了人们对革命的回忆和热情。另外，1845 年和 1846 年的马铃薯病虫害和歉收加剧了人民生活的贫困。1847 年英国工商业总危机则对法国经济造成了巨大的损害，使法国小资产阶级大量破产。正是在这样的经济社会形势下，二月革命爆发了。

马克思指出，在二月革命中产生的临时政府，是参加革命的各个不同阶级间妥协的产物，这些阶级虽然共同努力推翻了七月王朝，但是他们的利益是相互对立的，而且资产阶级的代表占了大多数，实际上是一个资产阶级的政府。资产阶级在革命胜利后，企图摆脱工人的影响并且将内阁中的一切职位瓜分一空。在无产阶级的压力之下，临时政府不得不宣布成立共和国。但是无产阶级"所获得的只是为自己革命解放进行斗争的基地，而决不是这种解放本身"。基于工人阶级的强大压力，临时政府勉强设立了一个专门常设委员会，负责寻求改善工人阶级状况的办法。实际上，这个委员会既没有任何经费预算，也没有任何行政权。资产阶级把实际的国家权力和行政枢纽完全掌握在自己手中。

这时的工人阶级还不成熟，实现自己革命的条件还不具备。在主观上，无产阶级的觉悟不够高，深受小资产阶级社会主义的影响。他们沉溺在所谓宽大仁慈的普遍博爱气氛之中，把资产阶级共和国看作自己的产儿，对资产阶级抱有不切实际的幻想。在客观上，无产阶级的力量还不够强大。与此相反，资产阶级却想方设法削弱无产阶级。他们通过保证国家信用的各种措施满足金融贵族对其他阶级的剥削，从而与他们勾结在一起；通过加税和造谣，挑拨无产阶级和农民的关系；通过建立以流氓无产者为主体的别动队，来分裂无产阶级，为镇压无产阶级准备好武装力量；通过把十万失业工人编进所谓国家工厂，妄图进一步分裂工人队伍，并使得小资产者不满并仇恨无产阶级。这样，一切优势、一切最重要的阵地、一切中等社会阶层，都掌握在资产阶级手中。

3 月 17 日，无产阶级本来是要用示威游行迫使临时政府回到革命轨道，结果却暴露了无产阶级缺乏采取坚决行动的模棱两可态度，也加强了资产阶级击破无产阶级的决心。4 月 16 日，临时政府和资产阶级编造了有人要推翻临时政府的谎言，导致了一场有意制造的动乱，并以此为借口把军队召回巴黎。5 月 4 日，制宪国民议会开幕，宣告成立的共和国实际上是资产阶级共和国。国民议会把原临时政府中的两个无产阶级代表排除出执行委员会之外，否决了设立专门劳动部的提案，并利用无产阶级 5 月 15 日冲入国民议会的事件逮捕了工人领袖。执行委员会颁布了许多挑衅性的法令，国民议会的讲坛上发出了公开向工人挑衅、侮辱和谩骂工人的言论。6 月 21 日，执行委员会发布命令，强行把一切单身工人逐出国家工厂，或者编入军队。这一切逼着工人只能发动起义。然而，由于无产阶级没有领袖、没有共同行动计划、没有经费和武器，起义最后失败。

工人起义的失败说明法国无产阶级必须寻求革命的同盟者。法国是一个小农和小资产阶级占人口大多数的国家，占人口少数的无产阶级如果没有小农和小资产阶级的支持，单靠自己的力量是不可能推翻资产阶级的。六月起义失败的一个重要原因就是当时的小农和小资产阶级站在资产阶级的一边，无产阶级孤军奋战。马克思强调："在革命进程把站在无产阶级与资产阶级之间的国民大众即农民和小资产者发动起来反对资产阶级制度，反对资本统治以前，在革命进程迫使他们承认无产阶级是自己的先锋队而靠拢它以前，法国的工人们是不能前进一步，不能丝毫触动资产阶级制度的。"① 马克思的这一思想表明，无产阶级在革命进程中必须努力争取并联合农民和小资产者，才能取得革命胜

---

① 马克思：《1848 年至 1850 年的法兰西阶级斗争》，人民出版社 2018 年版，第 36 页。

利。这对于全世界无产阶级的革命都具有普遍的指导意义，而对于无产阶级占人口少数的国家来说，更具有特别重要的意义。

马克思论述了在革命斗争中小农阶级和小资产者向无产阶级靠拢的必然性。马克思指出，当资产阶级自认为统治稳固之后，在资产阶级专政正式确立之后，资产阶级没有必要再利用小资产阶级和农民来对抗无产阶级，小资产阶级和小农就失去了利用价值而日益沦为资产阶级的压迫对象。在这种情况下，"资产阶级社会的中间阶层，即小资产阶级和农民阶级，就必定会随着他们境况的恶化以及他们与资产阶级对抗的尖锐化而越来越紧密地靠拢无产阶级"，[①]把他们的命运与无产阶级的命运紧紧拴在一起。

马克思揭露资产阶级共和国的实质，明确提出工人阶级专政的口号。六月起义的失败，使资产阶级共和国现出了原形，它是以巩固资本统治和奴役劳动为其公认任务的国家。这就使无产阶级认识到，试图在资产阶级共和国范围内改变自己的处境只是一种空想，决不能对资产阶级抱有不切实际的幻想。六月起义及其失败使无产阶级在斗争中觉醒，使它明确认识到资产阶级的任何一个集团都不可能代表工人阶级的利益，工人阶级的利益只能通过自己的、不依赖任何资产阶级集团的独立斗争来争取和维护。工人阶级的革命口号只能是："推翻资产阶级！工人阶级专政！"[②]这个口号集中表达了工人阶级的根本利益和政治要求；只有推翻资产阶级，建立工人阶级专政，才能求得工人阶级的彻底解放。

（二）个人与时代、与阶级关系理论

是人民群众创造历史，还是英雄人物创造历史？这是唯物主义历史观和唯心主义历史观的根本区别。

马克思以唯物主义历史观为武器，分析了从 1848 年六月起义失败到 1849

---

① 马克思：《1848 年至 1850 年的法兰西阶级斗争》，人民出版社 2018 年版，第 51 页。
② 马克思：《1848 年至 1850 年的法兰西阶级斗争》，人民出版社 2018 年版，第 50 页。

年 5 月 8 日资产阶级共和派垮台的历史，揭露了资产阶级共和派的反动性与妥协性。在六月斗争中胜利的资产阶级共和派镇压了工人的革命力量，公然破坏了与小资产阶级的同盟，一度掌握了国家政权，并通过制宪议会控制了立法权。他们在制宪议会里成立了调查委员会来迫害六月起义者，同时又用一些法令和规定来消除革命浪潮所遗留下来的一切痕迹，恢复资本家对工人的剥削。他们为了迎合大资产阶级的诉求，而严重侵害了小资产阶级的利益，导致了小资产阶级的大量破产。他们抬高别动队的待遇与薪俸，使军队感到恼怒。他们在外交上依赖英国，屈从于神圣同盟，丧失了民族气节。这样，资产阶级共和派就丧失了各方面社会力量的支持，最终在 12 月 10 日的总统选举中失败。大资产阶级的代表路易·波拿巴则利用各方面力量的支持，尤其是利用了占人口大多数的农民所迷信的"拿破仑观念"这个有利因素，轻而易举地登上了总统宝座。拿破仑上台不久便任命奥尔良派的巴罗为总理。巴罗内阁革除了共和派所占据的一切高级职位，恢复旧日保皇主义的行政机构，并最终战胜资本主义共和派，作为大资产阶级的代表而掌握了国家政权。

马克思分析从 1849 年 5 月到 6 月 13 日这段时期大资产阶级的秩序党战胜小资产阶级山岳党的历史事件，说明小资产阶级的软弱性与动摇性。马克思指出，在大资产阶级掌握政权之后，围绕着立法国民议会的选举运动，有两大集团相互敌对：一是秩序党，一是民主社会主义党或红党。秩序党是在六月事变后成立的，但只是在 1848 年 12 月 10 日以后，当它与资产阶级共和党人决裂后，才暴露了自己的本来面貌：它是奥尔良派和正统派联合组成的一个党派。奥尔良派是金融贵族，而正统派则是大地产所有者。而所谓红党则是工人的党与小资产阶级的党为反对反革命资产阶级所结成的政党。其中，山岳党作为小资产阶级政党成了联合革命力量的指挥官。法国小资产阶级具有两面性，表现为政治上的摇摆性、斗争的软弱性和革命的不彻底性。山岳党代表摇摆于资产阶级和无产阶级之间的人群的诉求。1849 年 6 月 12 日，立法议会否决了小资产阶级提出的弹劾总统和内阁违反宪法而炮轰罗马的控诉书之后，山岳党没有勇气举行武装起义，反而在 6 月 13 日举行所谓的和平游行。结果游行被镇压下去，小资产阶级被打败了，而代表金融贵族和大地产所有者利益的秩序党获得了政权。

马克思批判制宪议会通过的共和宪法，第一次明确提出了无产阶级在社会经济改造方面的任务。马克思指出，无产阶级在二月革命后提出的劳动权，只不过是个初次概括无产阶级各种革命要求的笨拙公式。"其实劳动权就是支配资本的权力，支配资本的权力就是占有生产资料，使生产资料受联合起来的工人阶级支配，也就是消灭雇佣劳动、资本及其相互间的关系。"① 但是，在资本主义社会，劳动权只是一种可怜的善良愿望，没有超出资产阶级法权的视野。所以无产阶级在社会经济改造方面的要求，不是可怜的劳动权，而是要使生产资料归社会占有，实现生产资料的社会主义公有制。

马克思在分析秩序党与山岳党的冲突时，阐明了历史上的个人与其时代、与其所代表的阶级的关系。从1848年到1849年的革命实践来看，各阶级之间的冲突在很大程度上表现为各阶级代表人物之间的斗争，阶级的活动往往是在其代表人物的组织下进行的。在这种情况下，代表特定阶级利益的那些个人，对一定时期内的历史事件就会产生重要影响，历史的焦点往往会集中在这些个人的身上。在1848年至1849年的革命中，各个阶级、阶层或党派都创造了自己的"伟大人物"。马克思认为，不是英雄创造历史，不是个人左右社会阶级斗争的发展，而是历史造就人物。个人不过是作为历史活动主体的各阶级、阶层和集团的代表而已。他引用爱尔维修的话对此作了阐述：每一个社会时代都需要有自己的大人物，如果没有这样的人物，它就要把他们创造出来。就是说，杰出人物的出现，是社会历史发展的需要的产物，是时代和人民客观需要的产物，有一定的历史必然性。杰出人物之所以成为杰出人物，就个人来说，取决于个人认识历史发展趋势和反映人民群众要求的正确程度，同时也与个人的知识、经验、意志、性格、品质、作风等相关。但是，更重要的是，取决于社会历史条件，取决于他们所代表的阶级、阶层或社会集团的社会性质、历史地位及其发展程度，取决于人民群众对他们的拥护程度。因此，历史不是由所谓英雄人物创造的，而是由人民群众创造的。

---

① 马克思：《1848年至1850年的法兰西阶级斗争》，人民出版社2018年版，第61页。

（三）无产阶级专政和不断革命理论

马克思全面研究了 1849 年 5 月 28 日到 1850 年 3 月 10 日立宪共和国的历史，通过考察各个阶级的经济地位和政治态度以及它们之间的斗争历史，明确提出了工农联盟的历史必然性和无产阶级领导权的思想。马克思认为，农民是民主革命的主要力量。但农民的特殊经济地位决定其具有两重性：既具有革命性的一面，又具有保守性的一面。在法国革命中，农民既被资产阶级所利用，最终又被资产阶级所出卖和抛弃。在法国革命中，共和派资产阶级和大资产阶级都没有给农民带来好处，反而使之处境更加恶化。实际上，在资本主义统治下，农民和无产阶级都受到资本的残酷剥削。农民只有摆脱资产阶级的影响，站到无产阶级方面来，同无产阶级结成联盟，接受无产阶级领导，才可能获得解放。随着农民处境的恶化，他们渐渐觉醒，认识到无产阶级和自己利益的一致性，而和资产阶级的对立则变得不可调和。

马克思高度评价革命的伟大历史作用，强调革命是社会进步的巨大推动力量，提出了"革命是历史的火车头"[①] 的著名论断。革命能使广大人民群众平时被压抑的历史创造性和积极性充分发挥，沉重打击反革命势力，有力扫荡历史前进的障碍，从而大大加速社会历史的发展进程。对于具有生命力、有历史前途的阶级来说更是如此。对于那些过去受剥削但尚未觉醒的阶级来说，革命是他们的启示录，在革命斗争中获得的失败和胜利、经验和教训，使得他们本身得到锻炼和考验。这样，他们就愈益成为革命的积极力量。而无产阶级本身也正是通过革命斗争才发展和成熟起来。即使失败了的革命对于推进历史的发展也具有重要意义，因为不具备胜利条件的革命为未来的革命创造着客观的胜利条件。

马克思阐明了无产阶级革命同小资产阶级改良主义具有根本不同的性质，提出了不断革命的思想。马克思深刻揭露了资产阶级社会主义和小资产阶级社会主义的本质，指出当时法国形形色色的社会主义流派之所以产生，是因为在

---

① 马克思：《1848 年至 1850 年的法兰西阶级斗争》，人民出版社 2018 年版，第 111 页。

秩序党统治下，不仅无产阶级，甚至广大农民、小资产阶级和工业资产阶级都受到迫害。于是，他们纷纷打出社会主义的旗号进行反抗。对于资产阶级或小资产阶级的社会主义来说，标榜把解放无产阶级作为自己的目的，不是故意欺骗就是自我欺骗。这些社会主义流派除了为其所代表的阶级服务外，都是建立在唯心主义基础上的，他们不懂得真正的革命途径，也不能最终引导革命走向胜利。马克思告诫说，无产阶级绝不能追随这些所谓社会主义流派，而必须强调革命的社会主义。"这种社会主义就是宣布不断革命，就是无产阶级的阶级专政，这种专政是达到消灭一切阶级差别，达到消灭这些差别所由产生的一切生产关系，达到消灭和这些生产关系相适应的一切社会关系，达到改变由这些社会关系产生出来的一切观念的必然的过渡阶段。"[1]

马克思"不断革命"的思想表明，无产阶级绝不能把革命停顿在小资产阶级、资产阶级共和派的狭隘视野和行动范围内，而是要坚持自己的阶级利益，并在客观条件具备的时候把革命转变为推翻整个资本主义制度的社会主义革命，实现无产阶级专政。无产阶级专政是消灭私有制，最终过渡到无阶级的共产主义社会的必经阶段。可见，无产阶级革命比资产阶级或小资产阶级改良性质的革命，要广阔得多、深刻得多、彻底得多，是后者所不可比拟的。

（四）革命发生的历史条件理论

马克思、恩格斯分析进行革命的原因，论述了关于革命发生的必然性与可能性的原理。1849 年和 1850 年法国出现的经济繁荣，阻碍了无产阶级进行新的革命的尝试，表明了资本主义还有一定的发展余地，新的革命高潮不可能像前一段时间所预期的那样很快到来。因为，在这种普遍繁荣的条件下，即在资本主义社会的生产力正以在整个资本主义生产关系范围内所能达到的速度蓬勃发展的时候，也就谈不到什么真正的革命。只有当资本主义生产方式容纳不了现代生产力的发展时，这种革命才有可能。"新的革命，只有在新的危机之后

---

[1]　马克思：《1848 年至 1850 年的法兰西阶级斗争》，人民出版社 2018 年版，第 117 页。

才有可能发生。但新的革命正如新的危机一样肯定会来临。"[①] 也就是说，从总体的发展趋势而言，整个资本主义制度孕育着必然来临的革命，这是无疑的。我们不能因为资本主义的暂时繁荣而否定革命；同时我们也要认识到，从具体历史条件讲，真正的革命只有在生产力和生产关系发生尖锐矛盾的时候才会发生，幻想革命可以随时发生或者人为地制造革命危机，都是错误的。

三、时代价值和现实意义

近代法国的阶级斗争具有典型意义。在这部著作中，马克思运用唯物史观，阐述了 1848 年至 1850 年法兰西阶级斗争中的重大历史事件，分析了这些事件中各阶级的作用和历史的发展趋势，在总结这一时期阶级斗争经验的基础上，丰富发展了马克思主义的基本理论。

（一）深刻理解无产阶级专政理论的重要意义

无产阶级的利益不可能在资产阶级统治下得到真正保障，无产阶级的解放不可能在资产阶级统治下得到完全实现，所以无产阶级和广大劳动人民要想真正实现自己的解放和自由全面发展，必须推翻资本主义统治。马克思在这部著作中明确指出，无产阶级和广大劳动人民只有通过无产阶级专政，即无产阶级自己的政权才能得到解放与发展。

无产阶级专政包括两个方面的内容：一是对广大的劳动人民实行最广泛的民主，二是镇压被推翻的剥削阶级和一切敌对势力的反抗、破坏。就前者而言，人民民主是无产阶级专政的内在要求，无产阶级专政就是人民当家作主的政权形式，这是无产阶级专政最为基本、最为重要的内涵。没有民主就没有社会主义，就没有社会主义的现代化。社会主义愈发展，民主也愈发展。在此意

---

① 马克思：《1848 年至 1850 年的法兰西阶级斗争》，人民出版社 2018 年版，第 127 页。

义上，无产阶级专政就是人民民主专政，要坚持无产阶级专政，就必须采取各种措施继续努力扩大党内民主和人民民主。党的十九大报告也指出："我国是工人阶级领导的、以工农联盟为基础的人民民主专政的社会主义国家，国家一切权力属于人民。我国社会主义民主是维护人民根本利益的最广泛、最真实、最管用的民主。发展社会主义民主政治就是要体现人民意志、保障人民权益、激发人民创造活力，用制度体系保证人民当家作主。"

就后者而言，发展社会主义民主，决不是不要对敌视社会主义的势力实行专政。我们反对阶级斗争扩大化，但也要看到，由于国内的因素和国际的影响，阶级斗争还将在一定范围内长期存在，在某种条件下还可能激化。对这种阶级斗争，既不能扩大它，又不能忽视它。处理这种一定范围内的阶级斗争，要按照法治的要求，运用法律手段加以解决。事实上，没有无产阶级专政，我们就不可能保卫从而也不可能建设社会主义。当今世界，资本主义与社会主义两制并存，斗争形势错综复杂，在这种情况下，更需要深入领会马克思关于无产阶级专政的理论。

（二）深刻把握工农联盟以及无产阶级领导权思想的启示意义

1848 年法国无产阶级的革命斗争，充分说明农民问题的重要性。巴黎无产阶级六月起义遭到失败的原因之一，就是无产阶级没有得到农民的支持，他们单枪匹马与敌人战斗。马克思根据这次起义失败的教训，特别强调工农联盟对无产阶级革命的重要性。同时，由于无产阶级同先进的大生产相联系，代表生产力发展方向，能够代表农民的根本与长远利益，具有先进性，在工农联盟中应占居领导地位。以上观点的正确性，已被马克思主义中国化的实践所充分证明。

今天，中国的农民仍然占人口数量相当比重，工农联盟仍具有根本性和基础性。就此而言，在当前中国的改革进程中，必须有效地维护广大农民的利益，切实解决好"三农"问题，夯实党执政的社会基础。由此也就可以理解为什么多年来中央一号文件都是针对"三农"问题的。而无产阶级在工农联盟中的领导权则要求无产阶级政党要更好地发挥自身功能、提高领导水平和执政能力，加强先进性和纯洁性建设。党的十九大报告也指出党的领导是中国特色社会主义最本质的特征，是中国特色社会主义制度的最大优势，党是最高领导力量，并且提出了新时代党的建设总要求。以上分析表明，马克思在这部著作中所强调的观点仍具有非常重要的现实意义。

运用唯物史观分析方法的典范
——《路易·波拿巴的雾月十八日》导读

　　《路易·波拿巴的雾月十八日》是马克思总结法国 1848 年革命经验和评述 1851 年 12 月 2 日路易·波拿巴政变的重要著作。马克思运用唯物史观分析当时法国的社会结构和阶级斗争状况，评述了路易·波拿巴政变的原因、过程和结局，揭示了历史运动的规律，提出了评价历史事件和历史人物的科学方法。马克思分析了资产阶级国家的本质，阐明了马克思主义国家学说，提出了无产阶级革命必须摧毁旧的国家机器的思想以及工农联盟的思想，是运用唯物史观分析方法的典范。

一、历史背景和写作原因

1848 年 2 月，法国巴黎人民举行武装起义，推翻了代表金融贵族和大资产阶级利益的"七月王朝"，建立了资产阶级共和国，拉开了 1848—1849 年欧洲资产阶级民主革命的序幕。在起义过程中，无产阶级发挥了重要作用，小资产阶级也参与了这场斗争，但革命果实却落到资产阶级手中。资产阶级共和派实行一系列敌视无产阶级的措施，迫使巴黎工人发动六月起义；然而，起义遭到反动势力的残酷镇压。在资产阶级各派别的权力斗争当中，1848 年 12 月 10 日，路易·波拿巴当选法兰西第二共和国总统。波拿巴登上政治舞台后，立即联合大资产阶级的"秩序党"打击资产阶级共和派，又利用"秩序党"内部的分裂击败了"秩序党"。在秘密组织"十二月十日会"的帮助下，1851 年 12 月 2 日，路易·波拿巴发动政变，解散议会，独揽大权。次年 12 月 2 日，路易·波拿巴废除共和制，复辟了帝制，建立法兰西第二帝国。

如何认识波拿巴政变？政变后的法国政局如何发展？对此各阶级的代表人物众说纷纭。在这种情况下，用历史唯物主义的原理正确分析波拿巴政变，为无产阶级指明革命的任务和光明前景，坚定他们革命的决心，指引他们去迎接新的革命高潮，就成为一件十分迫切的任务。马克思的《路易·波拿巴的雾月十八日》正是承担了这一历史使命的光辉巨著。

马克思在政变发生不久就撰写了这部著作；著作的名称显然含有讽刺意味。法国大革命后的共和八年雾月十八日，即 1799 年 11 月 9 日，拿破仑·波拿巴发动政变，实行军事独裁，后改行帝制。而现在他的侄子发动政变完全是步他的后尘。因此，马克思就借用"雾月十八日"这个日子作为书名，来揭露和讥讽路易·波拿巴政变这一可笑的模仿剧。

二、主要内容和基本理论

全文包括两篇序言和七章正文。

在《1869 年第二版序言》中，马克思说明写作出版的缘由、经过和再版的目的，分析和批判雨果和蒲鲁东的历史唯心主义。雨果虽然对波拿巴进行了批判，但是却把这次政变仅仅看成波拿巴个人的暴力行为，结果把一个小人写成了伟人。蒲鲁东则满足于把已发生的历史事件看作不得不消极加以承认的必然性，这实际上沦为对波拿巴的客观主义的辩护。针对这两种错误观点，马克思指出，他写作的目的就是要正确分析这一事件，证明"法国阶级斗争怎样造成了一种局势和条件，使得一个平庸而可笑的人物有可能扮演了英雄的角色"。[①] 马克思还指出，关于波拿巴必然失败的预言已经实现，而法国打破拿破仑崇拜的迷信则是一个巨大的精神革命；希望这部著作能够有助于清除当时流行的那种肤浅的历史对比风气。

在恩格斯写的《1885 年第三版序言》中，恩格斯说明研究法国革命的重要意义，论述马克思的历史研究方法，并将《雾月十八日》称为一部天才的著作。

第一章，阐述意识形态的历史继承性理论，分析历史传统对现实斗争的作用，说明法国革命的历史进程。

第二章至第六章构成第二大部分，分析六月事变以后制宪国民议会的历史，分析法国的阶级和阶级斗争状况，阐述社会存在决定社会意识、经济基础决定上层建筑的历史唯物主义原理，说明阶级代表人物与其所属阶级的关系。

第七章，论述无产阶级革命对待资产阶级国家机器的态度，揭示波拿巴政变的社会基础和实质，强调无产阶级领导的工农联盟的重要意义，指出波拿巴

---

① 马克思：《路易·波拿巴的雾月十八日》，人民出版社 2018 年版，第 4 页。

反动统治覆灭的必然性。

阅读这本著作要掌握的基本理论有：

（一）意识形态历史继承性理论

马克思认为："人们自己创造自己的历史，但是他们并不是随心所欲地创造，并不是在他们自己选定的条件下创造，而是在直接碰到的、既定的、从过去继承下来的条件下创造。一切已死的先辈们的传统，像梦魇一样纠缠着活人的头脑。当人们好像刚好在忙于改造自己和周围的事物并创造前所未有的事物时，恰好在这种革命危机时代，他们战战兢兢地请出亡灵来为自己效劳，借用它们的名字、战斗口号和衣服，以便穿着这种久受崇敬的服装，用这种借来的语言，演出世界历史的新的一幕。"[①] 这是一段非常著名的话。这段话告诉我们，历史不是上帝创造的，不是黑格尔的"绝对精神"创造的，而是人们自己创造的；强调了历史的主体性和主体的主观能动性。但是，人们并不是随心所欲地创造历史，而是在既定条件下从事创造活动；这一方面坚持了历史观的唯物主义，又说明人的创造活动受到旧的思想观念影响的必然性。然而，世界历史上出现的一些形式上复古的行动之间也存在显著的差别。比如法国大革命时代的风云人物都穿着古罗马共和国时代的服装，讲着古罗马的语言，但是他们的目的是为了打破封建桎梏，建立现代资本主义社会。所以他们的复古行动是具有历史积极意义的。"在这些革命中，使死人复生是为了赞美新的斗争，而不是为了拙劣地模仿旧的斗争；是为了在想象中夸大某一任务，而不是为了回避在现实中解决这个任务；是为了再度找到革命的精神，而不是为了让革命的幽灵重新游荡。"[②] 而波拿巴步拿破仑后尘，制造了雾月十八日政变，这种模仿与继承却是倒退和反动，是一场历史的闹剧与卑劣的笑剧。路易·波拿巴并不是18世纪的老拿破仑，而只是适应19世纪条件的漫画化了的拿破仑。因此，

---

① 马克思：《路易·波拿巴的雾月十八日》，人民出版社2018年版，第9页。

② 马克思：《路易·波拿巴的雾月十八日》，人民出版社2018年版，第10页。

必须根据变化了的社会经济条件和阶级斗争状况，才能确切地评价历史事件和历史人物。

马克思指出，资产阶级革命和无产阶级革命对待过去传统的态度是完全不同的。资产阶级革命之所以往往要借助复古的形式，是由资产阶级革命的局限性所决定的。资产阶级既要谋求本阶级狭隘的私利，又要想办法吸引广大群众跟着它实行革命，就不能不这样做。而无产阶级革命是要彻底消灭一切剥削和压迫，铲除私有制，维护和实现广大人民群众的利益，因此，无产阶级革命绝不以历史上的陈旧事迹来比拟自己，而是必须破除这些旧传统。无产阶级革命"不能从过去，而只能从未来汲取自己的诗情。它在破除一切对过去的迷信以前，是不能开始实现自己的任务的。"[1]

马克思继而指出，这两种革命的一个根本区别是革命的艰巨性和彻底性不同。1848 年至 1851 年的法国革命遭到了失败，但是人民获得了一些经验和教训，不具备胜利条件的革命为未来的革命创造了客观的胜利条件。"看起来仿佛社会现在退到它的出发点后面去了，实际上社会首先要为自己创造革命所必需的出发点，创造唯一能使现代革命成为真正的革命的形势、关系和条件。"[2]可见，从革命的进程上看，相对来说，资产阶级革命要容易些，时间短一些，而无产阶级革命则是长期的、曲折的。无产阶级在革命斗争过程中，只要勇于揭露和克服自己的弱点与错误，不满足于已有的成就，不害怕敌人的暂时的强大，毫不妥协、顽强斗争，就必然取得最后斗争的胜利。

（二）社会存在决定社会意识理论

马克思在详细阐述了法国革命的发展过程，分析了各个阶级在革命中的表现的基础上指出，社会阶级和党派的划分，"决不是由于什么所谓的原则，而是由于各自的物质生存条件"。[3] 正统派与奥尔良派之所以分离，就是由于

---

① 马克思：《路易·波拿巴的雾月十八日》，人民出版社 2018 年版，第 11 页。
② 马克思：《路易·波拿巴的雾月十八日》，人民出版社 2018 年版，第 12 页。
③ 马克思：《路易·波拿巴的雾月十八日》，人民出版社 2018 年版，第 37 页。

代表着两种不同的所有制形式，由于城市和农村之间旧有的对立，由于资本和地产之间的竞争。马克思写道："在不同的财产形式上，在社会生存条件上，耸立着由各种不同的，表现独特的情感、幻想、思想方式和人生观构成的整个上层建筑。整个阶级在其物质条件和相应的社会关系的基础上创造和构成这一切。通过传统和教育承受了这些情感和观点的个人，会以为这些情感和观点就是他的行为的真实动机和出发点"①，所以，"正如在日常生活中应当把一个人对自己的想法和品评同他的实际人品和实际行动区别开来一样，在历史的斗争中更应该把各个党派的言辞和幻想同它们的本来面目和实际利益区别开来，把它们对自己的看法同它们的真实本质区别开来。"② 这就告诉我们，社会存在决定社会意识。分析一个阶级的本质，不能从其言论或口号出发，而应该从其经济地位出发；同样，判断一个阶级的性质，也不能听其言论或口号，而应该通过其言论或口号，看看他们到底站在哪个阶级的立场上，为哪个阶级谋利益。

同理，确定一个人是否是某一阶级的代表人物，决不应只简单地以这些人物外观上属于哪一阶级来作出判断，而要以这些人物的思想是受哪个阶级的社会生活界限的限制为依据。"也不应该认为，所有的民主派代表人物都是小店主或崇拜小店主的人。按照他们所受的教育和个人的地位来说，他们可能和小店主相隔天壤。使他们成为小资产者代表人物的是下面这样一种情况：他们的思想不能越出小资产者的生活所越不出的界限，因此他们在理论上得出的任务和解决办法，也就是小资产者的物质利益和社会地位在实际生活上引导他们得出的任务和解决办法。一般说来，一个阶级的政治代表和著作界代表同他们所代表的阶级之间的关系，都是这样。"③ 在此，马克思确立了对在政治、思想领域活动的人物进行阶级分析的基本原则。

---

① 马克思：《路易·波拿巴的雾月十八日》，人民出版社 2018 年版，第 37—38 页。

② 马克思：《路易·波拿巴的雾月十八日》，人民出版社 2018 年版，第 38 页。

③ 马克思：《路易·波拿巴的雾月十八日》，人民出版社 2018 年版，第 40—41 页。

（三）无产阶级革命对待资产阶级国家机器的态度理论

马克思分析了法国资产阶级国家机器产生和发展的历史过程，加深了对旧国家机器的结构及其反动作用的认识，第一次提出无产阶级革命必须打碎资产阶级国家机器的论断。马克思指出，法国资产阶级所承袭的国家机器是在君主专制时代，即封建制度崩溃时期产生的，它又反过来加速了封建制度的崩溃。第一次法国大革命的目的，是破坏一切地方的、区域的、城市的和各省的特殊权力以造成全国的公民的统一，而为了实现这个目的，就必须把专制君主制所已经开始的中央集权加以发展，由此也就扩大了政府权力的容量和帮手的数目。其后的正统王朝和七月王朝进一步扩大了国家机器的分工。而秩序党的议会制共和国在反对革命的斗争中，除采用高压手段外，也不得不加强政府权力的工具和中央集权。到了波拿巴统治时期，行政权力消灭了议会权力，国家似乎成了完全独立于社会的东西。这个行政权力有庞大的官僚机构和军事机构，有复杂而巧妙的国家机器，有50万人的官吏大军和50万人的军队，恰似一个密网一般缠住法国社会全身并阻塞其一切毛孔的可怕的寄生机体。这表明，资产阶级的国家机器已经集中和强化到与社会对立的程度。通过历史的考察，马克思进一步揭示了资产阶级国家机器是资产阶级压迫、奴役无产阶级和广大人民群众的暴力工具。正如马克思所指出的，"一切变革都是使这个机器更加完备，而不是把它摧毁。那些相继争夺统治权的政党，都把这个庞大的国家建筑物的夺得视为胜利者的主要战利品。"[①] 既然如此，无产阶级要获得自身解放，就不能承袭和依靠剥削阶级遗留的旧的国家机器，而必须通过革命将其彻底摧毁。

马克思在分析无产阶级革命时指出："然而革命是彻底的。它还处在通过涤罪所的历程中。它在有条不紊地完成自己的事业。1851年12月2日以前，它已经完成了前一半准备工作，现在它在完成另一半。它先使议会权力臻于完备，为的是能够推翻这个权力。现在，当它已达到这一步时，它就来使行政权

---

① 马克思：《路易·波拿巴的雾月十八日》，人民出版社2018年版，第108页。

臻于完备,使行政权以其最纯粹的形式表现出来,使之孤立,使之成为和自己对立的唯一的对象,以便集中自己的一切破坏力量来反对行政权。而当革命完成自己这后一半准备工作的时候,欧洲就会从座位上跳起来欢呼:掘得好,老田鼠!"① 这里所说的革命,是指无产阶级谋求解放的整个革命事业,包括无产阶级参加的民主革命和社会主义革命。马克思认为,作为整个无产阶级革命事业组成部分的民主革命,已经使议会制国家建立起来,并正在使资产阶级国家的行政权力日臻完备,当后一部分的工作完成之日,革命的任务就是要摧毁这个资产阶级国家机器,这时的革命就是无产阶级的社会主义革命。

(四)农民阶级的本质特征以及建立工农联盟理论

马克思指出,波拿巴政权代表一个阶级,即小农。法国农民占全国人口的五分之三以上。"小农人数众多,他们的生活条件相同,但是彼此间并没有发生多种多样的关系。他们的生产方式不是使他们互相交往,而是使他们互相隔离。这种隔离状态由于法国的交通不便和农民的贫困而更为加强了。他们进行生产的地盘,即小块土地,不容许在耕作时进行分工,应用科学,因而也就没有多种多样的发展,没有各种不同的才能,没有丰富的社会关系。"② 这些小农彼此间只存在地域的联系,分散落后而没有组织性,"这样,法国国民的广大群众,便是由一些同名数简单相加而形成的,就像一袋马铃薯是由袋中的一个个马铃薯汇集而成的那样。"③ 小农的这种阶级状况使得他们不能以自己的名义来保护自己的利益,而一定要别人来代表,而他们的代表同时就是他们的主宰,是高居于他们之上的权威,是一种不受限制的能保护他们不受其他阶级侵犯的政府权力。所以,小农的政治影响表现为行政权力对社会的支配。

如果说小农是波拿巴政权的社会基础和经济基础,而广大小农根深蒂固的"拿破仑观念"则是波拿巴政变和维持其政权的思想基础。拿破仑所实行的土地

---

① 马克思:《路易·波拿巴的雾月十八日》,人民出版社 2018 年版,第 107 页。
② 马克思:《路易·波拿巴的雾月十八日》,人民出版社 2018 年版,第 109 页。
③ 马克思:《路易·波拿巴的雾月十八日》,人民出版社 2018 年版,第 109—110 页。

分割政策在当时使农民摆脱了封建土地所有制的压迫，所以，农民对拿破仑的崇拜在 19 世纪 40 年代末转为对他的侄儿波拿巴的盲目信任。对拿破仑的迷信使波拿巴这样一个小丑披上了皇袍。但是，这样一种对波拿巴的拥护并不意味着农民的实际利益就能够得到有效的保障而不受到侵害，事实恰恰相反。马克思指出，如果说拿破仑曾经把半农奴式的农民变成了自由的土地所有者，保证农民能够自由无阻地利用他们得到的土地，使 19 世纪初的法国农民得以解放并致富；那么，到了 19 世纪 50 年代，由于资本主义的发展，由于社会物质条件的根本变化，由拿破仑所固定下来的小块土地的所有制形式逐渐变成了使农民遭受奴役和贫困的根源。在这种情况下，小农把波拿巴当成是拿破仑来看待，说明波拿巴王朝所代表的不是革命的农民，而是保守的农民；不是农民的开化，而是农民的迷信；不是农民的理智，而是农民的偏见；不是农民的未来，而是农民的过去；不是农民的反封建革命倾向，而是农民的反资产阶级民主革命倾向。

　　马克思指出，随着资本主义的发展，农民和其他阶级的关系必然发生根本的变化。到了 19 世纪四五十年代，处于土地分割状况下的农民的利益已不像拿破仑统治时期和资产阶级的利益相协调，而是和他们不可调和地相对立了。在法国大革命时期，农民曾是资产阶级的同盟军。但是，在 1848 年革命中，资产阶级却出卖了自己的同盟军。实际上，资产阶级从本阶级狭隘的私利出发，是不必要也不可能长期保持同农民的联盟的。"当群众墨守成规的时候，资产阶级害怕群众的愚昧，而在群众刚有点革命性的时候，它又害怕起群众的觉悟了。"[1] 因此，在法国，农民原指望波拿巴政权能给他们带来好处，而现在他们的处境却更加恶化了。随着高利贷的盘剥和农民的破产，越来越多的农民必将摆脱"拿破仑观念"的束缚，逐渐正确认识到自己的真正利益及其和资本主义的矛盾，从而站到无产阶级方面来，团结在作为决定性革命力量的无产阶级周围。"农民就把负有推翻资产阶级制度使命的城市无产阶级看做自己的天然同盟者和领导者。"[2] 而无产阶级领导的工农联盟，是夺取革命胜利的基本前

---

[1] 马克思：《路易·波拿巴的雾月十八日》，人民出版社 2018 年版，第 111 页。

[2] 马克思：《路易·波拿巴的雾月十八日》，人民出版社 2018 年版，第 114 页。

提和条件。马克思指出，一旦农民觉悟而成为一种革命的力量，"无产阶级革命就会形成一种合唱，若没有这种合唱，它在一切农民国度中的独唱是不免要变成孤鸿哀鸣的。"① 在革命的过程中，农民要翻身得解放，必须和无产阶级结成联系；而无产阶级要领导革命顺利进行，必须有广泛的同盟者，必须得到农民和其他要求革命的阶级的支持；因此，农民和无产阶级结成坚强的联盟才能取得革命的胜利的理论，已经被多个国家的革命实践所证实。

三、时代价值和现实意义

在《路易·波拿巴的雾月十八日》这部著作中，马克思深入研究了从法国二月革命到波拿巴政变这一历史时期内法国的社会局势和代表不同阶级利益的各个政治派别的基本状况和相互关系，揭示了路易·波拿巴政变成功背后深刻的政治、经济和社会原因，并且精辟阐述了马克思主义的许多基本原理。其中对唯物史观的具体运用以及对基本原理的阐发使得这部经典著作具有了长久的价值与意义。

（一）理论联系实际

马克思运用唯物史观，特别是社会基本矛盾原理与阶级分析方法，系统阐述了当时法国的社会结构和阶级斗争状况，评述了路易·波拿巴政变的原因、过程和结局，对历史事件做了生动描述和全景剖析。正如恩格斯赞誉的："他对活生生的时事有这样卓越的理解，他在事变刚刚发生时就对事变有这样透彻的洞察，的确是无与伦比。"② 这给我们的巨大启示就在于，不仅要系统学习马克思主义的基本原理，而且要将之努力运用于对实际生活的观察与分析，换言

---

① 马克思：《路易·波拿巴的雾月十八日》，人民出版社 2018 年版，第 116 页注①。
② 马克思：《路易·波拿巴的雾月十八日》，人民出版社 2018 年版，第 6 页。

之，要理论联系实际。而要想将理论运用于实际，一方面需要有对理论原理的逻辑把握，另一方面则需要尽可能掌握全面具体的现实材料，就如同在本书中马克思所做的一样。对理论原理的逻辑把握固然不易，对现实问题的材料收集往往也是耗费精力之事。在此意义上，对于马克思主义者来说，决不能仅仅停留在理论的抽象王国中，而要切实下功夫，更多地占有具体生动的实践材料本身。一边是理论原理，一边是现实材料，理论与实践相结合，在这种有效结合中，方能得到对问题的透彻解析。

纵观我们党的历史，也正是由于将马克思主义的基本原理与方法运用于分析、指导中国革命、建设和改革的具体实际，我们才能够取得一个又一个的胜利，也正是在这一过程中，马克思主义才得以不断中国化，得以与时俱进、不断创新。无论对于马克思主义政党而言，还是对于马克思主义研究者而言，在唯物史观的运用方面，都要以马克思本人为榜样典范。党的十八大以来，中国特色社会主义进入了新时代。新时代有新的问题与挑战，也有旧的问题与挑战，新老问题盘根错节，这更需要我们自觉以马克思主义基本原理为指导，在深入把握国情的基础上，谱写中国特色社会主义的新篇章。

（二）正确认识小农社会的劣根性，实现农业现代化

马克思在这部著作中对小农的分析具有极为重要的当代价值。马克思认为，法国小块土地所有制下的农民像一个个分散的"马铃薯"一样缺乏组织性，因而难以成为自为自觉的阶级。马克思对法国小农的评价其实也完全适用于中国社会的小农。

一方面，分散的小农面对有组织的国家权力从根本上处于弱势地位，他们既受政治权力的控制、剥削与压榨，也只能通过政治权力来寻求庇护，政治权力对他们来说既陌生神秘又高高在上。由此，就必然会造成他们的权力崇拜，造成社会成员的拜权人格，造成发达的官文化。就此而言，在当代中国，要培育具有现代意识的公民，切实推进公民文化的启蒙，就必须要改变小农孤立、分散生产的状况，积极推进农村经济的市场化特别是农村合作组织的发展，推

进农民的有序市民化。

　　另一方面，我国农村人口向城市的转移将是一个长期的过程，农民的数量很长一段历史时期内都将极为庞大。在这种情况下，如果农民没有自己的利益表达与参与组织，由于小农的分散与无力，其利益的表达与维护无疑都会存在问题。现实中利益受损之农民之所以存在种种极端化的利益表达方式，缺乏组织性是重要原因之一。就此而言，在现阶段村委会的政策贯彻与执行功能远大于其自治功能的情况下，在农村重建农会性质的农民组织来进行各个层次的利益表达与公共参与以维护农民基本权益就显得尤为必要。当然，此处所提出的也只是一种对策思路，具体的制度设计、组织样式应在现实实践中予以确定。现在世界上很多国家都有农会作为农民利益的代表组织。历史上，我党在农村也曾推动建立过农会组织，其在中国的新民主主义革命与社会主义革命时期曾经发挥过巨大的、不可替代的历史作用。后来由于种种原因，农会组织逐渐消失。如果能够重建，各级农会组织不仅能够通过政治参与代表农民参政议政、有序表达与维护农民权益，而且可以协助党与政府做好"三农"各项工作，推动农村的治理与发展。当然，即使现阶段在农民中建立了此类组织，其组织形态的稳定与作用的充分发挥也要有一个不断调试的过程，但其所具有的积极功能可以预见。

马克思主义在国家问题上的最高成就

——《法兰西内战》导读

《法兰西内战》是科学社会主义的经典文献。马克思运用唯物史观的基本观点和科学方法，以简洁的语言、惊人的速度和经得起历史检验的准确性，深刻揭示了普法战争的性质、意义及其历史后果，驳斥了资产阶级以及其他反动势力对巴黎公社的污蔑和诽谤，科学总结了巴黎公社的战斗历程、历史意义和经验教训，在变化了的历史条件下丰富和发展了马克思主义的阶级斗争、国家、无产阶级革命和无产阶级专政等学说。它对于我们进一步推进社会主义民主政治建设，加强和改善党的领导，进一步巩固工农联盟具有重要的理论指导意义。

一、历史背景和写作原因

19 世纪 60 年代末，马克思在理论上继续进行着《资本论》的写作，在实践中则通过第一国际和它的总委员会稳步推进欧洲的工人运动。但是，1870年 7 月，普法战争爆发，急剧地改变了欧洲的政局和工人运动的进程，也促使马克思、恩格斯不得不放下手头的工作，集中精力观察和分析战争的进程和后果，以便为欧洲无产阶级革命制定正确的路线、方针和政策。

这一次的普法战争，是法国路易·波拿巴的第二帝国为了转嫁国内矛盾、消除革命危机、巩固自己的统治地位而首先发动的。19 世纪 60 年代末，法国发生经济危机，反政府的示威游行和大罢工此起彼伏。为维持摇摇欲坠的统治局面，路易·波拿巴的第二帝国于 1870 年 7 月 19 日发动了对普鲁士的战争。9 月 1 日，法军在色当遭遇惨败，9 月 2 日，10 万法军缴械投降，路易·波拿巴成为普军的俘虏。法国人民对第二帝国的溃不成军极度愤慨，9 月 4 日，巴黎人民发动起义，推翻第二帝国，成立了法兰西第三共和国。但是政权却落到了一些资产阶级政客手里，他们先后成立了"国防政府"和梯也尔政府。这些人不是积极地去组织法国人民阻止普军的入侵，而是进行一连串的通敌卖国行为，让普军长驱直入，占领了大片法国领土，巴黎也被普军所包围。在这种情况下，巴黎无产阶级开始武装起来，组建了以工人为主的国民自卫军。梯也尔政府不甘心失败，于 1871 年 3 月 18 日凌晨，下令政府军队和警察偷袭工人住宅区，妄图夺取炮台，强行解除工人武装。工人被迫举行武装起义，夺取了政权。3 月 28 日，巴黎公社宣告成立，建立了世界上第一个无产阶级专政的政权。逃到凡尔赛的梯也尔政府与普鲁士俾斯麦政府相勾结，纠集反革命武装，向巴黎无产阶级发动反扑。巴黎人民英勇抵抗、浴血奋战。由于敌我力量悬殊，5月28日，梯也尔的军队占领了巴黎，对巴黎人民进行大屠杀，巴黎公社革命失败了。

马克思和恩格斯自始至终关注着巴黎无产阶级的革命运动。1870年7月26日，马克思起草了《国际工人协会总委员会关于普法战争的第一篇宣言》，揭示了战争的性质及其历史后果，高度赞扬了工人阶级所表现出来的国际主义精神。同年9月9日，马克思又起草了《关于普法战争的第二篇宣言》，指出巴黎无产阶级要认清资产阶级政府的反动本质，要利用一切机会加强自己的阶级组织。巴黎工人起义前后，马克思和恩格斯一方面给予革命以坚定的支持和全方位的帮助，派专人同公社保持紧密联系，提出了许多非常有针对性的建议，利用各种途径阐明公社的伟大意义，并向第一国际各国支部发出几百封信，号召从各个方面支持公社。公社失败后，他们又组织了对公社会员的营救和帮助；另一方面，他们千万百计地收集有关公社活动的材料，摘录各种信息，认真研究公社颁布的各项法令和政策。4月18日，在第一国际总委员会的会议上，马克思明确提出要就法国工人阶级的"斗争的总趋向"发表一篇告国际全体会员的宣言。重病之中的马克思承担了这一神圣使命，他做了几十万字的报刊摘录，广泛收集有关公社的各种资料，写下了大量札记。在深入研究的基础上，马克思于4月下旬写出了宣言的初稿，5月初写出第二稿，5月下旬最终定稿。5月30日，在革命失败后的第三天，他在总委员会会议上宣读了这篇宣言，这就是《法兰西内战》。

马克思之所以撰写《法兰西内战》，主要有两个目的。

其一，是为了批驳资产阶级和一切反动势力对公社的污蔑，揭露资产阶级反动政府血腥镇压巴黎工人的暴行。巴黎公社革命后，在整个欧洲掀起了一个针对公社的诽谤运动。马克思利用自己收集到的大量资料，真实地描述了公社革命的起因和战斗历程，揭露和谴责了反动势力镇压巴黎公社的血腥暴行。

其二，是为了阐明巴黎公社的实质和历史意义，总结巴黎公社革命的历史经验，以便更好地在实践中指导无产阶级革命运动，促使无产阶级认清资产阶级反革命的真面目；在理论上进一步丰富和发展马克思主义的国家、革命和政党学说。为此，马克思倾注了大量的心血，为总结人类历史上前所未有的公社革命的发展规律付出了辛勤劳动。《法兰西内战》的发表和公开出版，在欧洲和全世界产生了巨大的反响，列宁认为这是"马克思主义在国家问题上的最高成就"。

二、主要内容和基本理论

《法兰西内战》一书包括恩格斯写的 1891 年版导言，马克思分别于 1870 年 7 月和 9 月为国际工人协会总委员会起草的关于普法战争的两篇宣言，《法兰西内战》的正文四章及附录一、二，《法兰西内战》初稿（摘录）、二稿（摘录）。

"1891 年版《导言》"。1891 年，在纪念巴黎公社 20 周年之际，恩格斯为《法兰西内战》德文第三版撰写了一篇导言，并以《论法兰西内战》为题发表在 1890—1891 年《新时代》杂志第 9 年卷第 2 分册第 28 期上。在这篇导言中，恩格斯全面总结了 1848 年革命以来法国阶级斗争的基本经验，阐述了巴黎公社革命的根本性质和历史经验，论述了马克思起草的两篇宣言和《法兰西内战》的历史意义，进一步丰富和发展了无产阶级革命和专政的理论。首先，恩格斯高度评价了马克思在关于普法战争的两篇宣言以及《法兰西内战》中所表现出来的惊人的才能，认为他一开始就准确地把握住了这些事变的性质、意义及其必然后果。其次，恩格斯较为系统地总结了 1789 年革命，特别是 19 世纪 40 年代以来的历次阶级斗争的经验教训，一针见血地指出，在法国爆发的每次革命都不能不带有某种无产阶级的性质。再次，恩格斯对《法兰西内战》作了重要补充，从经济、政治、社会措施等方面对公社委员中流行的蒲鲁东主义和布朗基主义进行了具体分析，认为无产阶级革命必须要有马克思主义科学理论的指导，必须要有马克思主义政党的领导才能取得彻底胜利。最后，恩格斯继续发挥了马克思在《法兰西内战》中的国家学说，他明确指出："工人阶级一旦取得统治权，就不能继续运用旧的国家机器进行管理"[1]，并对无产阶级国家政

---

[1] 马克思：《法兰西内战》，人民出版社 2018 年版，第 14 页。

权的形式做了深刻阐述。

"关于普法战争的两篇宣言"。1870 年 7 月 19 日，普法战争爆发。为了帮助德法工人阶级科学认识这场战争的性质及其所应采取的态度，1870 年 7 月 23 日，国际工人协会总委员会发表了由马克思起草的关于普法战争的第一篇宣言。1870 年 9 月 4 日，巴黎人民通过革命推翻了第二帝国的统治，成立了法兰西第三共和国，而战争的性质也发生了变化。为了给德法工人提出新的行动策略，9 月 9 日，总委员会又发表了由马克思起草的第二篇宣言，重点揭示普法战争的性质，认为它实质上是一场王朝之战，并根据战争发展的具体进程以及战争性质的变化，为德、法无产阶级制定了具体的应对之策。马克思高度赞扬了德、法、英等国先进工人的国际主义精神，指出在这场王朝战争期间，德、法两国的工人互通和平与友谊的信息。

《法兰西内战》正文共四章，重点为第三章。

第一章，重点揭露法国资产阶级政府投降卖国、挑起内战的反动本质。马克思首先简要叙述了普法战争后法国政局的变化，用大量事例揭露了资产阶级政府假抵抗、真投降的反动本质。在投降卖国的同时，资产阶级政府还采用一切办法激怒巴黎工人阶级，以挑起内战。之所以如此，这是由法国资产阶级的阶级利益和个人利益所决定的。就其阶级本性而言，武装了的工人阶级令他们胆战心惊。也正是出于阶级利益的考虑，即为了把战争的重担转嫁到无产阶级和劳动人民身上，他们必然要发动内战。另外，以梯也尔为首的资产阶级政客们之所以要投降卖国、挑起内战，也是为了逃脱人民的惩罚。

第二章，具体叙述巴黎工人起义的经过并系统总结斗争的经验教训。马克思指出，对于资产阶级和一切反动势力而言，武装的巴黎是实现反革命的唯一严重障碍，因此必须解除巴黎的武装。为此，他们于 3 月 18 日凌晨挑起内战。工人们奋起反抗，完全掌握了巴黎，中央委员会成为革命的临时政府。这就是巴黎工人阶级 3 月 18 日武装起义的主要经过。但是，巴黎起义后，革命政府并没有坚决镇压反革命，他们对敌人过于宽大。相反，凡尔赛的梯也尔政府却极尽破坏之能事，最终挑起内战，并血腥镇压巴黎工人阶级。因此，马克思认为，无产阶级夺取政权后，必须坚决镇压反革命，将革命进行到底。

第三章，深刻揭露旧国家的压迫性质并阐述巴黎公社的解放实质。马克思指出，巴黎公社的伟大意义就在于无产阶级第一次推翻了资产阶级的政权。但是，在这一进程中，"工人阶级不能简单地掌握现成的国家机器，并运用它来达到自己的目的。"① 这是因为，现成的国家机器无不具有压迫的性质。对于这样一种国家机器，无产阶级不能简单地掌握和运用，必须要用革命暴力予以彻底打碎。作为帝国的直接对立物的巴黎公社，"它实质上是工人阶级的政府，是生产者阶级同占有者阶级斗争的产物，是终于发现的可以使劳动在经济上获得解放的政治形式。"②

第四章，揭露资产阶级政府镇压巴黎公社的罪行，阐明巴黎公社的国际性质和历史意义。马克思指出，为推翻巴黎公社，逃往凡尔赛的梯也尔政府施展了可耻的两面派的手法，而各国资产阶级政府在推翻巴黎公社的反革命斗争中也显示出了高度的国际联合性，他们纷纷采取各种措施反对巴黎无产阶级。他们大骂国际工人协会，极尽污蔑之能事。尽管如此，巴黎公社得到了来自世界各国的无产阶级的积极支持。巴黎公社之所以具有伟大的历史意义，就在于它的国际性，它是国际联合的典范。产生国际工人协会的土壤就是现代社会本身，无论屠杀多少人，都不能把这个协会铲除。要铲除它，各国政府必须铲除资本对劳动的专横统治。

最后，马克思高度赞扬了巴黎工人阶级的革命斗争精神及其公社革命的伟大意义。巴黎的工人们对伟大的事业极为执著，具有自我牺牲的英雄气概，他们是整个无产阶级的先锋队，工人的巴黎和公社将永远作为新社会的光辉先驱而为人所称颂，它的英烈们已永远铭记在工人阶级的心坎里，巴黎公社革命为无产阶级事业开辟了新的纪元。

"初稿和二稿"。在初稿（摘录）部分，马克思重点分析了公社的产生，公社采取的社会措施，公社的性质，公社与农民、小资产阶级、中产阶级的关系等问题。在二稿（摘录）部分，马克思揭露了统治阶级旧国家机器对人民的压

---

① 马克思：《法兰西内战》，人民出版社 2018 年版，第 56 页。
② 马克思：《法兰西内战》，人民出版社 2018 年版，第 63 页。

迫性质，强调工人阶级不能简单地掌握现成的国家机器，并运用它来达到自己的目的，因为奴役他们的工具不能当作解放他们的政治工具来使用。而公社的意义就在于，它初步破坏了旧国家政权的最后的和最淫贱的形式，即第二帝国这个机器，代之以真正的自治，成立了工人阶级的政府，规定所有的公职人员都是公社的勤务员、社会的公仆，由社会本身，而不是凌驾于社会之上的机构来执行政府的合理职能。

阅读这部著作要掌握的基本理论有：

（一）无产阶级革命必须要有马克思主义政党领导理论

在《导言》中，恩格斯对《法兰西内战》作了重要补充，从经济、政治、社会措施等方面对公社委员中流行的蒲鲁东主义和布朗基主义进行了具体分析，认为无产阶级革命必须要有马克思主义政党及其科学理论的指导，才能取得彻底的胜利。

恩格斯指出，在公社委员中，多数派是布朗基主义者，他们主要负责公社的政治行动，少数派是蒲鲁东主义者，大多担任经济工作。绝大多数的布朗基派只是凭着革命的无产阶级本能才成为社会主义者，他们是在密谋派别中培育出来的，认为依靠少数意志坚定、组织良好的分子，就能夺取和保持政权。而蒲鲁东主义者只是小农和手工业师傅的社会主义者，他们反对大企业和工人的大联合，而简单地把竞争、分工、私有财产当作有益的经济力量。当然，公社并没有严格按照他们的理论展开实践，公社颁布了组织大工业的法令，强调要实现工人的联合，并把每一个工厂的工人联合体联结成一个大的公社，以便消灭私有制。因此事实上，无论是蒲鲁东派还是布朗基派，都做了恰恰与他们那一派的学说相反的事情，从而遭到历史的嘲弄。

但是由于这两派都不是马克思主义者，因此很难制定出马克思主义的革命路线和政策。例如，公社始终没有没收法兰西银行，恩格斯认为这是一个严重的政治错误。巴黎公社革命之所以失败，当然有许多客观原因，但是缺乏一个以马克思主义为指导的无产阶级政党的领导，不能形成一个坚强有力而较为稳定的领导核心，则是一个带有根本性的原因。实际上，工人阶级只有组织起一个与一切旧政党相对立的独立政党，才能作为一个阶级来行动，并保证革命取得胜利。

（二）无产阶级要铲除旧的国家机器，建立无产阶级专政理论

马克思指出，巴黎公社的伟大意义就在于无产阶级第一次推翻了资产阶级的政权。但是，在这一进程中，"工人阶级不能简单地掌握现成的国家机器，并运用它来达到自己的目的。"① 这是因为，现成的国家机器无不具有压迫的性质。工人阶级为了不致失去刚刚争得的统治，就应当铲除全部旧的压迫机器。

与资产阶级国家政权的压迫性质截然相反，马克思认为，作为帝国的直接对立物的巴黎公社，"它实质上是工人阶级的政府，是生产者阶级同占有者阶级斗争的产物，是终于发现的可以使劳动在经济上获得解放的政治形式。"② 这个革命政权，在政治、经济、教育等方面采取的措施，都鲜明地体现了无产阶级专政的基本特点。在政治上，废除了资产阶级的官僚制度，废除了旧的司法制度，由为人民服务的社会公仆组成政权机关。公社既是行政机关，同时也是立法机关。在军事上，废除了资产阶级的常备军和警察，代之以武装的人民，并选举成立治安委员会具体负责社会治安；在意识形态方面，实行政教分离的原则，着手摧毁作为压迫工具的精神力量即僧侣势力，剥夺一切教会所占有的财产，向人民免费开放所有学校，以便让人人都能接受教育，使科学研究摆脱了阶级偏见和政府权力的桎梏；在经济方面，公社致力于铲除阶级统治赖以存在的经济基础，消灭那种将多数人的劳动变为少数人的财富的阶级占有制，剥夺剥夺者，解放劳动，解放那些在资产阶级社会孕育着的新社会因素，使土地和资本完全变成自由的和联合的劳动的工具，从而使个人所有制成为现实。为

---

① 马克思：《法兰西内战》，人民出版社 2018 年版，第 56 页。
② 马克思：《法兰西内战》，人民出版社 2018 年版，第 63 页。

此，公社颁布了一切债务延期 3 年偿付并取消利息的法令，使小贩、手工业者免于破产。公社为农民免除了血税，使农民免除乡警、宪兵等人的残暴压迫，它宣布战争赔款要由战争发动者来偿付。公社规定，不准面包行业的帮工做夜工，禁止雇主们以各种借口降低工资，把已关闭的作坊或工厂交给工人协作社，同时给企业主保留获得补偿的权利。在公社管理下，巴黎的面貌奇迹般地得到了改善。由此可见，公社是法国社会的一切健全成分的真正代表，它使全世界的工人都归属于法国，它开辟了历史的新纪元，公社反射出了历史首创精神的耀眼光芒。

（三）防止国家机关由社会公仆蜕变为社会主人理论

这是马克思总结巴黎公社经验提出的一个重要思想。为防止国家机关由社会公仆蜕变为社会主人，公社委员以及一切公务人员均由选举产生，对选民负责，随时可以罢免，所有公职人员只领相当于工人工资的报酬。公社实现了廉价政府的口号，并给共和国奠定了真正民主制度的基础。在《导言》中，恩格斯进一步指出，为了防止国家和国家机关由社会公仆蜕变为社会主人，必须要像公社那样，一方面把行政、司法、国民教育等方面的一切职位交给由普选出的人担任，规定选举者可以随时撤换被选举者；另一方面，对所有公职人员，不论职位高低，都只付给与其他工人同样的工资，保证这些代表和官吏的清廉。这就是巴黎公社所代表的无产阶级革命和无产阶级专政，它不仅为资产阶级和一切反动势力所惊恐，也使社会民主党的庸人们吓出了一身冷汗。

三、时代价值和现实意义

在《法兰西内战》中，马克思深刻阐述了关于加强党的领导和党的建设理论、无产阶级专政和社会主义民主等思想。这对坚持中国特色社会主义道路、巩固人民民主专政的国家政权、完善社会主义民主政治、深化政治体制改革、建立廉洁高效政府有着深刻的理论价值和重大的实践意义。

（一）坚持和发展中国特色社会主义，必须坚持和加强党的全面领导，维护党中央的权威和集中统一领导

在《导言》中，恩格斯指出，巴黎公社革命之所以失败，当然有许多客观原因，但是缺乏一个以马克思主义为指导的无产阶级政党的领导，不能形成一个坚强有力而较为稳定的领导核心，则是一个带有根本性的原因。在今天，中国特色社会主义进入了新时代，站在新的历史方位，我们要全面建设社会主义现代化国家，实现中华民族的伟大复兴，不断破解人民日益增长的美好生活需要和不平衡不充分发展之间的矛盾，防范重大风险，攻克重大难题，克服发展短板，进行具有许多新的历史特点的伟大斗争。为此，就必须铭记马克思和恩格斯所揭示的科学社会主义的根本原则，始终不渝地坚持"党对一切工作的领导"，维护党中央的权威和集中统一领导，牢固树立和不断增强政治意识、大局意识、核心意识、看齐意识，自觉在思想上政治上行动上同党中央保持高度一致。这是党和国家的根本所在、命脉所在，是全国各族人民的利益所系、幸福所系。

（二）坚持人民主体地位，完善社会主义民主政治，最大限度地调动人民群众的积极性和创造性

巴黎公社立足唯物史观的群众观点，正确解决了公职人员和人民群众的相互关系问题。根据它的规定，公社是由为人民服务的社会公仆组成的政权机关。公社既是行政机关，同时也是立法机关。公社委员以及一切公务人员均由选举产生，对选民负责，随时可以罢免，所有公职人员只领相当于工人工资的报酬。这就鲜明地体现了马克思主义政党的根本政治立场，反映了社会主义国家的根本性质。在继承和发展巴黎公社的基本原则的基础上，我国宪法规定，

国家的一切权力属于人民，人民行使国家权力的机关是全国人民代表大会。在中国特色社会主义新时代，我们要始终不渝地坚持"以人民为中心"的基本方略，坚持人民的主体地位，其一要在制度层面不断巩固和完善人民代表大会制度等，加强和规范人大代表同人民群众的密切联系，充分调动人民群众参加政治生活的积极性。建立和完善人民群众平等地参与公共事务、了解情况、发表意见、表达诉求、参与决定的平台机制，加强对政治权力的规范行使和监督约束。其二要在作风层面坚持为人民服务的根本宗旨，在依靠群众和引领群众的统一中更好发挥群众的主人翁作用。其三要在方法论层面坚持从群众中来又到群众中去，坚持把党的群众路线贯彻到治国理政的全部实践活动之中，依靠人民创造历史伟业。

（三）深化政治体制改革，加强人民群众监督，建立廉洁高效的服务型政府

巴黎公社为了防止社会公仆变为社会主人，它的主要措施就是在公社体制下建立人民监督的机制，强调政务向社会公开，国家公职人员由选举产生并可随时罢免，对所有公职人员，不论职位高低，都只付给与其他工人同样的工资，从而保证这些代表和官员的清廉。这种制度设计有利于对国家公职人员实行有效的监督，建立清廉政府，它对于我国深化政治体制改革，加强人民群众监督，建立廉洁高效的服务型政府无疑具有重要的启迪意义。对于当代中国的政治发展而言，促进政务公开，加强群众监督，实现高效廉洁，防止社会公仆变为社会主人，仍然还有许多亟待解决的重大课题。为此，我们应该创造性地坚持和发展巴黎公社的基本原则，立足中国实际，进一步完善党务、政务公开制度，充分保障人民群众的知情权和监督权，最大限度地防止官员腐败，不断完善关系民生福祉事项的一系列制度体制，切实转变政府服务社会的职能和角色等。

未来共产主义社会的设想
——《哥达纲领批判》导读

　　《哥达纲领批判》是科学社会主义的一篇经典著作。在这部著作中，马克思逐条批判了哥达纲领草案中的拉萨尔主义，在新的历史条件下丰富和发展了科学社会主义的基本理论。今天学习这一纲领性文献，对于我们全面掌握马克思主义的科学社会主义学说，加快中国特色社会主义现代化建设，全面推进改革开放的步伐，具有重大的理论和现实指导意义。

一、历史背景和写作原因

19 世纪 60 年代，随着德国工业化进程的快速推进，德国的工人运动也日益高涨，德国工人阶级开始成为德国社会生活中的一支重要力量。1863 年 5 月，全德工人代表会议在莱比锡召开，决定成立全德工人联合会，拉萨尔当选为主席，并提出了一整套机会主义理论。其要点是：在资本主义制度下，工人阶级的贫困是由"铁的工资规律"决定的，这个规律使工人的平均工资"始终停留在一国人民为维持生存和繁殖后代按照习惯所要求的必要的生活水平上"。工人阶级获得解放的唯一道路，只能是废除"铁的工资规律"。为此，就需要依靠国家的帮助来发展工人合作社，使工人获得全部劳动所得，并举行普遍的直接的选举。在与拉萨尔派的激烈斗争中，李卜克内西、倍倍尔等工人运动中的先进分子于 1869 年 8 月 7—9 日在爱森纳赫召开了社会民主主义者全德代表大会，成立了德国社会民主工党，通过了基本符合国际工人协会共同章程的爱森纳赫纲领。

1870 年普法战争后，德国实现了民族统一，德国工人阶级也迫切要求实现各派力量的统一。社会民主工党于 1872 年 9 月初召开的美因茨代表大会和 1874 年 7 月召开的科堡代表大会上，呼吁两个工人派别统一起来，但遭到拉萨尔派的拒绝。后来由于社会民主工党力量的不断壮大以及内部的矛盾重重、日趋瓦解，拉萨尔派的领导人才不得不谋求统一。1875 年 2 月，爱森纳赫派和拉萨尔派在哥达举行合并预备会议，拟定了合并纲领草案，即《德国工人党纲领》，并于 1875 年 3 月 7 日，同时发表在两派的机关报《人民国家报》和《新社会民主党人报》上。

对于两个派别的统一，马克思、恩格斯持赞成态度，但认为这种统一必须建立在科学社会主义而不是拉萨尔主义的基础之上。可是，爱森纳赫派领导人把两派的合并看得高于一切，为了实现两派的合并而采取了无原则的妥协，在纲领中接受了大量拉萨尔主义的思想。马克思、恩格斯在报纸上看到纲领草案后深感吃惊且非常气愤，认为这是一个"极其糟糕的，会使党精神堕落的纲领"①，将使德国工人运动迷失方向，并给国际工人运动带来严重危害。于是，1875 年 3 月 18 日至 28 日，恩格斯给倍倍尔写了一封长信，揭露了纲领草案的错误。4 月初至 5 月初，应德国党的另一位领导人白拉克的请求，马克思抱病写出了《德国工人党纲领批注》一文，对草案进行逐条的批判。并于 5 月 5 日连信一起把它寄给了白拉克，并请白拉克转交其他领导人阅读，后来该著作被统称为《哥达纲领批判》。但爱森纳赫派的领导人并没有完全接受马克思、恩格斯的批评和建议，只是对纲领草案的文字进行了修改，并在 1875 年 5 月 22—27 日于哥达城召开了两派合并大会，决定把党的名称改为"德国社会主义工人党"，通过了《德国社会主义工人党纲领》。

在马克思生前，该著作没有能够发表。19 世纪 90 年代初，由于 1878 年颁布的《反社会党人非常法》失效，德国统治阶级开始转变政策。在德国工人党内，以福尔马尔为代表的一部分人宣扬阶级合作，主张和平实现社会主义。而 1890 年召开的哈雷代表大会也决定另拟新的纲领代替哥达纲领。1891 年 1 月，为了帮助德国党制定出一个科学的纲领，恩格斯决定发表马克思的这一遗著，并为此写了序言。

二、主要内容和基本理论

《哥达纲领批判》包括恩格斯写的 1891 年版序言，马克思给威廉·白拉克的信，《德国工人党纲领批注》正文四章，附录包括恩格斯的 11 封书信（部分

---

① 马克思：《哥达纲领批判》，人民出版社 2018 年版，第 6 页。

为摘选)、《德国社会民主工党纲领》、《德国工人党纲领》以及《德国社会主义工人党纲领》。

恩格斯1891年为《哥达纲领批判》写的序言，说明了公开发表这篇文献的原因，阐述了这篇文献的特点以及对工人运动的伟大意义。恩格斯指出，这篇文献在揭露草案的缺点方面具有无情的尖锐性和严厉性，它第一次明确而有力地表明了马克思对拉萨尔主义的态度，不仅批判了拉萨尔的经济学原则，而且批判了他的斗争策略，因此对今日的工人运动仍然具有极为重大的指导意义。

马克思1875年5月5日给白拉克的信，对纲领草案作出了总体评价，认为这是一个"极其糟糕的，会使党精神堕落的纲领"。同时告诫德国党的领袖要高度重视纲领的作用，指出制定一个原则性的纲领就是在全世界面前树立起可供人们用来衡量党的运动水平的里程碑。为了制定一个正确的纲领，决不能拿原则做交易，在合并问题上搞无原则的妥协。

《德国工人党纲领批注》共分四章，主要内容集中在第一章和第四章，特别是第一章第三节关于分配问题的论述。马克思按照纲领草案的条文次序逐条进行了分析。

在第一章中，马克思首先逐条批判了纲领草案第一部分的五个条文，着重批判纲领草案在劳动、分配等问题上的错误，第一次明确提出并阐述了共产主义社会两个发展阶段的理论，并具体阐明了社会主义时期的分配原则。

第一条，马克思批判了纲领草案中"劳动是一切财富和一切文化的源泉"、"有益的劳动只有在社会中和通过社会才是可能的"和"劳动所得应当不折不扣和按照平等的权利属于社会一切成员"的错误观点。马克思指出，劳动不是一切财富和一切文化的源泉，自然界同劳动一样也是使用价值的源泉。要创造社会财富，必须具备两个要素：一是人的劳动，二是由自然界所提供的劳动对象和劳动资料。坚持"劳动是一切财富源泉"的观点，其实质就是空谈劳动，回避生产资料所有制问题，维护资本主义私有制。第二条，揭露纲领草案"修订"国际工人协会临时章程，只提"在现代社会，劳动资料为资本家阶级所垄断；由此造成的工人阶级的依附性是一切形式的贫困和奴役的原因"，而不提地主阶级对劳动资料的垄断。第三条，批判了纲领草案中关于生产资料所有制与分配的相互关系问题上的错误，科学地论证了共产主义第一阶段社会主义社会的总产品和个人消费品的分配原则。第四条，批判纲领草案诬蔑农民是"反动的一帮"，阐明了农民是无产阶级的可靠同盟军。第五条，批判纲领草案中散布的资产阶级的狭隘民族主义，阐明了无产阶级的国际主义。

在第二章中，马克思批判了拉萨尔关于"铁的工资规律"的观点，指出"铁的工资规律"是拉萨尔的捏造，"铁的工资规律"的理论根据是马尔萨斯的人口论，重新阐述了《资本论》中的工资理论和剩余价值理论，阐明了工人阶级只有消灭生产资料私有制和雇佣劳动制度，才能摆脱贫困和被剥削的地位。

在第三章中，马克思批判了拉萨尔关于"依靠国家帮助"建立生产合作社，实现社会主义的观点，阐述工人建立合作社的意义。马克思指出，代表地主贵族和大资产阶级利益的德国统治阶级，不可能帮助工人阶级建立合作社来实现社会主义。为了实现"国家帮助"的目标，拉萨尔从法国天主教社会主义的首领毕舍那里吸取了智慧，认为只要工人争得普选权，就可以把工人代表送进议会，一旦在议会中工人代表占多数，就可以在议会通过国家预算拨款帮助工人建立生产合作社。马克思指出，拉萨尔抄来的这个药方无非表明他们已经从工人阶级运动的立场完全退到宗派运动的立场，背离了无产阶级的革命立场。

在第四章中，马克思批判了纲领草案争取"自由国家"的资产阶级民主要求，指出"自由国家"不是无产阶级的目的，国家不能离开社会的经济基础而独立存在，资本主义社会向共产主义社会的过渡时期，只能是无产阶级的革命专政。

阅读这部著作要掌握的基本理论有：

（一）共产主义社会划分为两个发展阶段理论

马克思批判拉萨尔主义小资产阶级的分配观点，阐明了社会主义社会的分配原则。拉萨尔主义从唯心主义的分配决定论出发，提出"劳动的解放要求把劳动资料提高为社会的公共财产，要求集体调节总劳动并公平分配劳动所得"。

"劳动所得应当不折不扣和按照平等的权利属于一切社会成员。"马克思坚持生产方式决定分配方式、经济关系决定法权关系的唯物主义观点，明确指出："消费资料的任何一种分配，都不过是生产条件本身分配的结果；而生产条件的分配，则表现生产方式本身的性质。"①例如，在资本主义社会，生产资料归资本家所有，劳动力为人民所有，因此消费资料的分配就必然是资本家占有剩余价值。如果把分配看成是一种不依赖生产方式的东西，并主要从分配的角度描写社会主义，那就是在开历史的倒车。即使在共产主义，分配都不可能使生产者得到"不折不扣的劳动所得"。马克思指出，任何社会分配其社会总产品，必须做六项扣除，它们是：用来补偿消耗掉的生产资料的部分；用来扩大生产的追加部分；用来应付不幸事故、自然灾害等的后备基金或保险基金；同生产没有直接关系的一般管理费用；用来满足共同需要的部分，如学校等；为丧失劳动力的人等等设立的基金。因此，不折不扣就成了有折有扣了。

在阐述共产主义社会的分配方式时，马克思明确提出了共产主义社会划分为两个发展阶段，共产主义第一阶段要坚持按劳分配的原则。马克思指出："我们这里所说的是这样的共产主义社会，它不是在自身基础上已经发展了的，恰好相反，是刚刚从资本主义社会中产生出来的，因此它在各方面，在经济、道德和精神方面都还带着它脱胎出来的那个旧社会的痕迹。"②在这个社会，劳动还是人们谋生的手段，社会必须以人们为社会提供的劳动量作为分配个人消费品的依据，实行按劳分配的原则。每个生产者，在作了各项扣除以后，从社会领回的，正好是他给予社会的。他给予社会的，就是他个人的劳动量。就此而言，按劳分配坚持了一种平等的原则，即多劳多得，少劳少得，不劳不得。与以往的剥削制度相比较，它是一个巨大的历史进步。

但是，这种平等又是相对的，这里的平等权利仍然是资产阶级权利。之所以这样说，是因为：这里的平等在于以同一尺度，即劳动来计量。但问题是各个劳动者的体力和智力是高低不等的，每个劳动者的家庭负担也是不同的。因

① 马克思：《哥达纲领批判》，人民出版社 2018 年版，第 16 页。
② 马克思：《哥达纲领批判》，人民出版社 2018 年版，第 14 页。

此，按劳分配必然存在着实际上的贫富差距，实际上是一种形式的平等，事实上的不平等。但是，马克思又明确地指出，在共产主义社会第一阶段，这些弊病是不可避免的。"权利决不能超出社会的经济结构以及由经济结构制约的社会的文化发展。"① 只有到了共产主义社会的高级阶段，由于迫使个人奴隶般服从分工的情形已经消失，脑力和体力劳动的对立也随之消失，由于劳动已经不仅仅是谋生的手段，而且成了生活的第一需要，由于个人的全面发展，特别是在集体财富的一切源泉充分涌流之后，社会才能完全超出资产阶级的狭隘眼界，在自己的旗帜上写上：各尽所能，按需分配。

（二）消灭雇佣劳动制度理论

马克思批判拉萨尔的"铁的工资规律"，阐明资本主义工资的实质。纲领草案提出，德国工人党要"废除工资制度连同铁的工资规律"。所谓"铁的工资规律"，是拉萨尔的一个主要观点。它指的是：工人的平均工资始终停留在一国人民为维持生存和繁殖后代而按照习惯要求的必要的生活水平上，实际工资总是在它周围摆动。在拉萨尔看来，这是一个铁的工资规律。对此，马克思分析指出，拉萨尔鼓吹的"铁的工资规律"的理论根据就是马尔萨斯的人口论。根据这一理论，人口按几何级数（1、2、4、8、16……）增长，生活资料按算术级数（1、2、3、4、5……）增长，人口的增加超过生活资料的增加是一条永恒的规律。"铁的工资规律"实质是掩盖资本主义剥削的真相。它把工人失业、人民贫困归因于人口的自然繁殖，归之于永远无法改变的自然规律。马克思重申了《资本论》的观点。他指出："工资不是它表面上呈现的那种东西，不是劳动的价值或价格，而只是劳动力的价值或价格的掩蔽形式。"工人出卖给资本家的是劳动力，而不是劳动。资本家使用劳动力的过程才是劳动。劳动力在使用过程中能创造出比他自身的价值更大的价值来。资本家付给工人的工资是劳动力的价值，而那个超过工资的更大的剩余价值，被资本家无偿占有了。马

---

① 马克思：《哥达纲领批判》，人民出版社 2018 年版，第 16 页。

克思关于资本主义工资的本质及剩余价值学说，揭开了资本主义剥削的秘密，说明工人阶级贫困的原因不在于工人人口太多，而在于资本主义雇佣劳动制度。工人阶级只有消灭这种制度，才能得到彻底解放。

（三）过渡时期无产阶级专政理论

针对拉萨尔主义抹杀国家的阶级实质，建立超阶级的"自由国家"观点，马克思阐明了历史唯物主义的国家观，指出国家是阶级统治的工具，国家只是维护统治阶级的自由，而要剥夺被统治阶级的自由。因此任何国家都不是自由的。"自由国家"不是无产阶级的目的。

纲领草案在国家观问题上暴露出来了历史唯心主义的实质。它不是把现存社会当作现存国家的基础，而是把国家当作一种具有自己的精神的、道德的、自由的基础的独立存在物，这就割裂了国家和社会的关系，一定的国家总是建立在一定的经济基础之上的。实际上，欧洲各文明国家，尽管形式各异，但是它们都建立在现代资产阶级社会的基础上，这是它们的共同点。纲领草案抽象地谈论"现代社会"、"现代国家"等，掩盖了资产阶级国家的阶级实质。

在未来建立共产主义的历史时期，国家将发生怎样的变化？对此马克思明确提出："在资本主义社会和共产主义社会之间，有一个从前者变为后者的革命转变时期。同这个时期相适应的也有一个政治上的过渡时期，这个时期的国家只能是无产阶级的革命专政。"[①] 在马克思看来，二者之间的这个过渡时期是从资本主义社会中发展出来的，但这种发展不是自发产生的。无产阶级要通过社会革命推翻资产阶级的统治，建立自己的国家政权，实行经济、政治、文化、社会等全面的改造。正因此，它会遭到各种旧势力的抵制和反抗，这就决定了它必须实行无产阶级的革命专政。马克思的这一理论有力地批判了纲领草案，把"自由国家"作为党的奋斗目标，通篇不谈无产阶级专政和未来国家制

---

① 马克思：《哥达纲领批判》，人民出版社 2018 年版，第 27 页。

度的严重错误，给无产阶级指明了实现理想的具体道路，丰富了马克思主义国家学说。

三、时代价值和现实意义

在《哥达纲领批判》中，马克思对未来社会分配原则以及无产阶级专政理论等做了深刻阐述，它对于我们不断完善中国特色社会主义的分配制度，毫不动摇地坚持无产阶级专政有着极为重要的理论和现实指导意义。

（一）坚持按劳分配原则，不断完善我国社会主义分配制度

在《哥达纲领批判》中，马克思坚持生产方式决定分配方式、经济关系决定法权关系的唯物主义观点，根据未来共产主义不同发展阶段，分别提出了按劳分配和按需分配的原则，为我们提供了研究未来社会分配方式的基本原理和方法。在系统总结新中国成立以来社会主义现代化建设正反两方面经验教训的基础上，我们党深刻认识到，我国正处于并将长期处于社会主义初级阶段，必须坚持以经济建设为中心，大力发展生产力。与此相适应，必须确立以公有制为主体、多种所有制并存的所有制结构，形成以按劳分配为主体、多种分配方式并存的分配制度。坚持按劳分配为主体，多种分配方式并存的分配制度，这是马克思主义按劳分配原则与我国现实国情相结合的生动体现。在中国特色社会主义新时代，为了最大限度地调动最广大人民群众建设社会主义的积极性、能动性和创造性，我们要继承马克思有关分配的基本理论和方法，坚持按劳分配原则，完善按要素分配的体制机制，促进收入分配更合理、更有序。坚持在经济增长的同时实现居民收入同步增长、在劳动生产率提高的同时实现劳动报酬同步提高。"两个同步"增长把经济发展水平的提高和个体收入水平提高有机结合起来，让劳动生产率的提高能有效造福劳动者，更充分地体现了马克思按劳分配的思想，是对马克思按劳分配思想

的进一步运用和发展，也是在社会主义市场经济条件下对我国社会主义分配制度的不断巩固和完善。

（二）坚持人民民主专政，不断巩固和完善社会主义制度

在《哥达纲领批判》中，马克思重点论述了未来社会发展划分为两个阶段的理论，并明确指出在资本主义社会和共产主义社会之间，有一个从前者变为后者的革命转变时期，强调这个时期的国家只能是无产阶级的革命专政。在马克思、恩格斯看来，无产阶级反对资产阶级的斗争必然导致无产阶级专政，无产阶级专政担负着最终消灭阶级与国家的历史使命，无产阶级专政的国家也是阶级统治的工具，不过它在阶级性质、历史使命、基本内容上都同以往一切剥削阶级专政根本不同。它是为无产阶级消灭剥削阶级、建立社会主义、向共产主义过渡创建条件的主要工具。在革命、建设和改革的历史进程中，中国共产党人把马克思主义关于国家和无产阶级专政的一般原理同中国具体实际相结合，坚持和发展了无产阶级专政的学说，提出了人民民主专政的理论，即工人阶级（经过共产党）领导的以工农联盟为基础的人民民主专政。其具体内容就是在人民内部实行民主，对人民的敌人实行专政，坚持专政与民主的辩证统一。革命、建设和改革的实践证明，坚持人民民主专政，是中国共产党人对马克思主义无产阶级专政理论的丰富和发展，是我国社会主义国家政权的实质和主要内容，是中国特色社会主义必须坚持的一个基本原则和须臾不可离开的法宝。在中国特色社会主义新时代，为了实现中华民族伟大复兴的中国梦，建设富强民主文明美丽和谐的社会主义现代化强国，我们需要坚决抵制和反对国外反动势力对我西化、分化、私有化、资本主义化的图谋，大力发展社会主义民主和法治；需要有效应对重大挑战、抵御重大风险、克服重大阻力、解决重大矛盾，同一切削弱、歪曲、否定党的领导和我国社会主义制度的言行作斗争，同一切损害人民利益、脱离群众的行为作斗争，同一切分裂祖国、破坏民族团结和社会和谐稳定的行为作斗争，同一切在政治、经济、文化、社会等领域出现的困难和挑战作斗争。简言之，我们必须进行具有许多新的历史特点的伟大

斗争。为此，就必须始终不渝、毫不动摇地坚持人民民主专政，不断推进国家治理体系和治理能力现代化的伟大进程，为更好地满足人民日益增长的对美好生活的需要提供坚强的制度和体制保障。

马克思恩格斯的中国观

——《马克思恩格斯论中国》导读

　　《马克思恩格斯论中国》是马克思、恩格斯研究中国问题成果的集成，是马克思、恩格斯运用辩证唯物主义和历史唯物主义基本原理分析具体社会历史事件、特定民族与地区历史及命运的光辉典范。学习与研究马克思、恩格斯关于中国问题的相关论述，可以帮助我们掌握马克思主义的基本立场、观点与方法，对我们反思中国的历史、理解中国的现实有着十分重要的理论与实践意义。

一、历史背景和写作原因

在马克思和恩格斯的理论研究与革命实践中，他们以极大的热情对中国问题给予了持续的关注，这是由他们所处的历史背景和他们自觉承担的历史使命决定的。

自 18 世纪 60 年代始，西方国家相继进行了工业革命。为满足工业生产的需要，以英国为首的资本主义国家在世界范围内强占原料产地、抢夺商品市场，从而将亚、非、拉广大地区强行纳入资本主义体系。作为这一过程的亲历者与观察者，马克思和恩格斯把剖析资本主义生产方式作为自己的理论兴趣和历史使命；而要真正揭示资本主义生产方式的内在矛盾和发展趋势，就必须站在世界历史的高度去进行研究，这就必然涉及中国。为争夺中国市场，英国于1840—1842 年发动了第一次鸦片战争，从而将中国强行拉入资本主义的世界市场体系。19 世纪 40 年代，马克思和恩格斯就开始关注发生在中国的事情，在各种著作中多次论及中国。1851—1864 年，中国爆发了世界历史上规模空前的太平天国农民起义，1856—1860 年英国又联合法国、美国发动了规模更大的第二次鸦片战争。这两件轰动世界的大事使中国吸引了全世界的目光，马克思和恩格斯也给予了中国以高度的关注，这一时期他们在各种著作与私人信件中都经常谈及中国问题，特别是他们作为《纽约每日论坛报》的特约通讯员专门写作了大量关于中国的通讯报道或社论，还原了鸦片战争的真相与实质，分析了中国的历史、现实与未来走向。晚年的马克思、恩格斯对中国的时政仍然十分关心，特别是恩格斯对晚清的中国政局作了很多精辟的论述。

马克思和恩格斯研究中国问题也是出于他们从事无产阶级革命斗争实践

的需要。1848 年欧洲革命遭到失败，工人运动陷入低潮，马克思和恩格斯将目光更多地投向东方，关注被压迫民族的命运，希望从中找到革命的希望与曙光，为无产阶级革命制定策略和原则。虽然他们并未直接参与中国的革命运动，但他们认为中国革命是世界革命的重要部分，他们从道义上给予中国的民族抗争以支持，从理论上为中国的未来指明方向，他们对中国问题的研究构成了他们革命思想与革命实践的重要环节。

二、主要内容和基本理论

《马克思恩格斯论中国》分为两个部分，第一部分是马克思、恩格斯关于中国的专题文章，第二部分是马克思、恩格斯关于中国的重要论述辑录。

第一部分收录的是 1853 年 5 月到 1862 年 7 月马克思、恩格斯写作的 18 篇关于中国的专题文章。在这些文章中，马克思、恩格斯严厉谴责了西方列强对中国进行的侵略与掠夺、揭露了鸦片贸易的危害与鸦片战争的实质、全面分析了近代中国的社会状况、预测了中国及中国革命的未来命运。

《英中冲突》、《议会关于对华军事行动的辩论》、《英人在华的残暴行动》等文章，马克思、恩格斯基于大量外交公函、官方文件、议会记录和法律条文，还原了英国政府发动对华战争的策划过程、揭露了英国政府为掩盖其罪恶目的编造的种种谎言。

《欧洲的金融危机。——货币流通史片断》、《帕麦斯顿内阁的失败》、《英国即将来临的选举》、《鸦片贸易史》、《英中条约》、《新的对华战争》、《对华贸易》、《英国的政治》、《中国记事》等文章，马克思、恩格斯援引大量文献资料和统计数据指出：英国的鸦片贸易给中国造成了严重的危害、鸦片战争是"无比残忍的蹂躏屠杀"；英国政府发动战争的根本目的是强占海外市场、掠夺资源与财富以满足资产阶级的贪欲；西方媒体对战争事实的扭曲、对中国人民的污蔑是受政治立场和经济利益的驱动。

《中国和英国的条约》、《俄国在远东的成功》、《俄国的对华贸易》等文章，马克思和恩格斯揭示了欧洲列强将中国作为掠夺对象、争相抢夺在华利益的真相，特别是指出了沙皇俄国侵吞中国领土与财富的野心和阴谋。

《中国革命和欧洲革命》、《波斯和中国》、《英国对华的新远征》等文章，马克思和恩格斯表达了对中国人民反抗斗争的同情与支持，指出了西方列强的侵略和清政府的压迫必然激起人民的革命斗争，预测了旧中国的死亡和中国革命对欧洲革命与全世界无产阶级革命事业的影响。

第二部分精选了马克思和恩格斯 19 世纪 40 年代至 90 年代撰写的各种著作和书信中有关中国的重要论述。这些论述分为三辑：第一辑是 19 世纪 40 年代至 60 年代的著述中关于中国的论述；第二辑是《资本论》中关于中国的论述；第三辑是 19 世纪 60 年代至 90 年代的著述中有关中国的论述。内容涉及中华文明对世界文明的贡献、近代中国的社会经济结构、资本主义生产方式对中国社会的冲击与影响、鸦片战争的罪恶实质、中国及中国革命的前途命运等一系列问题。

阅读这部著作要掌握的基本理论有：

（一）生产方式的落后决定落后挨打理论

在考察人类社会历史时，马克思和恩格斯始终坚持历史唯物主义的基本立场，即从现实的人及其物质生活出发，把同一定的生产力相联系的占统治地位的生产方式（即社会经济结构），理解为各个具体历史时期整个社会生活的基础和具有决定性的因素。马克思和恩格斯对近代中国走向衰落、两次鸦片战争失败原因的分析就是基于这一历史唯物主义的基本立场。

马克思指出，鸦片战争是中国历史的转折点。"满族王朝的声威一遇到英国的枪炮就扫地以尽，天朝帝国万世长存的迷信破了产"①。但是，马克思和恩格斯认为，近代中国苦难遭遇的根本原因是"社会基础停滞不动，而夺得政治上层建筑的人物和种族却不断更迭"②。两千多年来，虽然中国政权更迭频繁，

---

① 《马克思恩格斯论中国》，人民出版社 2018 年版，第 6 页。
② 《马克思恩格斯论中国》，人民出版社 2018 年版，第 122 页。

但其社会基础即社会经济结构直到近代也未发生根本性的改变。相对于西方国家正在进行或已经完成工业革命、资本主义生产方式已经占据统治地位，19世纪的中国仍然是以"小农经济和家庭手工业为核心"①的社会经济结构。落后的经济状况是近代中国社会政治状况、精神文化状况、对外交往状况的基础，从根本上决定了整个国家的衰弱与落后挨打。

第一，在小农业和家庭手工业相结合的社会经济结构下，生产力和商业长期停留在比较低下的水平。落后的生产方式阻碍了整个经济与社会的发展，在遭遇先进生产方式时，"以手工劳动为基础的中国工业经不住商业的竞争。牢固的中华帝国遭受了社会危机。"

第二，以小农经济为基础，中国在政治上是腐朽落后的封建专制制度。"正如皇帝通常被尊为全中国的君父一样，皇帝的官吏也都被认为对他们各自的管区维持着这种父权关系"，"家长制的权威"和"庞大的国家机器"统治着当时的中国，它对内实行专制统治，对外长期实行闭关自守的政策。闭关锁国的政策极大地阻碍了中国社会的发展，锁国的大门一旦被打开，就迎来旧的政治制度和统治方式的解体与失灵，"随着鸦片日益成为中国人的统治者，皇帝及其周围墨守成规的大官们也就日益丧失自己的统治权。"

第三，与自给自足的小农经济和闭关锁国的政策相适应，中国在精神文化上安于现状、保守落后。19世纪的中国处于一个这样的境况："一个人口几乎占人类三分之一的大帝国，不顾时势，安于现状，人为地隔绝于世并因此竭力以天朝尽善尽美的幻想自欺。"中国的皇帝及官吏"墨守成规"，中国的人民长期处于"愚昧状态"。在资本主义狂飙猛进的时代，中国像一块"活的化石"，作为"陈腐世界的代表"与时代潮流格格不入。

第四，自给自足的小农经济是妨碍西方工业品打开中国市场的主要因素。小农经济造就了中国人的节俭和物质需要的简单化，"没有需要以及对传统服式的偏爱，这些是文明商业在一切新市场上都要遇到的障碍。"②当价廉物美的

---

① 《马克思恩格斯论中国》，人民出版社 2018 年版，第 79 页。

② 《马克思恩格斯论中国》，人民出版社 2018 年版，第 113 页。

西方工业品难以从中国市场大量获利时，急于扩大贸易与获取财富的西方国家就"用强力清除这些障碍"①。

以落后的生产方式为基础，19世纪的中国封闭落后、积贫积弱，"它很虚弱，很衰败，甚至没有力量经受人民革命的危机，在这里，就连一场激烈爆发的起义也都变成了看来无法医治的慢性病；它很腐败，无论是控制自己的人民，还是抵抗外国的侵略，一概无能为力。"腐败无能的政府无法有效地管理整个社会生活、无力化解国内严重的社会危机；在与西方资本主义和现代文明的碰撞中，虚弱而衰败的国家无法抵御外敌的入侵，以致中国最终陷入半殖民地半封建社会，任人宰割。

马克思、恩格斯对中国封建社会经济、政治、文化、民生状况的描写淋漓尽致；对中国封建统治者的腐败无能的刻画入木三分；对中国积贫积弱被动挨打原因的揭露准确深刻。

（二）内外因辩证关系理论

马克思和恩格斯认为，近代中国走向衰落、最终沦为西方列强宰割对象的根本原因，当然首先要从中国社会内部、从经济领域中寻找。但是，他们同时指出，正是在资本主义逐利本性的支配下，中国成为西方列强掠夺的对象，"摇摇欲坠的亚洲帝国正在一个一个地成为野心勃勃的欧洲人的猎获物。"为了获取巨额经济利益，英国人"用大炮强迫中国输入名叫鸦片的麻醉剂"，从而开启了悲惨的中国近代史。"中国在1840年战争失败后被迫付给英国的赔款、大量的非生产性的鸦片消费、鸦片贸易所引起的金银外流、外国竞争对本国工业的破坏性影响、国家行政机关的腐化，这一切造成了两个后果：旧税更重更难负担，旧税之外又加新税"，"所有这些同时影响着中国财政、社会风尚、工业和政治结构的破坏性因素，到1840年在英国大炮的轰击之下得到了充分的发展"。② 西

---

① 《马克思恩格斯论中国》，人民出版社2018年版，第111页。
② 《马克思恩格斯论中国》，人民出版社2018年版，第7页。

方列强的侵略加速了中国的衰落、加重了中华民族的灾难，促使中国传统的社会经济结构与建基于其上的封建王朝崩溃。

在西方列强的坚船利炮中，中国被迫结束其闭关自守的状态，卷入资本主义的世界体系之中，从而也对世界历史的发展产生其独特影响。在马克思和恩格斯看来，资本主义生产方式的根本特征决定了资本主义国家周期性的经济危机，当时中国的太平天国革命则会加速西方经济危机和政治革命的到来。因为，中国内部的不安定、革命所激起的仇英情绪，会给英国的出口贸易造成极大的障碍，"中国的起义不仅中断了同印度的鸦片贸易，而且也使对外国工业品的购买停止下来"；战争的爆发使白银持续向亚洲流动，使欧洲金银储备不断降低，极有可能引发欧洲的经济危机，经济危机则将带来政治革命。据此，马克思认为，"中国革命将把火星抛到现今工业体系这个火药装得足而又足的地雷上，把酝酿已久的普遍危机引爆，这个普遍危机一扩展到国外，紧接而来的将是欧洲大陆的政治革命。"[①]

马克思主义哲学告诉我们，事物的发展是内外因共同作用的结果，其中内因是事物变化发展的内在动力和根本原因，外因是事物变化发展的外在条件，外因通过内因对事物的发展起到延缓或促进的作用。马克思和恩格斯对近代中国状况与世界的关系、中国革命对世界革命形势的影响进行的分析中，蕴含了内外因辩证关系的原理。

（三）磨难与抗争促进社会发展理论

中国是东方文明的代表，有着悠久的历史和灿烂的文化，中国古代文明对世界文明的进程作出了巨大贡献。近代以来，中国却走向了衰落，西方列强侵犯中国的主权、掠夺中国的财富、毒害中国人民，给中国带来了深重的民族灾难。在马克思和恩格斯看来，中国近代史以一系列悲惨的事件作为开端，但是，中国人民遭受的苦难背后蕴藏着新纪元的曙光，"有一点是肯定无

---

① 《马克思恩格斯论中国》，人民出版社 2018 年版，第 11 页。

疑的，那就是旧中国的死亡时刻正在迅速临近。"他们相信，中国一定会在磨难与抗争中实现社会的发展。马克思和恩格斯对中国前途命运作出上述判断的依据是：

第一，中国必然掀起反对侵略者的人民战争。侵略者的暴行会激起中国人民"'保卫社稷和家园'的战争"，这是"一场维护中华民族生存的人民战争"。面对人民战争的汪洋大海，强大的侵略者将无计可施，"如果中国人发起全民战争来抵抗他们，如果野蛮人毫无顾虑地运用他们善于运用的唯一武器，英国人又怎么办呢？"

第二，新的工业文明必然建立。资本主义国家用暴力的方式强行打开中国的国门，这一方面给中国带来了深重的灾难，另一方面也从客观上引进了先进生产力，促进新的工业文明的建立。资本主义国家的侵略战争给古老中国以致命的打击，也给中国人民上了深刻的一课，"闭关自守已经不可能了；即使是为了军事防御的目的，也必须敷设铁路，使用蒸汽机和电力以及创办大工业。这样一来，旧有的小农经济的经济制度（在这种制度下，农户自己也制造自己使用的工业品），以及可以容纳比较稠密的人口的整个陈旧的社会制度也都在逐渐瓦解。"

第三，中国已进入社会主义革命的前夕。随着资本主义国家的入侵，中国人民的生活陷入困顿，必然发动针对封建统治者的斗争。"但更糟糕的是，在造反的平民当中有人指出了一部分人贫穷和另一部分人富有的现象，要求重新分配财产，甚至要求完全消灭私有制"。因此，马克思和恩格斯断言，与欧洲社会主义不同的"中国社会主义"必然出现，"世界上最古老最巩固的帝国八年来被英国资产者的印花布带到了一场必将对文明产生极其重要结果的社会变革的前夕。"①

中国近代以来社会发展的历史，充分证实了马克思、恩格斯的分析和预言。在马克思、恩格斯撰写这些分析中国问题文章的半个世纪后，马克思主义传到中国，并成为中国共产党人带领中国人民争取民族独立和人民解放的指导

---

① 《马克思恩格斯论中国》，人民出版社 2018 年版，第 134 页。

思想；经过 28 年的浴血奋战，我们推翻了"三座大山"，建立了新中国。又经过近七十年的艰苦探索，我们把马克思主义与中国具体实际相结合，最终创立了中国特色社会主义。实践证明，中国特色社会主义道路是实现社会主义现代化、创造人民美好生活的必由之路，中国特色社会主义理论体系是指导党和人民实现中华民族伟大复兴的正确理论，中国特色社会主义制度是当代中国发展进步的根本制度保障，中国特色社会主义文化是激励全党全国各族人民奋勇前进的强大精神力量。中国社会主义现代化建设所取得的伟大成就，使马克思主义在二十一世纪的中国焕发出强大生机活力。

三、时代价值和现实意义

马克思和恩格斯对中国问题的分析中，蕴含了一系列重要的观点和方法，这些观点与方法对我们反思历史、理解今天中国的现实具有十分重要的启示意义。

（一）通过改革进一步全面解放与发展生产力

从唯物史观出发，马克思和恩格斯正确地指出，中国经济与社会发展滞后以致落后挨打的根本原因在经济领域，在落后的生产力及生产方式。落后就会挨打，这个教训我们应当始终牢记。经过四十年的改革开放，中国已经成为世界第二大经济体，人民生活水平显著提高、国家实力极大提升，中国早已摆脱了落后地位，从一定程度上来说我们已经"发展起来"。回顾改革开放四十年的经历，其核心逻辑十分清楚，那就是以经济建设为中心，不断地解放和发展生产力。今天，在新的历史起点上，中国的任务更加艰巨、面对的挑战更加复杂，但是，我们仍然要清醒地认识到我国仍将长期处于社会主义初级阶段，以及仍然是世界上最大的发展中国家的基本事实。因此，我们不能满足于已经取得的成就，而要看到与西方发达国家的差距，继续坚持以经济建设为中心，继续坚持解放和发展社会生产力。习近平明确指出："全面建成小康社会，实现社会主义现代化，实现中华民族伟大复兴，最根本最紧迫的任务还是进一步解放和发展社会生产力。"要解放和发展生产力，就需要根据生产力的发展要求，不断地调整生产关系和上层建筑，这就要求我们根据现实的变化不断地进行改革。正如邓小平同志曾指出的："革命是解放生产力，改革也是解放生产力。"在中国特色社会主义建设的新时代，我们应当牢记中国共产党的革命者本色，根据社会基本矛盾运动的现实情况，全面地、深入地进行改革，坚定地破除体制机制的障碍，为经济与社会的发展注入强大的动力。

（二）从世界历史的观点出发看待中国的发展问题

马克思和恩格斯对近代中国遭受的凌辱表达了深切的同情，但是，他们对中国问题的分析并没有停留在道义的层面。在他们看来，资本主义的发展必然打破各民族原始封闭的状态，将一切民族纳入世界历史之中，各民族与地区间的发展必然成为一个互相影响、互相制约的过程。世界历史的形成是不可抗拒的趋势和潮流，问题仅仅在于不同的国家以何种方式、付出何种代价进入世界历史之中，封闭落后的中国付出的代价则无疑十分惨重。在马克思和恩格斯生活的年代，资本主义正处于用枪炮和工业产品开辟世界市场的过程中，开启并塑造了西方征服东方、东方从属于西方的世界历史。今天的中国处于世界百年未有之大变局和中国大发展的历史交汇期。一方面，伴随着一大批新兴大国和发展中国家的快速崛起，世界经济重心趋向多元、国际力量格局趋向均衡的态势愈加明显，社会主义、资本主义两种意识形态和社会制度的斗争产生了有利于社会主义的趋势。但是，大变局、大调整、大变革下的世界必定是博弈加剧、矛盾激化、冲突频发的世界，在实现中华民族伟大复兴的历史伟业中，我们必然面对许多具有新的特点的伟大斗争。另一方面，在世界历史的时代，没有一个民族和国家可以实现孤立的发展，每一个国家和民族都不可避免地感受到超越意识形态与民族隔阂的人类命运的休戚与共。中国成为世界大变局中主要"变量"的过程，是中国走向世界、融入世界的过程，实现中华民族复兴伟业的过程，也必然是中国向世界舞台中心迈进、引领世界历史前进的过程。中国需要世界，世界也需要中国。中国应当将自己置身于整个世界的发展格局之中，对整个世界的总体状况、自己的历史方位进行准确的判断，从而使自身的发展合乎世界历史发展的大趋势，并用自身的发展来推进人类文明的进步。闭关锁国给中国留下了沉重的教训，对外开放却给中国带来了巨大发展。正如习近平同志所说："改革开放是当代中国发展进步的活力之源，是决定当代中国命运的关键一招。"对外开放是我国的基本国策，是中华民族伟大复兴中国梦的必然选择，"改革不停顿、开放不止步"。在更加全面、深入和积极主动的对外开放中，一方面我们应当汲取人类文明一切优秀成果，与世界各国广泛交流与合作，与世界共同发展；另一方面我们又要坚定地走中国特色社会主义道路，我们不能消极地接受一切现存的国际秩序与价值观，我们要积极承担国际责任，主动参与塑造更加合理的国际秩序，倡导人类命运共同体的构建，为中国与世界的未来发展作出贡献。

（三）正确看待发展中的问题与矛盾

历史告诉我们，人类社会的一切阶段、一切社会形态都存在问题与矛盾，社会发展就是在发现问题、分析问题、解决问题的过程中实现的。发展的过程中，挫折与困难是难免的，但社会向上向前发展的总体趋势是确定无疑的。改革开放以来，中国在高速发展的过程中产生了诸多社会问题与矛盾，但是，我们不能因为问题的出现就盲目悲观，片面地把问题视为影响社会进步的不利因素，甚至对中国特色社会主义道路产生怀疑。应当明确，中国特色社会主义道路与社会问题的出现并非因果关系，发展过程中的问题不可避免，人们不断产生的新需要没有得到充分满足而产生矛盾本身就是社会发展的一种表现，社会问题和矛盾会给社会发展带来暂时性的困难与不便，但问题与矛盾同样蕴含着发展的机遇与突破点。因此，正确的态度是树立问题意识、直面问题，积极寻找解决问题、化解危机的路径和方法，将问题转化为社会发展的动力，在对各种困难与挫折的克服中实现社会的发展。

马克思主义百科全书
——《反杜林论》导读

  《反杜林论》是恩格斯同德国小资产阶级思想家杜林进行论战的著作。在这部著作中，恩格斯全面批判了杜林的唯心主义哲学、庸俗政治经济学和小资产阶级社会主义思想，系统阐述了马克思主义哲学、政治经济学和科学社会主义的基本原理，因此被称为"是一部马克思主义的百科全书"。列宁指出，这部著作和《共产党宣言》、《路德维希·费尔巴哈和德国古典哲学的终结》一样，是"每个觉悟工人必读的书籍"。

一、历史背景和写作原因

巴黎公社失败后，人们在反思失败经验教训的过程中，逐步把马克思主义与工人运动相结合，欧洲各国相继创立了社会主义政党，工人运动重新发展壮大起来。而资产阶级则在纠集各种反动势力，在残酷镇压工人运动的同时，竭力散布改良主义思想，试图从无产阶级内部来瓦解国际工人运动，使机会主义成为一种国际思潮。这种思潮也直接影响到德国。当时，德国在普法战争后刚刚实现了统一，德国的两个工人组织即社会民主工党（又称爱森纳赫派）和全德工人联合会（又称拉萨尔派）也实行了合并。这两个组织本来执行着根本对立的两条路线，可是在合并的过程中，爱森纳赫派"拿原则来交易"，对拉萨尔派作了无原则的妥协和退让，通过的《哥达纲领》是一个充满拉萨尔主义的机会主义纲领。结果在党内产生了消极的后果，在工人运动中造成的极大的混乱。这是杜林及其机会主义得以产生的历史条件。

杜林（1833—1921）曾任柏林大学讲师。他在 19 世纪 70 年代初，以社会主义"行家"和"改革家"的面貌出现，著书立说，扬言要在科学中实行一次完全的"变革"，实际上对马克思主义进行了全面的攻击。他于 1871—1875 年先后抛出三本大部头著作，即《国民经济学和社会主义批判史》、《国民经济学和社会经济学教程》和《哲学教程》，被恩格斯称之为"这三支论证大军被调来攻击所有前辈哲学家和经济学家，特别是马克思"。在哲学方面，他用形而上学机械论和唯心主义历史观反对辩证唯物主义和历史唯物主义；在经济学方面，他用庸俗经济学观点歪曲马克思的剩余价值学说；在社会主义理论方面，他用小资产阶级社会主义对抗科学社会主义。杜林的特点在于，打着社会主义的旗号，以社会主义"行家"和"改革家"的面貌出现，不仅提出了一套详尽的社会主义理论，还提出一个完备改造社会的计划，因此具有极大的欺骗性和蒙蔽性。杜林思想对德国社会主义工人党的思想统一产生了很坏的影响，对德国工人党的组织巩固造成了极大的危害。

为了加强德国工人党的思想统一和组织巩固，为了使国际工人运动健康发展，1876年9月，恩格斯在马克思的支持下，决定"把一切都搁下来去收拾无聊的杜林"，开始撰写一系列批判杜林《哲学教程》的论文。从1877年1月至5月，《前进报》以《欧根·杜林先生在哲学中实行的变革》为总标题，发表了恩格斯的这组论文。1877年7月，这组论文以《欧根·杜林先生在科学中实行的变革。一、哲学》为题，用单行本形式出版。论文发表后，立即在党内外引起极大反响。恩格斯约于1877年6—8月写完政治经济学编，约于1877年8月至1878年4月写完社会主义编。其中，政治经济学编的最后一章是由马克思亲自撰写的。《前进报》的学术附刊在1877年7—12月，以《欧根·杜林先生在政治经济学中实行的变革》为题发表了政治经济学编；1878年5—7月，以《欧根·杜林先生在社会主义中实行的变革》为题发表了社会主义编。1878年7月，又以《欧根·杜林先生在科学中实行的变革。二、政治经济学。社会主义》为题将全书合并出版，恩格斯写了序言。

《反杜林论》在马克思主义发展史上占有特殊重要的地位。这部著作彻底批判了杜林主义，划清马克思主义与杜林主义的界限，帮助德国社会民主党树立正确的世界观和方法论，大大提高了其政治素质和理论水平。这部著作也是马克思和恩格斯共同对"共产主义世界观的比较连贯的阐述"，即全面系统地阐述了马克思主义哲学、政治经济学和科学社会主义及其内在联系，阐明了辩证唯物主义和历史唯物主义是科学的世界观和方法论。

二、主要内容和基本理论

《反杜林论》由"三个版本的序言"、"引言"和"哲学"、"政治经济学"、"社会主义"三编构成的。

在"序言"中，恩格斯说明撰写《反杜林论》的历史背景、写作过程和出版情况。

"引言"，论述了科学社会主义产生的必然性及其世界观基础，阐明马克思主义哲学、政治经济学和科学社会主义三个组成部分的内在联系，是全书的总纲。

三编是哲学、政治经济学、社会主义。

第一编哲学，包括十二部分，分别阐述了马克思主义哲学的唯物论、辩证法、认识论、道德论、历史观等基本理论。

在"三、分类。先验主义"中，恩格斯分析了杜林陷入唯心主义的认识论根源，论述了唯物主义反映论的基本思想，是对杜林哲学体系的总批判。

在"四、世界模式"、"五、自然哲学。时间和空间"、"六、自然哲学。天体演化，物理学，化学"三部分中，恩格斯揭露杜林在世界统一性问题上的唯心主义和折衷主义错误，提出"世界的真正统一性在于它的物质性"的著名论断。

在"七、自然哲学。有机界"、"八、自然哲学。有机界（续完）"中，恩格斯批判杜林在生物进化和生命本质问题上的唯心主义观点，深刻揭示了生命运动的本质。

在"九、道德和法"中，恩格斯揭露杜林社会历史观上的唯心主义观点，阐述马克思主义真理观。

在"十、道德和法。平等"、"十一、道德和法。自由和必然"中，恩格斯批判杜林超历史、超阶级的"绝对平等""绝对自由"论，阐述马克思主义平等观和自由观。

在"十二、辩证法。量和质"、"十三、辩证法。否定之否定"中，恩格斯批判杜林对辩证法的歪曲，阐述马克思主义唯物辩证法的三个基本规律。

在"结论"中，恩格斯用十分辛辣、尖刻的笔调，对杜林哲学体系进行了总的揭露和批判。指出，"这个人大吹大擂叫卖自己的手艺和商品，不亚于最粗俗的市场小贩，而在他的那些大话后面却是空空如也，简直一无所有。"杜林是个江湖骗子。

第二编政治经济学，包括十个部分，批判杜林庸俗经济学理论，全面阐述马克思主义政治经济学基本理论。

"一、对象和方法"是政治经济学编的总纲。恩格斯阐述了政治经济学的研究对象和研究方法，论述了生产、交换和分配的辩证关系，区分了广义政治经济学和狭义政治经济学的研究范围，批判了杜林的资产阶级庸俗政治经济学观点和唯心主义方法论。

在"二、暴力论"、"三、暴力论（续）"、"四、暴力论（续完）"中，恩格斯全面系统地批判了杜林唯心主义的暴力论，说明经济的发展是私有制产生和发展的根本原因，甚至作为政治暴力的国家机器的发展变化也是由经济基础决定的；分析暴力在社会发展进程中产生的必然性，阐明了革命暴力在历史上的伟大的作用。在这三章中，恩格斯分析杜林暴力论所运用的方法太精彩了，像剥洋葱一样一层层地剥，最后揭露出杜林暴力论看似非常美妙实则十分荒唐。非常值得一读！

在"五、价值论"、"六、简单劳动和复合劳动"中，恩格斯批判杜林以历史唯心主义暴力论为基础的价值论，捍卫和阐述了马克思主义的劳动价值论。

在"七、资本和剩余价值"、"八、资本和剩余价值（续完）"、"九、经济的自然规律"中，恩格斯进一步批判杜林对马克思主义剩余价值理论的歪曲，阐述了资本、剩余价值及利润、利息、地租等理论。

"十、《批判史》论述"，是马克思写的。马克思揭露和批判杜林对前人所采取的虚无主义态度，对前人的经济学说给予科学合理的分析和评价。

第三编社会主义，包括五个部分，批判杜林小资产阶级社会主义，全面阐述科学社会主义理论。

在"一、历史"中，恩格斯批判杜林对空想社会主义的虚无态度，分析空想社会主义产生的历史背景、经济条件和阶级基础，科学评价三位著名空想社会主义者的理论贡献和历史局限。

在"二、理论"中，恩格斯深刻分析资本主义生产方式的内在矛盾，揭示资本主义必然灭亡、社会主义必然胜利的客观规律，阐明了共产主义的主要特征。这是社会主义编中最重要的一章。

在"三、生产"中，恩格斯批判杜林研究社会问题的历史唯心主义方法论，揭露其在"共同社会"中保留资本主义所有制和旧式分工的反动实质。

在"四、分配"中，恩格斯围绕杜林在分配领域里的反动观点，进一步揭露杜林"共同社会"的资本主义实质，阐述了马克思主义关于商品、价值和货币的基本原理。

在"五、国家、家庭、教育"中，恩格斯批判杜林在上层建筑和社会生活方面的资产阶级观点，阐述马克思主义关于国家、宗教、家庭、教育和婚姻问题上的一些基本理论。

这里需要说明的是，随着工人运动的发展，欧洲各国无产阶级政党和广大工人群众迫切需要用科学社会主义理论武装自己，以便更加清醒地同各种错误思潮划清界限，更加自觉地坚持正确的斗争方向。1880年，恩格斯应法国工人党领袖的请求，把《引论》的第一章《概论》、第三编《社会主义》的第一章《历史》和第二章《理论》补充和修改，编成一本阐述科学社会主义理论的独立著作，起名《空想社会主义和科学社会主义》；1883年德文单行本出版时改用《社会主义从空想到科学的发展》。因此，为了避免重复，与此相关的内容请阅读《社会主义从空想到科学的发展》导读。

阅读这部著作要掌握的基本理论有：

（一）意识本质理论

如何看待世界的本源，是划分唯物主义和唯心主义的唯一标准。杜林主张"原则在先"，认为原则是先于客观事物而存在的，原则构成现实世界。所谓原则，是先于世界形成而存在于某个地方的模式、方案或范畴。也就是说，杜林认为模式、方案或范畴是客观世界的本原。恩格斯指出：原则不是研究的出发点，而是它的最终结果；这些原则不是被应用于自然界和人类历史，而是从它们中抽象出来的；不是自然界和人类去适应原则，而是原则只有在符合自然界和历史的情况下才是正确的。这是对事物的唯一唯物主义的观点。

恩格斯通过对意识、思维与外部世界的关系的考察，提出关于意识的本质的基本观点。他说："如果进一步问：究竟什么是思维和意识，它们是从哪里来的，那么就会发现，它们都是人脑的产物，而人本身是自然界的产物，是在自己所处的环境中并且和这个环境一起发展起来的；这里不言而喻，归根到底也是自然界产物的人脑的产物，并不同自然界的其他联系相矛盾，而是相适应的。"① 意识是自然界长期发展的产物，是人脑的机能，是对客观存在的反映，这个结论已经被科学研究成果所证实。恩格斯揭示了人类认识过程的有限性与无限性的辩证法：一方面，要毫无遗漏地从所有的联系中去认识世界体系；另一方面，无论是从人们的本性或世界体系的本性来说，这个任务是永远不能完成的。这个矛盾是推动所有智力进步的主要杠杆，它在人类认识无限的前进发展中一天天不断得到解决；所以，人类的认识过程是有限性与无限性的统一。

（二）世界真正统一性在于它的物质性理论

杜林从"原则在先"理论出发，认为世界是统一存在的，这个"统一"是由"我们的统一思想"来完成的。一切思维的本质都在于把事物综合为一个统一体，所以，存在一旦被思考就成为统一的东西，现实的世界也就成为不可分割的统一体。恩格斯指出，这个观点是完全错误的。第一，思维既有综合能力，也有分析能力，而且"没有分析就没有综合"，二者是相辅相成的。第二，思维只能把客观上本来就是统一的东西综合为一个统一体。恩格斯举了一个非常生动的例子，如果把鞋刷子综合在哺乳动物的统一体中，它也决不会因此而长出乳腺来。所以，杜林企图以思维和存在的同一性去证明思维产物的现实性，这正是一个叫作黑格尔的人所说的最荒唐的热昏的胡话之一。

恩格斯从正面阐述了世界统一性的原理。他指出："世界的真正的统一性在于它的物质性，而这种物质性不是由魔术师的三两句话所证明的，而是由哲

---

① 恩格斯：《反杜林论》，人民出版社 2018 年版，第 35—36 页。

学和自然科学的长期的和持续的发展所证明的"。这段话既回答了世界统一于什么的问题，也回答了如何证明世界统一性的问题。世界的统一性也就是世界的本原问题，是一个古老而带有根本性的问题，哲学家们正是基于对这个问题的不同回答而划分成唯物主义和唯心主义两大派别。恩格斯提出的"世界的真正统一性在于它的物质性"的命题，是辩证唯物主义关于世界统一性原理的经典表述；而这个原理需要由"哲学和自然科学的长期的和持续的发展所证明"的观点，则体现了唯物论和辩证法的统一。

恩格斯针对杜林把物质的存在与时间、空间割裂开来的错误观点，论证了时间和空间是物质存在的基本形式。他指出，一切物质形态都是存在于空间和时间之中，如果说还有存在时间和空间以外的事物，那是非常荒诞的。时间和空间是物质存在的基本形式。所谓时间是指物质运动所呈现的持续性、顺序性；所谓空间是指物质的广延性、结构性和并存性。因此，没有不通过一定时间和空间形式表现出来的物质，也没有不包含一定物质过程的时间和空间。时间、空间和物质是不可分割的。

杜林把物质和运动分裂，认为物质是绝对不动的。恩格斯指出：运动是物质的存在方式。无论何时何地，都没有也不可能有没有运动的物质，物质和运动不可分割。没有运动的物质和没有物质的运动一样，是不可想象的。因此，运动和物质本身一样，是既不能创造也不能消灭的，这一个道理已经被人类的实践和科学的发展所证明。恩格斯指出，物质运动的形式是多种多样的，并根据当时自然科学的成就将自然界的运动形式概括为四种：机械运动、物理运动、化学运动和生命运动。这些运动形式之间既有区别又有联系，高级运动形式包含着低级运动形式，各种运动形式在一定条件下可以相互转化。

恩格斯还论述了运动的绝对性和静止的相对性。所谓相对静止表现为两种情形：一是指事物在运动过程中，相对于某个确定的参照系来说不具有某种特定的运动形式；如以房子为参照系，认为房子里的家具是静止的；实际上，家具不仅随着地球转动在运动，而且自身的分子结构等也在运动。二是指事物的相对稳定性，即事物处于量变的过程中，没有发生质的变化；这种稳定性是有条件的、暂时的。所以，从辩证的观点来看，运动可以通过它的对立面即静止表现出来，这根本不是什么困难。一切静止都是相对的，绝对的静止、无条件的平衡是不存在的。

总之，恩格斯所阐述的关于世界的统一性在于它的物质性，时间和空间是物质存在的基本形式，运动是物质的存在方式等原理，构成辩证唯物主义的科学物质观，它是马克思主义哲学的基础。

（三）思维的至上性与非至上性关系理论

杜林认为，真正的真理是根本不变的，是不受时间、地点和条件的限制的。这就是说，人具有"思维的至上性"，即绝对性、无限性和无条件性，可以无条件地完满地认识绝对无限的宇宙，人的思维具有"无条件的真理权"。

针对杜林的观点，恩格斯着重阐明了三个问题。

第一，思维能力的至上性与非至上性的辩证关系。所谓思维的至上性是指思维能力的无条件性、无限性和绝对性；那么，承认思维的至上性，就意味着承认思维产物具有无条件的真理权。所谓思维的非至上性是指思维能力的有条件性、有限性和相对性；那么，承认思维的非至上性，就意味着否认思维产物具有无条件的真理权。恩格斯把人区分为人类整体和具体个人，从认识能力和认识结果两个方面进行了阐述。就认识能力来说，世代延续的人类整体的认识能力是无限的，思维是至上的；而每个具体个人的认识能力是有限的，思维是非至上的。从认识的结果看，整个人类认识的结果是无条件的、绝对的和至上的；每个具体个人认识的结果是有条件的、相对的和非至上的。然而，人类思维与具体个人的思维不能截然分开。人类思维通过个人思维表现出来，绝对的认识寓于相对的认识之中。所以，思维的至上性和非至上性的矛盾，实质上是认识的无限性和有限性、真理性的绝对性和相对性的矛盾。这一矛盾只能通过人类生活的无限延续才能得到解决。

第二，真理的条件性和相对性。恩格斯尖锐地指出，杜林在小事情上玩弄大字眼，把人们一切认识成果都说成"永恒成果"，把一些极简单的事实当作永恒真理，那是没有任何意义的；它只能把永恒真理、绝对真理庸俗化，而绝不能使人的认识向前发展。真理性的认识是一个在社会实践基础上不断发展的过程，是一个从相对真理走向绝对真理的过程。

第三，真理和谬误的对立统一关系。恩格斯指出，在特定的范围内，真理就是真理，谬误就是谬误，二者之间存在着原则界限和本质区别，是不容混淆的。但是，二者的对立并不是绝对的、无条件的。"真理和谬误，正如一切在两极对立中运动的逻辑范畴一样，只是在非常有限的领域内才具有绝对的意义。""只要我们在上面指出的狭窄的领域之外应用真理和谬误的对立，这种对立就变成相对的，……如果我们企图在这一领域之外把这种对立当做绝对有效的东西来应用，那我们就会完全遭到失败。"离开特定的范围，真理和谬误作为对立的两极都会向自己的对立面转化，真理变成谬误，谬误变成真理。恩格斯列举了著名的波义耳定律来证明自己的观点，表达了一个非常著名的思想：每一个真理性的认识中所包含的需要改善的东西，无例外地总是要比不需要改善的或正确的东西多得多。因此，没有什么永恒真理，人的认识是一个辩证的发展过程。告诫我们自觉注意认识的局限性，说话办事一定要留有余地。

（四）马克思主义平等理论

杜林认为，社会分解为最简单的要素，是两个意志彼此完全平等的人，而且一方不能一开始就向另一方提出任何肯定的要求，这是道德正义的基本形式。恩格斯指出，杜林所主张的两个人或两个人的意志就其本身而言是彼此完全平等的，这不仅不是公理，甚至是过度的夸张。因为，两个人在性别上可能就是不平等的。如果暂时接受杜林的童稚之见，社会最简单的要素不是两个男人，而是一个男人和一个女人，他们建立了家庭，即以生产为目的的社会结合的最简单的和最初的形式。但是，这丝毫不合杜林的心意。一方面，必须使这两个社会奠基者尽可能地平等。另一方面，甚至杜林也不能从原始家庭构造出男女之间的在道德上和法律上的平等地位。这样就导致二者必居其一的结果：或者是杜林所说的通过自身繁衍而建立起整个社会的社会分子一开始就注定要灭亡，因为两个男人是永远不能生出小孩来的；或者是我们必须设想他们是两个家长。在这种情况下，十分简单的基本模式就转成自己的反面：它不是证明人的平等，而最多只是证明家长的平等，而且因为妇女是不被理睬的，所以还证明妇女的从属地位。杜林的这种观点显然是为那种可以变成压服的不平等辩护的。

恩格斯回顾了平等观念发展的历史过程。他指出，一切人作为人来说都有某些共同点，在这些共同点所及的范围内是平等的。这样的观念是非常古老的。现代的平等要求是：一切人，或至少是一个国家的一切公民，或一个社会的一切成员，都应当有平等的政治地位和社会地位。资产阶级在自身发展的过程中，为了摆脱封建桎梏和消除各种政治特权，提出自由、平等的要求，并且很自然地被宣布为人权。这种人权的特殊资产阶级性质的典型表现是美国宪法：它最先承认了人权，同时确认了存在于美国的有色人种奴隶制，种族特权被神圣化。

伴随着资产阶级的成长，无产阶级也逐步成长起来，并提出了自己的平等观念。资产阶级的平等观念是消灭阶级特权，而无产阶级的平等观念是消灭阶级本身。因此，平等不仅仅是表面的，不仅仅是在国家领域中实行，它应当是实际的，应当在社会的、经济的领域中实行。无产阶级所提出的平等要求有双重意义：一是对明显的社会不平等，对富人和穷人之间、主人和奴隶之间、骄奢淫逸者和饥饿者之间的对立的自发反应，只是革命本能的表现；二是从资产阶级平等要求中吸取某些思想资源，成为发动工人起来反对资本家的鼓动手段。恩格斯强调，无产阶级平等要求的实际内容是消灭阶级。任何超出这个范围的平等要求，必然要流于荒谬。

（五）唯物辩证法三个基本规律理论

批判杜林否认事物矛盾的观点，论述事物发展的矛盾规律。恩格斯指出，杜林"矛盾就是真理"的观点是常识，但是常识不等于科学。他运用举例的方法论证了矛盾的客观性和普遍性，如机械运动本身就是矛盾、生命就是矛盾、思维就是矛盾、数学充满矛盾等。他特别提出一个重要命题："运动本身就是矛盾"。就是说，矛盾客观地存在于事物和过程本身之中，是一切运动、变化、发展的源泉；事物的运动都是由其内部所包含的矛盾引起的。把矛盾和运动联系在一起进行考察是很有意义的。因为只有坚持用运动变化的观点去观察事物，才能看到事物自身的运动；只有用矛盾分析的方法去观察运动，才能把运动看成是事物自身的运动。既然矛盾规律是事物的普遍规律，那么，矛盾分析方法就是研究一切事物发展过程必须应用的根本方法。

驳斥杜林对《资本论》的歪曲，阐述质量互变规律的客观性和普遍性。恩格斯指出，马克思不是根据黑格尔量转化为质的规律才得出预付款项达到一定界限时就变为资本，恰恰相反，马克思说："只有当价值额达到虽然因条件不同而有所不同但在每一个场合都是一定的最低限量时，它才能转化为资本——这一事实是黑格尔规律的正确性的证明。"这就是说，质量互变规律是客观的规律，不是单纯证明的工具。恩格斯又举出自然界和社会生活中大量事例，进一步说明质量互变规律的客观性和普遍性。恩格斯还论述了质量互变规律的基本内容，说明质量互变是由事物内部矛盾引起的，事物的运动变化呈现出两种状态，一是量变，二是质变。首先是量变，由量变到质变，又由质变到新的量变，循环往复，以至无穷。发展是在量变基础上由旧质向新质的飞跃，是阶段性和连续性的统一。

揭露杜林关于"辩证法的拐杖"的观点，系统阐述了否定之否定规律。杜林认为，马克思在《资本论》中所得出的关于资本主义必然被社会主义所代替、生产资料私有制必然被生产资料公有制所代替的结论，是依靠黑格尔否定之否定的"拐杖"。恩格斯指出：唯物辩证法是关于自然、人类社会和思维的运动和发展的普遍规律的科学，是科学的世界观和方法论，而不是单纯的证明工具。为了驳斥杜林的攻击，恩格斯举出大量事例论证否定之否定规律的客观性和普遍性，并得出结论说："否定的否定究竟是什么呢？它是自然、历史和思维的一个极其普遍的、因而极其广泛地起作用的、重要的发展规律；这一规律，正如我们已经看到的，在动物界和植物界中，在地质学、数学、历史和哲学中起着作用。"恩格斯阐述了辩证否定观与形而上学否定观的对立，揭示辩证否定观的实质。在形而上学者看来，否定就是简单说"不"，或宣布某一事物不存在，或用任何一种方法把它"消灭"。辩证的否定观认为，否定是事物的自我否定，否定是发展的环节，否定是联系的环节。否定就是"扬弃"。事物经过两次否定、三个阶段，大体完成一个周期。在否定之否定阶段，重复肯定阶段的某些特征、特点，但这是在更高阶段上的重复。这表明，发展是一个由低级到高级的前进上升运动，是旧东西的灭亡和新东西的产生；同时，发展又是一个螺旋式的曲线运动。因此，前进性和曲折性的统一，上升性和回复性的统一，是事物发展的趋势和道路，是否定之否定规律揭示的主题。

（六）生产、交换和分配的辩证关系理论

恩格斯为马克思主义政治经济学下了一个科学的定义："政治经济学，从最广的意义上说，是研究人类社会中支配物质生活资料的生产和交换的规律的科学。"由于人们在生产和交换时所处的条件，各个国家各不相同；而在每一个国家里，各个世代又各不相同，政治经济学不可能对一切国家和一切历史时代都是一样的。因此，"政治经济学本质上是一门历史的科学。"[①] 它所涉及的是历史性的即经常变化的材料；它首先研究生产和交换的每个个别发展阶段的特殊规律，然后再确立为数不多的、适用于生产一般和交换一般的、完全普遍的规律。不言而喻，这种普遍规律对于具有这种生产方式和交换形式的一切时期也是适用的。因此，政治经济学是研究人类社会支配物质生活资料生产和交换的普遍规律的科学。

恩格斯全面论证了生产、交换和分配之间的辩证关系。生产和交换是两种不同的职能，有着自己特殊的运动规律。但是，生产和交换又不能分离，两种职能在每一瞬间都互相制约、互相影响，表现出经济变动的曲线。随着历史上一定社会的生产和交换方式方法的产生，同时也产生了产品分配的方式方法；

---

① 恩格斯：《反杜林论》，人民出版社 2018 年版，第 155—156 页。

随着产品生产和交换方式方法的改变，产品的分配方式方法也必然随之发生改变。正是随着分配差别的出现，贫富发生分化，也出现了阶级差别，社会分为享有特权的和被特权损害的、剥削的和被剥削的、统治的和被统治的阶级，而由氏族公社发展而成的国家也有了特殊职能：即用暴力对付被统治阶级，维持统治阶级的生活条件和统治条件。

可是，分配并不仅仅是生产和交换的消极的产物，它反过来也影响着生产和交换。每一种新的生产方式或交换形式，在一开始的时候都不仅受到旧的形式以及与之相适应的政治设施的阻碍，而且也受到旧的分配方式的阻碍。新的生产方式和交换形式必须经过长期的斗争才能取得和自己相适应的分配。但是，某种生产方式和交换方式越是活跃，越是具有成长和发展的能力，分配也就越快地达到超过它的母体的阶段，达到同当时的生产方式和交换方式发生冲突的阶段。如古代氏族公社从产生财富多寡的差别发展到自身的解体，用了几千年的时间；现代资本主义生产则相反，它在短短的时期内已经造成分配上的对立：资本积聚于少数人手中，一无所有的群众集中于大城市。因此，资本主义必然要走向灭亡。

恩格斯特别指出，一个社会的分配方式与生产方式和交换方式是否相适应，经常表现在人民的情绪上。当一种生产方式处在自身发展的上升阶段，甚至在和这种生产方式相适应的分配方式下吃了亏的人也会欢迎这种生产方式。不仅如此，当这种生产方式对于社会还是正常的时候，满意于这种分配的情绪会占支配的地位。只有当这种生产方式自身已经没落，失去其存在的大部分条件时，这种越来越不平等的分配才被认为是非正义的。因此，"经济科学的任务在于：证明现在开始显露出来的社会弊端是现存生产方式的必然结果，同时也是这一生产方式快要瓦解的征兆，并且从正在瓦解的经济运动形式内部发现未来的、能够消除这些弊端的、新的生产组织和交换组织的因素。"可见，马克思主义的政治经济学，就是要从资本主义制度所表现出来的社会弊端中，挖掘出资本主义生产关系的内在矛盾，说明推翻资本主义制度、建立社会主义制度的必然性和合理性，揭示人类社会发展的一般规律。

（七）马克思主义的暴力理论

恩格斯全面而系统地批判了杜林唯心主义的暴力论，说明经济的发展是私有制产生和发展的根本原因，甚至作为政治暴力的国家机器的发展变化也是由经济基础决定的；阐明了革命暴力在历史上的伟大作用。

揭露和批判杜林把暴力作为私有财产产生和发展原因的观点，阐明了马克思主义关于经济与政治暴力关系的思想。杜林以著名的鲁滨逊奴役星期五的故事为依据，提出一个重大理论原则，即私有财产的产生源于直接的政治暴力，而不是经济力量。恩格斯针锋相对地指出，鲁滨逊为什么要奴役星期五呢？单是为了取乐吗？完全不是。鲁滨逊奴役星期五，只不过是要星期五为自己的利益来劳动。因为星期五以他的劳动所生产的生活资料，多于鲁滨逊为维持他的劳动能力而不得不给予他的东西。鲁滨逊要把星期五变成自己的奴隶，除了"手持利剑"之外，还必须掌握两种东西：第一，奴隶劳动所需要的工具和对象；第二，维持奴隶困苦生活所需要的资料。从这个故事可以推理出，只有当生产力发展到一定阶段，产品分配的不平等达到一定程度，奴隶制才有产生的可能性。虽然财产可以由掠夺而得，可以建立在暴力基础上，然而决不是必须经过暴力才能得到财产，也可以通过劳动、偷窃、经商、欺骗等办法取得。所以，财产必须先由劳动生产出来，然后才能被掠夺。这就是说，暴力只能改变财产的占有状况，但是决不能创造私有财产本身。

在此分析的基础上，恩格斯进一步批判杜林把暴力看成是一种单纯意志行为的观点，提出暴力本身就是一种经济力量的思想。恩格斯问道：鲁滨逊"手持利剑"奴役星期五。他是从什么地方得到这把利剑的呢？既然鲁滨逊可以获得利剑，同样可以设想星期五有朝一日将手握子弹上膛的手枪出现，那时全部"暴力"关系就颠倒过来了：星期五发号施令，而鲁滨逊则不得不做苦工。总之，手枪战胜利剑，说明暴力不是单纯的意志行为，要拥有某种暴力首先必须具备实现这种暴力的工具，相对而言，较完善的工具总是战胜较不完善的工具；那么，这些工具必然是生产出来的，其结果是较完善的武器生产者战胜较不完善的武器生产者。一句话，暴力的胜利是以武器的生产为基础的，而武器的生产又是以整个社会生产为基础的，因而是以"经济力量"、以"经济状况"，以可供暴力支配的物质手段为基础的。恩格斯以渊博的军事知识对军队与经济的关系作了深刻分析，说明在任何地方和任何时候，都是经济条件和经济上的权力手段帮助"暴力"取得胜利。恩格斯用戏谑的口吻告诫人们，谁要是依据杜林的原则来改革军事，那么，他除了挨揍是不会有别的结果的。

批判杜林关于人对自然界的统治是以人对人的统治为前提的观点，全面阐述了马克思主义的革命暴力思想。杜林认为，对自然界的统治，只是通过对人的统治才实现的；正是因为强迫人们从事奴隶劳役或徭役，才使大面积的地产经营成为可能。因此，阶级和阶级统治关系，不能用经济原因去说明，而只能用"直接奴役和剥夺"来说明。恩格斯指出，杜林在这里偷换了概念，为了证明人要征服自然界就必须先奴役别人，便直截了当地把"自然界"转换为"大面积的地产"，并且把这个不知谁的地产转换为大地主的财产。实际上，"对自然界的统治"和"地产的经营"决不是一回事。对自然界的统治历来就存在，而人对人的统治却是社会经济发展到一定阶段的产物。在社会发展的过程中，被统治者和被剥削者在任何时代都比统治者和剥削者多得多，所以真正的力量总是在前者手里，仅仅这一简单的事实就足以说明整个暴力论的荒谬性。

恩格斯全面评价了暴力在人类社会发展进程中的作用。杜林把暴力看作是绝对坏事，第一次暴力行为是原罪，暴力像恶魔一样歪曲了一切自然规律和社会规律。恩格斯指出，暴力在历史发展进程中起着两种作用：第一，一切政治权力起先都是以某种经济的、社会的职能为基础的，随着社会成员由于原始公社的瓦解而分成不同的阶级，政治权力为了维护阶级统治而不断得到加强。第二，政治权力随着社会发展而成为凌驾于社会之上的力量、政治权力拥有者从公仆变成主人以后，对经济的发展可以朝两个方向起作用：一是按照合乎经济发展规律的方向发生作用，推动经济发展加快速度；二是违反经济发展规律而发生作用，除去少数例外，它总是会在经济发展的压力下陷于崩溃。所以，当某一个国家内部的国家权力同它的经济发展处于对立地位的时候，斗争每次总是以政治权力被推翻而告终；经济发展总是毫无例外地和无情地为自己开辟道路。恩格斯在这里实际上已经阐述了社会发展的基本规律，即生产关系必须适合生产力的发展状况，上层建筑必须适合经济基础的发展状况。

恩格斯特别强调，暴力在历史中还起着另一种作用，即革命的作用。用马克思的话说，暴力是每一个孕育着新社会的旧社会的助产婆；它是社会运动借以为自己开辟道路并摧毁僵化的垂死的政治形式的工具。

三、时代价值和现实意义

《反杜林论》是马克思主义的经典著作，是马克思主义的"百科全书"，是"每个觉悟工人必读的书籍"。今天重新阅读这部著作会给我们许多启示。

（一）从整体上理解和把握马克思主义

马克思主义是由哲学、政治经济学、科学社会主义三个组成部分构成的。马克思主义哲学即辩证唯物主义和历史唯物主义，揭示了自然界、人类社会和思维运动的普遍规律，是建立在实践基础上的革命性和科学性高度统一的学说，是无产阶级及其政党的科学世界观和方法论体系，是整个马克思主义的理论基础。马克思主义政治经济学是研究资本主义社会以及共产主义社会生产关系的本质和运动规律的科学，是马克思主义理论最深刻、最全面、最详细的证明和运用，从而构成马克思主义的主要内容。科学社会主义则是以马克思主义哲学和政治经济学为理论依据，论证无产阶级解放斗争的性质、条件以及目的的学说，直接体现了无产阶级的利益和共产主义的理想，是整个马克思主义的核心。这三个部分并不是简单的相加，而是具有内在逻辑联系的有机统一的整体。

长期以来，在马克思主义研究的过程中，学界更多侧重于某个学科甚至某个观点的分门别类的研究，这对于深入马克思主义的研究是必要的，也是必然要经过的阶段。然而，正像恩格斯在《反杜林论》中批评自然科学"分门别类"研究方法所产生的弊端那样，这种研究方法"撇开宏大的总的联系去进行考察，因此，就不是从运动的状态，而是从静止的状态去考察；不是把它们看做本质上变化的东西，而是看做固定不变的东西；不是从活的状态，而是从死的状态去考察"。[①] 这种形而上学的研究方法，不仅遮蔽了马克思主义的整体性，背离马克思主义精神实质，削弱马克思主义的影响力和生命力；而且导致在实践中孤立地、片面地运用马克思主义的某个基本原理或断章取义地摘取经典作家的个别论断，并以此为依据来指导实践，必然造成实践中的失误。有些人把实践中的失误归罪于理论本身，因而对马克思主义的真理性产生了质疑。

马克思主义整体性研究的提出，是对马克思主义理论体系的审慎反思，是对马克思主义曲折发展历程的理性回应，也是对国际共产主义运动、社会主义实践历程的经验总结。马克思主义的整体性，从理论体系来说，是哲学、政治经济学、科学社会主义三大学说的内在有机统一；从实践维度来说，是立场、方法、观点的有机统一；从价值追求来说，是真理确信与价值认同、价值理想和价值现实、目的追求和实现手段的统一。因此，必须重视对马克思主义的整体性研究。在这一点上，恩格斯的《反杜林论》为我们作出了表率。

（二）通过人民的情绪来了解和把握社会发展的和谐度

恩格斯指出，一个社会的分配方式与生产方式和交换方式是否相适应，经常表现在人民的情绪上。当一种生产方式处在自身发展的上升阶段，甚至在和这种生产方式相适应的分配方式下吃了亏的人也会欢迎这种生产方式。只有当这种生产方式自身已经没落，失去其存在的大部分条件时，这种越来越不平等的分配才被认为是非正义的。这时人们才开始从已经过时的事实出发诉诸所谓的永恒正义。

如何通过人民群众的情绪来了解和把握当代中国社会的分配方式与生产方式和交换方式是否相适应，是摆在中国共产党人面前一个重大的课题。很显然当代中国社会的分配方式与生产方式和交换方式之间存在着诸多不相适应的方

---

① 恩格斯：《反杜林论》，人民出版社 2018 年版，第 20 页。

面，这是导致民众所关注的看病难、上学难、就业难、住房难、养老难等诸多社会问题的重要原因，也是全面深化改革的内在动力。

中国特色社会主义伟大事业正处在全面改革的深水区，任何一项改革措施都会触动一部分人的既得利益，使新情况新问题不断涌现，矛盾更加尖锐，冲突更加激烈，斗争更加复杂，搞不好就会引发群体性事件，甚至引发颠覆性危机。因此，在全面深化改革的过程中，必须处理好发展的速度、改革的力度和民众承受的程度之间的关系。发展是硬道理，解决中国所有问题的关键要靠自己的发展。改革是发展的动力，是走向现代化的必由之路。稳定是改革和发展的基本前提，没有稳定什么事情也办不成；所谓稳定，最根本的是满足人民群众日益增长的美好生活的诉求，让人民群众过上幸福生活。因此，我们必须根据不同时期的具体情况，统观全局，精心谋划，把改革的力度、发展的速度和社会可承受的程度协调统一起来，在社会政治稳定中推进改革发展，在改革发展中保持社会稳定和国家长治久安；要把改善人民生活作为正确处理改革发展稳定关系的结合点，增加改革措施、发展措施、稳定措施的协调性；凡是出台关系到民生问题的改革政策，一定要经过深入细致的调查研究，慎之又慎，考虑周全。一方面，要下定决心尽快解决好关系人民群众切身利益的重大问题，把最广大人民群众的切身利益实现好、维护好、发展好，把他们的积极性引导好、保护好、发挥好。另一方面，又要告诫广大人民群众，改革越深化、越要正确认识和处理各种利益关系，把个人利益与集体利益、局部利益与整体利益、当前利益与长远利益正确地统一和结合起来；着力引导群众正确看待各种利益关系，依法表达自己的利益诉求，理性选择满足利益诉求的途径，营造安定团结的社会氛围。只有这样，改革开放才能始终获得最广泛、最可靠的群众基础和力量源泉，使中国共产党人领导的改革开放的伟大事业，真正成为广大人民群众自己的事业。

自然辩证法学科的奠基之作

——《自然辩证法》导读

恩格斯在《自然辩证法》一书中运用辩证唯物主义世界观和方法论，概括了19世纪中叶自然科学的最新成就，论述了自然科学和哲学的关系，揭示了唯物辩证法的基本规律，批判了自然科学研究中的形而上学和唯心主义观点，为马克思主义自然辩证法学科奠定了理论基础。

一、历史背景和写作原因

恩格斯研究自然辩证法是为了适应当时阶级斗争的需要。19 世纪 70 年代，西欧各主要国家正处于大工业蓬勃发展的时期，尤其是电气工业和化学工业取得了巨大成就，资本主义开始由自由竞争时期向垄断时期过渡。资本主义大工业的发展引起了社会阶级斗争的尖锐化。巴黎公社失败后，西欧各国的工人阶级总结了巴黎公社的经验教训，先后建立了社会主义的工人政党。国际工人运动的中心已从法国转移到德国。但是，各国资产阶级为了维护自己的统治地位，不仅在政治上镇压和迫害无产阶级，同时在思想上企图瓦解无产阶级的革命意志，在理论上攻击和污蔑马克思主义哲学。无产阶级政党内部的机会主义派别，也从内部分裂无产阶级革命队伍。这些反马克思主义者除了打着各种"社会主义"的幌子，散布浅薄庸俗的折衷主义和调和矛盾的改良主义之外，还歪曲自然科学成果，制造许多荒谬的"理论根据"。他们用机械论和庸俗进化论来对抗革命的辩证法，用唯心主义、神秘主义和新康德主义来对抗历史唯物主义。如何打通哲学与自然科学的关系，能否用马克思主义哲学为指导来研究自然科学？这些问题尖锐地摆在马克思、恩格斯面前，必须作出相应的回答。

恩格斯研究自然辩证法是为了适应当时自然科学研究的需要。自然科学发展的最新成果愈来愈揭示出自然界发展的辩证过程，整个自然界被证明是一幅永恒运动、有机联系和不断发展的辩证图景。然而形而上学的自然观仍然统治着自然科学领域，形而上学的思维方式仍然牢牢地禁锢着多数自然科学家的头脑。自然科学中的辩证内容与顽固的形而上学思维方式的矛盾，使科学家们的理论思维处于极度混乱之中；在自然科学中出现了各种唯心主义流派，如以毕希纳为代表的社会达尔文主义、"生理学唯心主义"、"热力学唯心主义"、"数学唯心主义"以及形形色色的神秘主义。这一切极大地侵蚀着自然科学，严重地阻碍了自然科学的进一步发展。因此，马克思、恩格斯必须致力于自然辩证法的研究，以便为自然科学的研究提供科学的世界观和方法论。

恩格斯撰写《自然辩证法》也是对自己多年来自然科学研究成果的总结。早在19世纪50年代，恩格斯就已经注意到能量守恒与转化定律和细胞学说的伟大成就。1859年，达尔文的《物种起源》刚刚问世，他立即阅读并称赞它是一部非常卓越的著作，是"证明自然界的历史发展"的大规模的尝试。1870年9月，他从曼彻斯特迁居到伦敦，便把主要精力投入到自然科学的研究之中，并下决心写作《自然辩证法》。1873年5月30日，他在写给马克思的信中说："今天早晨躺在床上，我脑子里出现了下面这些关于自然科学的辩证思想。"① 这些思想主要是：物体与运动不可分的思想；只有在运动中才能认识物体的思想；物体不同运动形式是自然科学的主要对象的思想；不同运动形式的辩证转化引起各门科学辩证过渡的思想。这封信可以看作是恩格斯写作《自然辩证法》的全面构思，也是他准备写《自然辩证法》一书的起点。从1873年至1876年，恩格斯搜集了大量的自然科学材料，写了两篇论文和许多札记。1876年5月28日，他在写给马克思的信中说，已经"有相当的自由和把握"在自然科学领域中进行活动，连《自然辩证法》"这部著作的最终的全貌也已经开始呈现在我的面前"②。可是，为了收拾"无聊的"杜林，从1876年9月到1878年6月，恩格斯写作了《反杜林论》一书。此后，才回过头来继续从事自然辩证法的研究和写作。直到1883年3月，写完了八篇论文和许多札记，以及两个计划草案。遗憾的是，马克思逝世后，恩格斯为了整理出版《资本论》的第二、三、四卷的遗稿和领导国际工人运动，不得不中止了《自然辩证法》一书的写作。

---

① 《马克思恩格斯选集》第4卷，人民出版社1995年版，第614页。

② 《马克思恩格斯全集》第34卷，人民出版社1972年版，第20页。

二、主要内容和基本理论

《自然辩证法》包括"1878 年计划"、"历史导论"、"黑格尔以来的理论发展进程。——哲学和自然科学"、"辩证法作为科学"、"物质的运动形式以及各科学的联系"、"各门科学的辩证内容"、"自然界和社会"等论文、札记和片段等。

在"1878 年计划"中，恩格斯表述了探索建立自然辩证法理论新体系的构想，确定了整部著作的结构。

在"历史导论"中，恩格斯从世界历史发展的角度阐述了现代自然科学产生的历史背景，说明唯物辩证自然观代替形而上学自然观的必然性。

在"黑格尔以来的理论发展进程。——哲学和自然科学"中，恩格斯全面阐述了辩证哲学对于推动自然科学发展的重要作用，说明自然科学家一定要受到哲学的影响。

在"辩证法作为科学"中，恩格斯以丰富的自然科学材料，论述了唯物辩证法的一般性质和基本规律，考察了辩证法的几对重要范畴；阐述了辩证逻辑和认识论的基本原理以及认识自然界的科学方法论。

在"物质的运动形式以及各科学的联系"中，恩格斯从自然辩证法的研究对象是"运动着的物质"命题出发，阐明了物质、物质运动及其形式的基本原理，确立科学分类的基本原则，概括出自然辩证法的基本内容，同时批判了机械论的物质观和运动观。

在"各门科学的辩证内容"中，恩格斯把唯物辩证法正确应用于各门基础科学之中，深刻分析了各门基础科学中蕴含的丰富辩证内容，进一步论证了辩证思维是自然科学唯一正确的思维形式。

在"自然界和社会"中，恩格斯在《劳动在从猿到人转变过程中的作用》等论文中，实现了由分析自然界的辩证法到分析人类起源和人类社会的辩证法问题的转变。

阅读这部著作要掌握的基本理论有：

（一）唯物辩证自然观必然代替形而上学自然观理论

恩格斯以宽阔的眼界，从世界历史发展的角度阐述了现代自然科学产生的历史背景。应该肯定，现代自然科学研究是唯一得到科学的、系统的、全面的发展的自然研究。现代自然科学研究开始于 15 世纪下半叶。当时，王权依靠新兴的资产阶级摧毁了封建贵族的权力，摧毁了教皇的精神独裁，建立了巨大的、实质上以民族为基础的君主国，并以此为基础建立起现代的欧洲国家和现代的资产阶级社会。然而，当资产阶级和贵族还在互相争斗时，现代无产阶级的先驱们手持红旗、高喊财产公有的口号登上历史舞台。伟大的文艺复兴运动全面展开了，旧的世界的界限被打破了，生活在世界各个角落的人们逐步建立了联系，这才第一次真正地发现了地球。而这种普遍联系的建立，奠定了以后的世界贸易以及从手工业过渡到工场手工业的基础，而工场手工业则构成现代大工业的起点。恩格斯高度评价了这个时代："这是人类以往从来没有经历过的一次最伟大的、进步的变革，是一个需要巨人并且产生了巨人的时代，那是一些在思维能力、激情和性格方面，在多才多艺和学识渊博方面的巨人。"① 这些人物都不同程度地体现了那种勇于冒险的时代特征。正是在这样一种历史条件下，现代自然科学在火与血的洗礼中诞生了，因为现代自然科学本身就是彻底革命的，它必须为争取自己的生存权利而斗争。哥白尼《天体运行论》一书，向教会权威提出了挑战，虽然它当时还有些胆怯，却开启了自然科学从神学中解放出来的进程；此后，自然科学大踏步地向前迈进，而且很有力量。

形而上学自然观的形成是基于自然科学开始发展而还不十分发展。在自然科学研究刚刚开始的时期，主要工作是收集和掌握现有的材料阶段。当时发展得最充分、最成熟的部门是研究机械运动的力学，最常用的研究方法是对事物作分门别类研究的分析方法。这种方法被绝对化，人们习惯于把事物分解为各个独立部分而孤立地考察，于是就形成了形而上学的思维方法和自

---

① 　恩格斯：《自然辩证法》，人民出版社 2018 年版，第 9 页。

然观。

随着自然科学研究的飞速发展，必然突破形而上学自然观的局限，创立辩证自然观。恩格斯用翔实的材料精彩地阐述了自然科学的"五大研究成果"打开形而上学自然观的五大突破口：康德的"星云假说"在天文学领域给形而上学自然观打开了第一个突破口；赖尔等人在地质学、古生物学领域里取得的研究成果给形而上学的自然观打开了第二个突破口；维勒等人在有机化学领域里取得的研究成果给形而上学自然观打开了第三个突破口；迈尔、焦耳等人在物理学领域里取得的研究成果给形而上学的自然观打开了第四个突破口；达尔文等人在生物学领域取得的研究成果给形而上学自然观打开了第五个突破口。恩格斯说："新的自然观就其基本点来说已经完备：一切僵硬的东西溶解了，一切固定的东西消散了，一切被当做永恒存在的特殊的东西变成了转瞬即逝的东西，整个自然界被证明是在永恒的流动和循环中运动着。"这样似乎又回到古希腊人所创立的辩证法那里，不过两者之间有着本质的差别：在希腊人那里是天才的直觉，在我们这里则是以实验为依据的严格科学的研究结果，是理性研究的产物。

恩格斯按照当时自然科学取得的最新成就，运用唯物辩证的观点，详细考察了自然界中包括从原始星云、地球到人类社会的产生和发展过程，为我们描绘出一幅自然界普遍联系和无限发展的辩证图景。他得出结论，一切产生出来的东西，都注定要灭亡，这是物质运动的一个永恒的循环。在这个循环中，物质的每一有限的存在方式，都是暂时的，而且除了永恒变化着的、永恒运动着的物质及其运动和变化的规律以外，再没有什么永恒的东西了。后来，恩格斯在《路德维希·费尔巴哈和德国古典哲学的终结》一书中，更加精辟地表达了这个思想：一个伟大的基本思想，即认为世界不是既成事物的集合体，而是过程的集合体，其中各个似乎稳定的事物同它们在我们头脑中的思想映象即概念一样都处在生成和灭亡的不断变化中，在这种变化中，尽管有种种表现的偶然性，尽管有种种暂时的倒退，前进的发展终究会实现。这就是说，一切事物都在发展过程中，这就是辩证自然观最根本的内容。

（二）辩证哲学推动自然科学发展理论

自然科学的发展迫切要求运用理论思维对之进行概括和总结。恩格斯指出，每一个时代的理论思维，包括我们这个时代的理论思维，都是一种历史的产物，它在不同的时代具有完全不同的形式，同样具有完全不同的内容。因此，关于思维的科学，也和其他各门科学一样，是一种历史的科学，是关于人的思维的历史发展的科学。然而，并不能因此而否定理论思维的作用。对于当时的自然科学来说，辩证法恰好是最重要的思维形式，因为只有辩证法才能科学地解释自然界的发展过程，描述客观世界各种联系的普遍性，说明由一个研究领域向另一个研究领域过渡的必然性。恩格斯得出结论说："一个民族要想站在科学的最高峰，就一刻也不能没有理论思维。"

可是，正当自然过程的辩证性质以不可抗拒的力量迫使人们承认它的时候，同时也只有辩证法能够帮助自然科学战胜理论困难的时候，资产阶级思想家却把辩证法同黑格尔一起抛进大海，否定黑格尔的同时也否定辩证法，结果自然科学的研究又无可奈何地陷入旧的形而上学之中。最终的结果是理论思维处处表现出杂乱无章，而这种杂乱无章又严重地影响着自然科学家，并且当时流行的所谓哲学又决不可能为自然科学家找到解决理论困境的出路。否极泰来，问题发展到极致必然会出现某种貌似"复归"。恩格斯说："在这里，既然没有别的出路，既然无法找到明晰思路，也就只好以这种或那种形式从形而上学思维向辩证思想复归。"这里所讲的"复归"，决不是简单地复归古希腊朴素的辩证法形态，而是在新的自然科学成果基础上产生更高形态的辩证法，即马克思主义的唯物辩证法。

恩格斯结合当时自然科学研究的大量事例，从理论上阐明了自然科学家一定要受哲学的支配。当时不少自然科学家相信，只有忽视哲学或侮辱哲学，才能从哲学的束缚中解放出来。他们一味吹捧经验，极端蔑视理论思维，出现了所谓神灵世界各种各样荒唐的东西。恩格斯列举了大量的事例说明，这里已经看得一清二楚，究竟什么是从自然科学走向神秘主义的最可靠的道路？这并不是过度滋蔓的自然哲学理论，而是蔑视一切理论、怀疑一切思维的最肤浅的经验。"实际上，蔑视辩证法是不能不受到惩罚的。对一切理论思维尽可以表示那么多的轻视，可是没有理论思维，的确无法使自然界中的两件事实联系起来，或者洞察二者之间的既有的联系。"① 研究自然科学一定离不开理论思维，关键问题在于思维正确或不正确；那么，轻视理论而自然主义地进行思维，这是错误地进行思维的最可靠的道路。恩格斯进一步指出，根据一个自古就为人们所熟知的辩证法规律，错误的思维贯彻到底，必然走向出发点的反面。所以，经验主义者蔑视辩证法便受到惩罚：连某些最清醒的经验主义者也陷入最荒唐的迷信中，陷入现代唯灵论中去了。这样看来，经验要摆脱降神者的纠缠，就不得不借助于理论的思考，而不再依靠经验性的实验。

基于以上的分析，恩格斯得出结论说："自然科学家尽管可以采取他们所愿意采取的态度，他们还得受哲学的支配。问题只在于：他们是愿意受某种蹩脚的时髦哲学的支配，还是愿意受某种建立在通晓思维历史及其成就的基础上的理论思维形式的支配。"所谓"时髦哲学"指当时流行的各种唯心主义哲学和神秘主义哲学；所谓"建立在通晓思维历史及其成就的基础上的理论思维形式"指自然辩证法。恩格斯用很尖刻的语言说："那些对哲学家辱骂得最厉害的人恰好成了最蹩脚的哲学家的最蹩脚的庸俗残渣的奴隶。"② 指那些辱骂辩证哲学的人不是在研究中不用哲学做指导，而是运用了当时流行的那些唯心主义和神秘主义哲学做指导，用这些最蹩脚的哲学做指导所取得的研究成果也必定是最蹩脚的成果。因此，只有当自然科学接受了辩证法的时候，才能摆脱旧哲学的羁绊而走上蓬勃发展的康庄大道。

（三）辩证法基本规律和重要范畴理论

恩格斯以丰富的自然科学材料，论述了唯物辩证法的三大基本规律，特别是考察了辩证法的几对重要范畴。

---

① 恩格斯：《自然辩证法》，人民出版社 2018 年版，第 59 页。

② 恩格斯：《自然辩证法》，人民出版社 2018 年版，第 69 页。

全面阐述辩证法的三大基本规律，说明辩证法的基本规律对自然科学研究来说是充分有效的。恩格斯指出："辩证法的规律是从自然界的历史和人类社会的历史中抽象出来的。辩证法的规律无非是历史发展的这两个方面和思维本身的最一般的规律。"① 由此可见，辩证法的基本规律是对自然界、人类社会和人的思维最一般规律的概括和总结。包含三个基本规律：量转化为质和质转化为量的规律、对立面的相互渗透的规律、否定的否定的规律。

恩格斯指出，所有这三个规律都曾经被黑格尔按照其唯心主义的方式当作纯粹的思维规律而加以阐明。恩格斯从唯物论的立场出发，批判地改造了黑格尔的哲学，全面阐述了唯物主义辩证法的三大基本规律。

这部著作的突出特点是，恩格斯从唯物论立场出发，研究了辩证思维的几对重要范畴，这是马克思、恩格斯其他著作所没有的，是很值得我们关注的。

第一，同一性和差异性。持有形而上学观点的人认为，同一性是抽象的同一性，不承认事物内部的差异性。用这样一种思维方法来认识世界，便认为每一事物都与自身同一。一切都是永恒的，太阳系、星体、有机体都是如此。恩格斯认为，尽管这个定律在每一个别场合下都被自然研究一件一件地驳倒了，但是在理论上还保留着，仍被旧事物的拥护者用来抵制新事物：一件事物不能同时既是自身又是他物。可是，新近自然研究从细节上证明了这样的事实：真实的具体的同一性自身包含着差异、变化。如植物、动物、每一个细胞，在其生存的每一个瞬间，都和自身同一而又和自身相区别，这是由于各种物质的吸收和排泄、细胞的形成和死亡、循环过程的进行，一句话，由于全部无休止的分子变化，而这些分子变化便形成生命，其累积的结果一目了然地显现在各个生命阶段上——胚胎生命、少年、性成熟、繁殖过程、老年、死亡。生理学越向前发展，这种无休止的、无限小的变化对于它就越重要，因而对同一性内部的差异的考察也越重要。因此，抽象的同一性把有机物看作只和自身同一的东西，看作固定不变的东西的观点，便过时了。抽象的同一性像形而上学的一切范畴一样，足以满足日常应用；但是，对综合性自然科学来说，即使在每一单

---

① 恩格斯：《自然辩证法》，人民出版社 2018 年版，第 75 页。

个部门中，抽象的同一性也是完全不够用的。因此，"把差异性纳入同一性之中，才具有真理性。"

第二，偶然性和必然性。持有形而上学观点的人，总把偶然性和必然性对立起来，看作永远互相排斥的两个规定。在他们看来，一个事物、一种关系、一个过程，不是偶然的，就是必然的，但是不能既是偶然的，又是必然的。恩格斯指出，自然界中存在着各种各样的对象和过程，人们把有决定意义的东西看作必然的，而把其他的差异看作偶然的。于是，必然被说成是科学上唯一值得注意的东西，而偶然被说成是对科学无足轻重的东西。这就成了这样一种科学，它把它能解释的东西称为自然的东西，而把它解释不了的东西归之于超自然的原因。这样一来，不仅一切科学都停滞不前了，因为科学就是要研究我们不认识的东西；而且会把自然科学的研究引向邪路，引导到神秘主义那里去。

与上述观点相对立的是决定论，即只承认必然性，否定偶然性。恩格斯指出，按照这种观点，在自然界占统治地位的，只是单纯的直接的必然性。这是一种贫乏的机械的决定论。偶然的东西正因为是偶然的，所以有某种根据，而且正因为是偶然的，所以也就没有根据；偶然的东西是必然的，必然性规定为偶然性；必然性和偶然性是统一的。

第三，原因和结果。恩格斯从运动着的物质的相互作用的角度来解释原因和结果。我们看到一系列的运动形式，机械运动、热、光、电、磁、化合和分解、聚集状态的转化等，这一切都是互相转化、互相制约的，在这里是原因，在那里就是结果，运动尽管有种种不断变换的形式，但是运动的总和始终不变。因果性范畴是人们对运动着的物质的相互联系、相互制约关系的反映。因为，我们在观察运动着的物质时，首先引起我们注意的是单个物体的单个运动间的相互联系，它们的相互制约。但是，我们不仅发现某一运动后面跟随着另一运动，而且我们也发现，只要我们造成某个运动在自然界中发生时所必需的那些条件，我们就能引起这个运动，甚至我们还能引起自然界中根本不发生的运动，如工业生产，并且我们能赋予这些运动以预先规定的方向和范围。因此，由于人的活动，因果观念即一个运动是另一个运动的原因这样一种观念得到确证。

（四）物质运动形式和科学分类理论

恩格斯从自然科学辩证法的研究对象是"运动着的物质"命题出发，阐明了物质、物质运动及其形式的基本原理，批评了机械论的物质观和运动观。

恩格斯从哲学意义上概括出物质概念，为辩证唯物主义奠定坚实的理论基础。恩格斯指出："物质本身是纯粹的思想创造物和纯粹的抽象。当我们用物质概念来概括各种有形地存在着的事物的时候，我们是把它们的质的差异撇开了。因此，物质本身和各种特定的、实存的物质的东西不同，它不是感性地存在着的东西。"如果自然科学试图寻找统一的物质本身，试图把质的差异归结为同一的最小粒子在结合上的纯粹量的差异，那么这样做就等于要求人们不是看到樱桃、梨、苹果，而是看到水果本身；不是看到猫、狗、牛、羊等，而是看到哺乳动物本身。这里既把哲学上的物质概念与各种特定的物质存在形态区别开来，同时又指明两者的联系，前者是后者的概括和抽象，后者是前者的具体体现。正是按照这个思路，列宁进一步把物质概括为："物质是标志客观实在的哲学范畴，这种客观实在是人通过感觉感知的，它不依赖于我们的感觉而存在，为我们的感觉所复写、摄影、反映。"[①] 这就和各种唯心主义、二元论、不可知论划清界限，也与把物质的某种具体特性作为物质本质特征的旧唯物主义划清了界限。

恩格斯明确指出物质与运动是不可分的。物质本身的各种不同的形式和种类只有通过运动才能认识，物体的属性只有在运动中才显示出来。物质及其固有的运动是整个自然界的终极原因。"我们从经验和理论都知道：物质及其存在方式即运动，是不能创造的，因而是它们自己的终极的原因"。割裂物质与运动的关系，必然导致唯心主义。

恩格斯阐述了物质运动形式的多样性，说明各种运动形式之间的相互转化。恩格斯列出基本运动形式：最简单的运动形式是机械运动，是纯粹的位置移动；不同的力的相互作用，即天体物理学；化学运动，通过对有机化合物的

---

① 《列宁选集》第2卷，人民出版社2012年版，第89页。

研究找到关于最重要物体的真实性质的真实解释，并且合成出有机物；指出多样的运动形式各有其自身的特殊性。自然界中的物质运动不仅有简单的机械运动，而且还有热、光、电、磁、化学反应、生命和意识。每个高级运动形式包含着低级运动形式，但决不能把高级运动形式简单归结为低级运动形式，而低级运动形式更不能把其他运动形式的本质包括无遗。机械论者看不到各种运动形式之间的区别和转化，把一切运动形式都归结为机械运动，并用机械运动规律去解释一切，到处滥用力的概念。对于这种机械论的错误，恩格斯给予了坚决的驳斥。

（五）劳动创造人类理论

恩格斯提出"劳动创造人类"的著名论断，从而解决了达尔文未能解决的关于人类如何演化而来的大问题，也把辩证法从分析自然界推进到分析人类起源和人类社会。

恩格斯指出，政治经济学家说：劳动是一切财富的源泉。其实，劳动和自然界一起才是一切财富的源泉；自然界为劳动提供材料，劳动把材料转变为财富。但是劳动的作用还远不止于此，劳动是整个人类生活的第一个基本条件，而且达到这样的程度，以至于我们在某种意义上不得不说：劳动创造了人本身。

恩格斯运用丰富的历史资料和合理的逻辑推理，描绘出由猿到人的转变过程。在好几十万年以前，在热带的某个地方，生活着一个异常高度发达的类人猿的种属。由于把在攀援时出现手和脚分工的生活方式带到平地上来，使之越来越习惯于以直立姿势行走，由此迈出从猿过渡到人具有决定意义的一步：手变得自由了，并能不断掌握新的技能。手不仅是劳动的器官，而且还是劳动的产物。正是在劳动过程中，人的手达到高度的完善。手的发展必然对机体的其他部分产生影响，特别是促使社会成员更加紧密地互相结合起来；互相支持和共同协作的场合增多了，这些正在生成中的人已经达到彼此间不得不说些什么的地步了，想说话的需要也就造成了自己的器官：猿类的不发达的喉头，由于音调的抑扬顿挫的不断加多，缓慢地然而肯定地得到改造，而口部的器官也逐渐学会发出一个接一个清晰的音节。因此，"首先是劳动，然后是语言和劳动一起，成了两个最主要的推动力，在它们的影响下，猿脑就逐渐地过渡到人脑。"随着脑的进一步的发育，感觉器官也进一步发育起来。鹰比人看得远得多，但是人的眼睛识别东西远胜于鹰。狗比人具有锐敏得多的嗅觉，但是它连被人当作各种物的特定标志的不同气味的百分之一也辨别不出来。至于触觉，在猿类中刚刚处于最原始的萌芽状态，只是由于劳动才随着人手本身而一同形成。同时，脑和为它服务的感官、越来越清楚的意识以及抽象能力和推理能力的发展，又反作用于劳动和语言，为这二者的进一步发展不断提供新的推动力。

恩格斯进一步指出，劳动是人类社会区别于猿群的基本特征。"人类社会区别于猿群的特征在我们看来又是什么呢？是劳动。"猿群没有劳动。猿群仅仅利用外部自然界，满足于把自己占得的觅食地区的食物吃光；为了获得新的觅食地区，它们进行迁徙和战斗，但除了无意中用自己的粪便肥沃土地以外，没有能力从觅食地区索取比自然界的赐予更多的东西。劳动是从制造工具开始的。我们发现的最古老的工具是打猎的工具和捕鱼的工具，而前者同时又是武器。但是打猎和捕鱼的前提是从只吃植物过渡到同时也吃肉，而这又是转变成人的重要的一步。肉类食物为人提供了身体的新陈代谢所必需的各种最重要的物质，大大缩短了消化过程，提高了各方面的能力。"这种正在生成中的人离植物界越远，他超出动物界的程度也就越高。"最重要的是，肉食为人脑本身的发育提供了更多营养和发展所必需的物质，因而它能够一代一代更迅速更完善地发育起来。肉食还引起两个新的有决定意义的进步，即火的使用和动物的驯养。前者更加缩短了消化过程，后者使肉食更加丰富起来。对于人来说，这两种进步就直接成为新的解放的手段。

劳动作为满足人类需要的基本手段，构成人类社会的基础。劳动本身经过一代又一代变得更加不同、更加完善和更加多方面了。除打猎和畜牧外，又有了农业，农业之后又有了纺纱、织布、冶金、制陶和航海。伴随着商业和手工业，最后出现了艺术和科学；从部落发展成了民族和国家；法和政治发展起来了；宗教作为人间事物在人的头脑中的虚幻反映，也发展起来了；由于对作为劳动的手和头脑的作用的认识的颠倒，人们已经习惯于用他们的思维而不是用他们的需要来解释他们的行为，便产生了唯心主义世界观。这种世界观到现在还非常有力地统治着人的头脑，甚至达尔文学派的唯物主义自然科学家们对于人类的产生也不能提出明确的看法，因为他们认识不到劳动在这中间所起的作用。

恩格斯得出结论说，动物仅仅利用外部自然界，简单地通过自身的存在引起自然界的变化；而人则通过他所作出的改变来使自然界为自己的目的服务，来支配自然界。这便是人同其他动物的最终的本质的差别，而造成这一差别的又是劳动。

（六）人类要尊重自然界规律理论

恩格斯指出，虽然劳动使人类从动物界提升上来，在实践中逐渐认识和应用自然规律，并积累了向自然界作斗争的经验和知识，"但是我们不要过分陶醉于我们人类对自然界的胜利。对于每一次这样的胜利，自然界都对我们进行报复。每一次胜利，起初确实取得了我们预期的结果，但是往后和再往后却发生完全不同的、出乎预料的影响，常常把最初的结果又消除了。"如美索不达米亚、希腊、小亚细亚的居民，为了得到耕地，毁灭了森林，但是他们做梦也想不到，这些地方今天竟因此而成为不毛之地，因为他们使这些地方失去了森林，也就失去了水分的积聚中心和贮藏库。所以，我们必须逐步学会比较正确地理解自然规律，并学会估计我们对自然界的改造所带来的较近的或较远的影响。

恩格斯指出，如果说我们需要经过几千年的劳动才多少学会估计我们的生产行为和较远的自然方面的影响，那么我们想学会预见这些行为的较远的社会方面的影响就更加困难得多了。现实生活中人们的出发点与结果相背离的例子太多了。特别是在17世纪和18世纪，人们制造蒸汽机是为了减轻劳动强度，提高劳动生产率，增加社会财富；但是，在欧洲却由此导致财富集中在少数人一边，而另一边的绝大多数人则一无所有，引发资产阶级和无产阶级之间发生斗争，其结局只能是资产阶级的垮台和一切阶级对立的消灭。"为此需要对我们的直到目前为止的生产方式，以及同这种生产方式一起对我们的现今的整个社会制度实行完全的变革"，[①] 建立理想的共产主义的社会制度，人类才能实现从必然王国到自由王国的飞跃，才能在社会关系方面把人从其余的动物中提升出来，正像生产曾经在物种方面把人从其余的动物中提升出来一样。

三、时代价值和现实意义

自然辩证法的创立，是人类自然观、自然科学方法论和科学技术发展中的划时代的变革。今天重读恩格斯《自然辩证法》依然会有许多新的感受和启迪。

（一）树立辩证唯物主义的自然观和科学技术观

在自然观方面，马克思、恩格斯克服了古代自然观由于缺乏科学认识基础所造成的直观、感性的局限性，吸取了古代自然哲学关于自然界运动、发展和整体联系的思想，以近代自然科学对自然界认识的最新成就为依据，批判了形而上学和机械论，深刻揭示了自然界本身发展的辩证法，从而建立了一种反映自然界本来面目、符合自然科学发展需要的辩证唯物主义自然观。辩证唯物主义自然观的产生，标志着从古代的辩证思维到近代的形而上学思维再发展到现代辩证思维的否定之否定过程的完成。

在科学认识论和方法论方面，马克思恩格斯克服了培根经验论中的形而上学缺陷和笛卡儿唯理论中的唯心主义倾向，把他们的归纳法和演绎法辩证地结合起来；批判了康德的"先验论"和黑格尔的"理念论"的唯心主义观点，并对他们尤其是黑格尔关于思维的能动作用的观点加以唯物主义的改造，创立唯

---

① 恩格斯：《自然辩证法》，人民出版社 2018 年版，第 315 页。

物主义辩证法；第一次把社会实践放到认识论和方法论的首要地位，阐述了在实践基础上科学认识发展的辩证法，从而创立了辩证唯物主义的科学认识论和科学方法论。

在科学技术观方面，马克思、恩格斯不仅深刻揭示了科学技术自身发展的内在逻辑，而且把科学技术的发展作为一种社会现象来考察，并由此提出了许多崭新的思想：自然科学属于一般社会生产力的范畴；科学技术进入生产过程就能转变为直接的生产力；社会实践的需要，首先是经济、生产的需要，是科学技术发展的基本动力；科学技术又是推动社会历史前进的革命力量。这样，就把辩证唯物主义和历史唯物主义贯穿于对科学技术的认识之中，深刻地揭示了科学技术的实质及其发展的辩证规律，创造了崭新的马克思主义的科学技术观。

（二）哲学的发展离不开自然科学，自然科学的发展需要哲学

马克思主义哲学揭示了自然界、社会和人类思维一般发展规律。也就是马克思主义哲学是建立在自然科学对自然界的发展规律的认识、社会科学对社会发展规律的认识、思维科学对思维规律的认识的基础上的，是从对三大规律的认识中总结和概括出来的，它也必须随着这些科学的发展不断丰富、更新自己的内容并改变自己的形态。哲学是时代精神的精华。马克思主义哲学要充分体现时代的精神，就必须从当代迅速发展的自然科学中汲取营养，也就必须重视自然辩证法的研究，这是显而易见的。如果自然辩证法的研究被冷落，马克思主义哲学联系科学技术的纽带就会被阻断，哲学的发展就会失去其最重要的基础之一，也就难以摆脱陷于贫困的危机。

当代中国正在进行前所未有的中国特色社会主义现代化建设的伟大事业。在整个现代化建设的过程中，科学技术现代化无疑是其关键。恩格斯早就指出："一个民族要想登上科学的高峰，究竟是不能离开理论思维的。"[①] 在科学发展的过程中，哲学的促进作用更为明显。哲学可以启迪科学家的思维，开阔

----

① 《马克思恩格斯选集》第4卷，人民出版社1995年版，第285页。

科学家的思路，为科学研究提供科学的世界观和方法论。如果说用唯物辩证法武装科学家们的头脑，对于推动我国科学技术的发展是十分重要的；那么，以唯物辩证法为指导，在切实掌握科学技术发展客观规律的基础上制定国家层面发展科学技术的方针和政策，就显得更为重要。自然辩证法对科学技术观的研究，可以为科学技术方针政策的制定、科学技术发展规划、科学技术工作的领导和管理提供科学基础，其重要性正日益突出。

我们的时代正处在一个大变革的时代，自然科学自身也处在变革之中，并且正是科学的转变深刻地影响着时代的转变进程。科学家也更加自觉地追随时代发展的潮流，把科学研究融入时代发展的潮流之中。历史发展的事实已经证明，科学技术的发展改变了社会，社会的发展也改变了科学技术。科学本身的发展正在改变着我们对自然界的看法，也改变着科学关于平衡与非平衡、有序与无序、可逆与不可逆、对称与非对称、进化与退化、渐变与突变、简单性与复杂性、精确性与模糊性、系统与要素、结构与功能、实体与虚拟等一系列最基本的观念。在这一过程中，自然科学的发展不但没有远离哲学，而且在自然观、认识论和方法论方面都提出了越来越多的问题，需要在哲学认识层次上加以认真的研究。处于科学前沿的理论自然科学家们，也不能不对这些问题进行严肃的哲学思考。这样，对《自然辩证法》的学习和研究，就不是游离于科学发展之外，更不是强加于科学研究之上的多余的东西，而是自然科学本身发展的一种需要。

马克思指出，科学是一种在历史上起推动作用的、革命的力量。现代科学的发展，已经完全证实了这一论断。在当今世界发展进程中，互联网、云计算、大数据、人工智能等的研究和应用，充分证明新的科学革命正在引起新的技术革命，新的技术革命正在引起社会生产力的巨大飞跃和社会经济结构的剧烈变革，使生活环境、职业性质、文化教养迥然不同的人们，都同样深切感受到科学技术的力量和价值；不管东方学者还是西方学者，都同样把科学技术视为经济发展和社会进步的决定性因素；不论发达国家还是发展中国家，都同样把科学技术的发展置于国家发展战略的首位。与此同时，科学技术本身也已发展成为庞大而复杂的社会建制，一方面，它与经济、政治、文化、教育等各种社会要素发生着极为密切的联系；另一方面，它的发展也在越来越大的程度上受到社会条件和环境的制约。在这种情况下，我们要更加自觉地推进科学技术的发展，并通过它的发展来推动经济发展和社会进步。要做到这一点，就不仅需要更加深入地研究科学技术发展的内在规律，而且必须更加深入地研究它在社会发展中的规律，包括科学技术的发展如何转化为经济、社会发展的机制。因而，自然辩证法关于科学技术观的研究，也就具有了特别突出的意义。

（三）尊重自然规律，加快社会主义生态文明建设

辩证唯物主义的自然观认为，自然界的事物相互依存、普遍联系，构成一个统一整体，并处于永无休止的演化和发展过程中。自然环境创造了人，人也创造自然环境。人是自然链条中的重要环节。恩格斯在《自然辩证法》一书中曾深刻地警告我们："不要过分陶醉于我们人类对自然界的胜利，对于每一次这样的胜利，自然界都对我们进行报复。每一次胜利，起初确实取得了我们预期的结果，但是往后和再往后却发生完全不同的、出乎预料的影响，常常把最初的结果又消除了。"对自然界的过分索取和各种主观随意性及短期行为，破坏了自然界自身的调节机制，使人类遭致自然界的一系列报复。20世纪中叶以来，人口的爆炸式增长与各种自然资源日益减少之间的矛盾日趋尖锐，粮食短缺、"水荒"迭起、环境质量日渐恶化、生态失衡、沙化蔓延、自然灾害频繁等，对人类的生存发展造成严重威胁。

人类要生存、要发展，就是要协调人与自然的关系，建设生态文明，实施可持续发展战略，这是自然、社会和人类持续健康发展的迫切要求。党的十九大报告指出："人与自然是生命共同体，人类必须尊重自然、顺应自然、保护自然。人类只有遵循自然规律才能有效防止在开发利用上走弯路，人类对大自然的伤害最终会伤及人类自身，这是无法抗拒的规律。"[①] 中国特色社会主义现

---

① 习近平：《决胜全面建成小康社会　夺取新时代中国特色社会主义伟大胜利》，人民出版社2017年版，第59页。

代化，是人与自然和谐共生的现代化，既要创造更多物质财富和精神财富以满足人民日益增长的美好生活需要，也要提供更多优质生态产品以满足人民日益增长的优美环境需要。因此，必须坚持节约优先、保护优先、自然恢复为主的方针，形成节约资源和保护环境的空间格局、产业结构、生产方式、生活方式，还自然以宁静、和谐、美丽。通过学习马克思主义辩证唯物主义自然观，提高实施可持续发展战略的自觉性，牢固树立环境忧患意识，强化环境保护观念，按照生态发展规律开发利用自然资源，在现代化建设中坚持经济效益、社会效益和生态环境效益的有机统一，让美丽中国屹立于世界民族之林。

科学社会主义的入门

——《社会主义从空想到科学的发展》导读

　　恩格斯在这部著作中，阐述了科学社会主义的思想来源、理论基础和基本原理，分析了社会主义代替资本主义的历史必然性，论述了未来社会主义社会的基本特征。马克思称赞这部著作为"科学社会主义的入门"。

一、历史背景和写作原因

1871 年法国巴黎公社失败后，资本主义的发展出现了许多新情况，最重要的是开始由自由竞争阶段向垄断阶段过渡。在这个过程中，随着资本主义剥削的日益加重，工人运动也逐步趋于活跃，欧洲各国相继创立了社会主义政党；与此同时，各种风云人物纷纷登上政治舞台，试图争夺工人运动的领导权，利用工人运动来实现自己的目的。而资产阶级则纠集各种反动势力，在残酷镇压工人运动的同时，竭力散布改良主义思想，试图从无产阶级内部来瓦解工人运动。这一切在工人阶级内部，甚至在德国党内造成极大的思想混乱。杜林就是这个时期的代表性人物。

杜林（1833—1921）是一个小资产阶级思想家。他在 19 世纪 70 年代初，以社会主义"行家"和"改革家"的面貌出现，著书立说，扬言要在科学中实行一次完全的"变革"，对马克思主义进行了全面的攻击。在哲学方面，他用形而上学机械论和唯心主义历史观反对辩证唯物主义和历史唯物主义；在经济学方面，他用庸俗经济学观点歪曲马克思的剩余价值学说；在社会主义理论方面，他用小资产阶级社会主义对抗科学社会主义。杜林的思想对德国社会主义工人党的思想统一产生了很坏的影响，对德国工人党的组织巩固造成了极大的危害。因此，在马克思支持下，恩格斯在 1876 年 9 月开始撰写一系列批判杜林的文章，后结集出版，名为《反杜林论》。1880 年，应法国社会主义运动领导人的请求，恩格斯将《反杜林论》中的三章（《引论》的第一章《概论》，第三编《社会主义》的第一章《历史》和第二章《理论》）汇集成册，编成一本专门阐述科学社会主义理论的通俗读物，以《空想社会主义和科学社会主义》

为题发表在法国社会主义杂志《社会主义评论》上，同年出版单行本。1883年出版德文本时改用《社会主义从空想到科学的发展》。

二、主要内容和基本理论

全书由一个法文版前言、两个德文版序言、一个英文版导言和正文的三章组成。

马克思写的"1880年法文版前言"，马克思介绍了恩格斯的革命经历和出版的著作，称"弗里德里希·恩格斯是当代社会最杰出的代表人物之一"；称《社会主义从空想到科学的发展》"可以说是科学社会主义的入门"。

"两个德文版序言"，恩格斯说明了写作本书的目的、经过和内容安排上的考虑。恩格斯特别强调，科学社会主义不能产生在其他国家而只能产生在还保存着自觉的辩证法传统的德国，因为，只有借助于辩证法才能阐述清楚唯物主义历史观的基本理论，阐述清楚无产阶级和资产阶级的斗争规律；所以，科学社会主义不仅继承了圣西门、傅立叶和欧文的空想社会主义思想，而且也继承了康德、费希特和黑格尔哲学思想，马克思主义哲学和科学社会主义有着不可分割的关系。

"英文版导言"，恩格斯阐述了唯物主义在英国的发展过程，精辟地剖析了西欧资产阶级反封建斗争的三次大起义，研究了产业革命后无产阶级和资产阶级之间的阶级斗争的情况，阐述了资产阶级从革命走向反动的发展过程，深刻揭示了历史唯物主义和历史唯心主义斗争的阶级实质，教育广大无产阶级要用唯物史观和科学社会主义武装自己，担负起彻底推翻资本主义制度的历史使命。

第一章，恩格斯全面论述了科学社会主义的思想来源，深刻分析了空想社会主义产生的历史背景、经济条件和阶级基础，科学评论了三个著名空想社会主义者的贡献与缺失，说明科学社会主义学说的创立需要科学的世界观和方法论。

第二章，恩格斯系统论述了辩证法和形而上学两种世界观形成的历史条件和根本对立，说明创立唯物主义历史观的必然性；又用唯物主义历史观去研究资本主义社会的基本矛盾，找到了资本家剥削工人的秘密，创立了剩余价值学说，揭示了资本主义社会被社会主义社会所代替的必然性，进而揭示了人类社会发展的规律。恩格斯说："这两个伟大的发现——唯物主义历史观和通过剩余价值揭开资本主义生产的秘密，都应当归功于马克思。由于这两个发现，社会主义变成了科学。"

第三章，恩格斯阐述了科学社会主义的理论基础及其产生的社会经济根源，分析了资本主义社会矛盾的产生和发展的过程，揭示了资本主义社会被社会主义社会所取代的必然性，初步描绘了共产主义社会的远景。

阅读这部著作要掌握的基本理论有：

（一）现代社会主义产生的必然性理论

现代社会主义的产生是几个世纪以来社会主义思想合乎逻辑的发展。恩格斯说："现代社会主义，就其内容来说，首先是对现代社会中普遍存在的有财产者和无财产者之间、资产者和雇佣工人之间的阶级对立以及生产中普遍存在的无政府状态这两个方面进行考察的结果。但是，就其理论形式来说，它起初表现为18世纪法国伟大的启蒙学者们所提出的各种原则的进一步的、据称是更彻底的发展。同任何新的学说一样，它必须首先从已有的思想材料出发，虽然它的根子深深扎在经济的事实中。"[①] 这就是说，现代社会主义的产生决不是偶然的，而是有着深刻的阶级根源、社会根源和思想根源。

现代社会主义的思想源自19世纪空想社会主义。而19世纪空想社会主义是对18世纪法国启蒙学者所提出的理论原则的进一步发展。18世纪法国启蒙思想家伏尔泰、卢梭、爱尔维修等人，都是新兴资产阶级的革命思想家。他们为法国资产阶级革命大造舆论，坚决反对封建专制主义和宗教蒙昧主义，认为

---

① 恩格斯：《社会主义从空想到科学的发展》，人民出版社2018年版，第36页。

"一切都必须在理性的法庭面前为自己的存在作辩护或者放弃存在的权利。思维着的知性成了衡量一切的唯一尺度"。然而，资产阶级革命后的现实证明，启蒙学者所宣扬的这个理性王国不过是资产阶级的理想化的王国；永恒的正义在资产阶级的司法中得到实现；平等归结为法律面前的资产阶级的平等；被宣布为最主要的人权之一的是资产阶级的所有权；而理性的国家只能表现为资产阶级的民主共和国。由此可见，18世纪法国启蒙学者的学说，同一切先驱者一样，没有能够超出他们自己时代的限制，只能表达资产阶级的政治理想，反映资产阶级的利益和愿望。

空想社会主义是尚不成熟的现代无产阶级运动的理论表现。恩格斯指出，在每一个大的资产阶级运动中，都爆发过作为现代无产阶级先驱者的那个阶级的独立运动。作为这个还没有成熟的阶级的革命运动的理论表现，就是空想社会主义。空想社会主义的产生和发展有一个历史过程，出现过许多著名的代表人物，最著名的是"三个伟大的空想主义者"：圣西门、傅立叶和欧文。恩格斯历史地分析和评价了他们的学说，肯定其合理的思想，指出其局限性。恩格斯指出，圣西门早在1802年就认识到，法国革命是贵族、资产阶级和无财产者之间的阶级斗争，这是极为天才的发现；他宣布政治是关于生产的科学，提出对人的政治统治应当变成对物的管理和对生产过程的领导等思想；他的思想以萌芽状态包含了后来的社会主义者的几乎所有的经济学思想。傅立叶则以其真正法国人的风趣，深刻地批判了现存的社会制度，无情地揭露了资产阶级世界在物质上和道德上的贫困，描绘了同最响亮的词句相对应的到处都是最可怜的现实，辛辣地嘲讽这种词句的无可挽救的破产；他第一个表述了要求妇女解放的思想，认为在任何社会中，妇女解放的程度是衡量普遍解放的天然尺度；他最了不起的地方在于，把社会历史到目前为止的全部历程分为四个发展阶段：蒙昧、野蛮、宗法和文明，而文明阶段就相当于资产阶级社会；他反对关于人类无限完善化的能力的空谈，辩证地断言每个历史阶段都有上升时期，也有下降时期，人类最终要归于灭亡的。欧文具有像孩子一样单纯的高尚的性格，又是一个少有的天生的领导者。他认为工业革命就是按照自己心爱的理论，把混乱的现实变成有秩序的理想状态的好机会；他最可敬的是按照自己的理论在工厂中进行试验，如缩短工作时间，改变管理方法，创办幼儿园，提高共同福利等；这些措施都取得良好效果。恩格斯说："欧文的共产主义就是通过这种纯粹商业的方式，作为所谓商业计算的果实产生出来的。它始终都保持着这种面向实际的性质。"①

然而，空想社会主义者共同的局限性在于：第一，他们不是把自己看成无产阶级利益的代表，而是看成整个社会的代表；不是首先要解放某一个阶级，而是要通过"和平途径"立即解放全人类。这就使他们找不到革命的依靠者和同盟者，立即解放全人类的美好理想只能变成惨淡的空想。第二，他们接受了启蒙学者关于理性支配世界的观点，试图建立"理性和永恒正义的王国"；又主张资产阶级的理性王国也是不合理和非正义的，要像以往的社会制度一样被抛到垃圾堆里去。这种理论上的自相矛盾性，是其不成熟的阶级性的必然表现，也使他们的社会实践缺乏正确理论作指导。第三，他们认为合乎理性和正义的王国的建立，要依靠个别的天才人物；而天才人物的出现纯粹是一种侥幸的偶然现象，并不是历史发展进程所必然产生的。这是彻底英雄创造历史的唯心史观。恩格斯指出，空想社会主义者的见解曾经长期支配着 19 世纪的社会主义观点，而且现在还部分地支配着这种观点。因此，"为了使社会主义变为科学，就必须首先把它置于现实的基础之上。"② 即用科学的世界观和方法论作指导，深入研究资本主义社会的内在矛盾及其未来发展，探索人类社会发展的一般规律，科学社会主义学说的产生成为必然。

（二）两个伟大发现使社会主义从空想变成科学理论

恩格斯回顾了西方哲学发展史，概述了从古希腊哲学、18 世纪法国哲学到黑格尔哲学发展的历史进程，说明唯物辩证法产生的必然性，进而揭示了唯物辩证法与形而上学对立的实质。辩证法的第一个历史形态是古代辩证法。"当

---

① 恩格斯：《社会主义从空想到科学的发展》，人民出版社 2018 年版，第 49 页。
② 恩格斯：《社会主义从空想到科学的发展》，人民出版社 2018 年版，第 51 页。

我们通过思维来考察自然界或人类历史或我们自己的精神活动的时候，首先呈现在我们眼前的，是一幅由种种联系和相互作用无穷无尽地交织起来的画面，其中没有任何东西是不动的和不变的，而是一切都在运动、变化、生成和消逝。"这是一种"原始的、朴素的，但实质上正确的世界观"。因为，这种观点虽然正确地把握了现象的总画面的一般性质，却不足以说明构成这幅总画面的各个细节；而我们要是不知道这些细节，就看不清总画面，只能靠主观臆断去猜测。所以，这种的认识带有自发性和猜测性的成分。

到了 15 世纪下半叶，随着自然科学的发展，人们开始把自然界分解为各个部分，把各种自然过程和自然对象分成一定的门类，对有机体的内部按其多种多样的解剖形态进行研究，这是最近 400 年来认识自然界取得巨大进展的基本条件。但是，这种做法也给人们留下一种习惯：即把各种自然物和自然过程孤立起来，撇开这个自然物和自然过程与其他自然物和自然过程的联系去进行考察；其结果不是从运动的状态，而是从静止的状态去考察；不是把它们看作本质上变化的东西，而是看作固定不变的东西；不是从活动的状态，而是从僵死的状态去考察。把这种认识方法普遍化，作为哲学的认识方法来研究事物，把一切事物都看作静止的、固定不变的、僵死的状态，这就造成了最近几个世纪以来思维方式特有的局限性，即形而上学的思维方式。

随着经验自然科学积累了大量的实证材料，需要将这些材料加以系统化，找出各个领域的内在联系的时候，形而上学的思维方式根本无法完成这个任务。因为，形而上学的思维方式在某个特定的领域是有合理性的，甚至是必要的，可是它迟早会达到一个界限，一超过这个界限，它就会变成片面的、狭隘的，陷入无法解决的矛盾。恩格斯举了大量的事例来证明这个观点。如怎样判定在子宫内杀死胎儿是否是谋杀的边界？怎样判定一个人死亡的边界？等等。所有这些过程和思维方法都是形而上学思维的框子所容纳不下的。相反，对辩证法来说，上述过程正好证明它的方法是正确的。因为辩证法在考察事物和人们对事物的认识时，本质上是从它们的联系、联结、运动、产生和消逝方面去考察。自然界是检验辩证法的试金石，自然界的一切归根到底是辩证地而不是形而上学地发生的，自然界不是循着一个永远一样的不断重复的圆圈运动，而是经历着实在的发展过程。因此，从联系和发展方面认识事物的辩证法便产生了，黑格尔的辩证法是其最高的思维形式。黑格尔的伟大功绩在于，第一次把整个自然的、历史的和精神的世界描写为一个过程，即把它描写为处在不断运动、变化、转变和发展中，并企图揭示这种运动和发展的内在联系；思维的任务就是要透过一切迷乱现象探索这一过程的逐步发展阶段，并且透过一切表现的偶然性揭示这一过程的规律性。但是，由于黑格尔受到知识和时代条件的多种限制，特别是受到唯心主义的限制，使他不仅没有完成这一任务，而且由于辩证方法和封闭体系之间的矛盾导致"一次巨大的流产"。这既是人类哲学发展史上一次巨大的悲剧，也使现代唯物主义即辩证唯物主义的产生成为一种必然。

现代唯物主义的创立是无产阶级和资产阶级进行阶级斗争的理论表现，其主要任务在于发现人类社会发展过程的一般运动规律，其基本观点为：以往的全部历史，除原始状态外，都是阶级斗争的历史；生产关系和交换关系是阶级产生的基础，也是阶级斗争不可调和的原因，阶级斗争是基于物质利益根本对立的两个阶级之间的斗争；每一时代的社会经济结构形成社会的现实基础，每一个历史时期由法的设施和政治设施以及宗教、哲学和其他观念形式所构成的全部上层建筑，归根到底都应由这个基础来说明。从哲学发展史来看，黑格尔把历史观从形而上学中解放出来，使它成为辩证的历史观，可它在本质上是唯心主义的，并没有真正揭示人类社会的发展规律。现代唯物主义的创立把唯心主义从它最后的避难所即历史观中驱逐出去了，一种新的唯物主义的历史观创立了；新的唯物主义历史观的创立，使人们找到了用人们的存在说明他们的意识、而不像以往那样用人们的意识说明他们的存在的根本途径。

因此，社会主义已经不再被看作某个天才头脑的偶然发现，而被看做两个历史地产生的阶级即无产阶级和资产阶级之间斗争的必然产物。社会主义的任务，一方面是要研究必然产生两个阶级及其相互斗争的历史的经济的过程，说明资本主义生产方式的历史联系和它在一定历史时期存在的必然性，从而说明它灭亡的必然性；另一方面应当揭露这种生产方式的一直还隐藏着的内在性质，即资本家剥削工人的秘密。剩余价值学说告诉我们，无偿占有工人阶级的剩余价值是资本主义生产方式和通过这种生产方式对工人进行剥削的基本形式；这种剩余价值归根到底构成了有产阶级手中日益增加的资本量由以积累起来的价值量。这样就揭露了资本家剥削工人的秘密，揭露资本主义生产和资本生产过程的实质。

恩格斯得出结论说："这两个伟大的发现——唯物主义历史观和通过剩余价值揭开资本主义生产的秘密，都应当归功于马克思。由于这两个发现，社会主义变成了科学。"①

（三）科学社会主义理论

科学社会主义建立在唯物主义历史观的基础上。唯物主义历史观从下述原理出发：生产方式和交换方式是一切社会制度的基础；在每个历史地出现的社会中，产品分配和阶级的划分，是由生产方式和交换方式决定的。所以，一切社会变迁和政治变革的终极原因，不应当到人们的头脑中，到人们对永恒的真理和正义的日益增进的认识中去寻找，而应当到生产方式和交换方式的变更中去寻找；不应当到有关时代的哲学中去寻找，而应当到有关时代的经济中去寻找。恩格斯特别说明，用来消除已经发现的资本主义制度弊病的手段，也以各种不同的形式存在于资本主义生产关系本身中。因此，寻找消除资本主义制度弊病的手段，也不应当试图从人们的头脑中去发明，而应当通过头脑去研究资本主义生产关系来获得。这样就把建立在唯物史观基础上的科学社会主义与建立在唯心史观基础上的空想社会主义区别开来。

马克思、恩格斯正是运用唯物主义历史观来研究资本主义社会的基本矛盾，创立科学社会主义理论的。恩格斯指出，资本主义制度是资产阶级在摧毁封建制度的基础上建立起来的。自从蒸汽机和各种新的生产工具把旧的工场手工业变成大工业以后，在资产阶级领导下造成的生产力，就以前所未闻的速度和前所未闻的规模发展起来了。但是，正如从前的手工业同封建的行会桎梏发

---

① 恩格斯：《社会主义从空想到科学的发展》，人民出版社 2018 年版，第 60 页。

生冲突一样，大工业得到比较充分发展的同时也同资本主义生产方式发生冲突。生产力和生产方式之间的这种冲突，客观地存在于现实生活之中，并必然表现为无产阶级和资产阶级之间的冲突。"现代社会主义不过是这种实际冲突在思想上的反映，是它在头脑中，首先是在那个直接吃到它的苦头的阶级即工人阶级的头脑中的观念上的反映。"① 这就是说，科学社会主义是在无产阶级和资产阶级的斗争过程中总结概括出来的，反映了广大无产阶级的愿望，代表了广大无产阶级的利益，必定会被广大工人阶级所接受，成为指导无产阶级推翻资本主义制度、获得翻身解放的理论武器。

恩格斯深刻分析资本主义社会生产力和生产方式的冲突及其表现形式，揭示资本主义必然被社会主义所取代的客观必然性。在资本主义生产方式出现以前，普遍存在着以劳动者私人占有生产资料为基础的小生产，即小农的和城市的手工业。资本主义生产方式和资产阶级的历史作用，是把这些分散的小的生产资料加以集中和扩大，把它们变成现代的强有力的生产杠杆。在这个过程中，机械生产代替了手工生产，需要成百上千人协作的工厂代替了小作坊，生产本身由一系列的个人行动变成一系列的社会行动，产品也从个人产品变成社会产品。这就是说，生产资料和生产实质上已经社会化了，但是，生产资料却归资本家私人占有。社会化生产和资本主义私人占有之间的矛盾，已经包含着现代一切冲突的萌芽。随着资本主义生产的发展，社会化生产和资本主义私人占有之间的矛盾表现为"无产阶级和资产阶级的对立"以及"个别工厂中生产的组织性和整个社会中生产的无政府状态之间的对立"，其结果必然导致周期性的经济危机。经济危机的爆发说明资本主义生产方式已经陈旧过时，"一方面，资本主义生产方式暴露出它没有能力继续驾驭这种生产力。另一方面，这种生产力本身以日益增长的威力要求消除这种矛盾，要求摆脱它作为资本的那种属性，要求在事实上承认它作为社会生产力的那种性质。"尽管资产阶级迫于这种压力不得不在资本关系内部可能的限度内进行调整，努力把生产力当作社会生产力看待，"但是，无论向股份公司的转变，还是向国家财产的转

---

① 恩格斯：《社会主义从空想到科学的发展》，人民出版社 2018 年版，第 62 页。

变，都没有消除生产力的资本属性。"[1] 这一点在股份公司是十分明显的。恩格斯指出，资本主义国家也只是资产阶级为了维护资本主义生产方式而建立的组织，不管它的形式如何，本质上都是资本主义的国家，代表着资本家的利益和愿望。资本主义国家越是把更多的生产力据为己有，就越是成为真正的总资本家，越是剥削更多的公民。工人仍然是雇佣劳动者，是无产者。在资本主义国家里，资本关系并没有被消灭，反而被推到了顶点。然而，任何事物发展到顶点都是必然会发生变革。生产力的社会化与生产资料资本主义私人占有之间的矛盾尖锐冲突，使资本主义生产方式到了被消灭的时候，社会主义生产方式代替资本主义生产方式成为历史的必然。

恩格斯全面论述了社会主义代替资本主义的实现方式和依靠力量，初步设想出共产主义社会的基本特征。资本主义社会多种冲突的解决只能是事实上承认现代生产力的社会本性，也就是使生产、占有和交换的方式同生产资料的社会性质相适应，由社会公开地和直接地占有只能由社会管理的生产力。那个时候，社会的生产无政府状态就让位于按照社会总体和每个成员的需要而作出的有计划的生产状态，资本主义的占有方式让位于以现代生产资料的本性为基础的社会占有方式。即一方面由社会直接占有生产资料，由社会按计划组织生产和扩大生产，保证整个社会经济的平衡运行；另一方面由个人直接占有生活资料和享受资料，按照个人的意愿安排生产进行各项消费，保证个人和家庭生活的正常进行。这里完整地描绘出在社会主义制度下生产资料和生活资料的占有方式。

恩格斯指出，资本主义生产方式日益把大多数居民变为无产者，从而就把无产者打造成一种在死亡的威胁下不得不去完成这个变革的力量。资本主义生产方式日益迫使人们把大规模的社会化的生产资料变为国家财产，这就指出完成变革的途径是无产阶级通过革命掌握由资本主义国家掌握的生产资料。那么，无产阶级将取得国家政权，并且首先把生产资料变为国家财产。这样一来，它就消灭了作为无产阶级的自身，消灭了一切阶级差别和阶级对立，也消

---

[1]　恩格斯：《社会主义从空想到科学的发展》，人民出版社 2018 年版，第 74 页。

灭了国家。当然，国家不是"被废除"的，它是自行消亡的。因为，当不再有需要加以镇压的社会阶级的时候，当阶级统治的根源被消除和由此产生的冲突也随着被消除了的时候，也就不再需要国家这种特殊的镇压力量了。那时，对人的统治将由对物的管理和对生产过程的领导所代替。随着社会占有生产资料，也消除了资产阶级对政治统治、教育垄断和精神领导地位的占有，不仅可能保证一切社会成员有富足的和一天比一天充裕的物质生活，而且还可以保证他们的体力和智力获得充分的自由的发展和运用。一旦社会占有了生产资料，商品生产就将被消除，而产品对生产者的统治也将随之消除；社会生产将改变无政府状态，而代之以有计划的自觉的组织；个体生存斗争停止了，人在一定意义上才最终从动物的生存条件进入真正人的生存条件，因为人们已经成为自身的社会结合的主人，也就第一次成为自然界的自觉的和真正的主人；人们在充分认识和把握自然规律、社会规律的基础上，完全自觉地自己创造自己的历史，实现人们的目的。这就是人类从必然王国进入自由王国的飞跃。

恩格斯最后指出："完成这一解放世界的事业，是现代无产阶级的历史使命。深入考察这一事业的历史条件以及这一事业的性质本身，从而使负有使命完成这一事业的今天受压迫的阶级认识到自己的行动的条件和性质，这就是无产阶级运动的理论表现即科学社会主义的任务。"①

三、时代价值和现实意义

《社会主义从空想到科学的发展》是马克思主义的经典名著。今天我们重新学习和研究这部著作，以其所体现的思想为指导去认识和把握当代世界的发展大势，去思考中国特色社会主义建设实践过程中出现的新情况、新问题，寻找应对的措施，探索解决问题的方案，增强解决改革发展过程中重大理论和实践问题的本领，有着重要的意义。

---

① 恩格斯：《社会主义从空想到科学的发展》，人民出版社 2018 年版，第 81 页。

（一）思维方式的创新是实现理论创新的重要前提

恩格斯在《社会主义从空想到科学的发展》中，全面回顾了社会主义发展的历史过程，分析了各种空想社会主义学派的局限性，说明科学社会主义产生的必然性。值得我们注意的是，在分析科学社会主义产生的必然性的过程中，恩格斯用了很大的篇幅来叙述辩证法和形而上学的对立以及唯物辩证法的产生。这种做法决不是随意的。他在 1882 年德文第一版序言中说："科学社会主义本质上就是德国的产物，而且也只能产生在古典哲学还生气勃勃地保存着自觉的辩证法传统的国家，即在德国。唯物主义历史观及其在现代的无产阶级和资产阶级之间的阶级斗争上的特别应用，只有借助于辩证法才有可能。"[①] 在这里，恩格斯强调的是辩证法取代形而上学所实现的思维方式的创新在社会主义由空想到科学的发展进程中的重要作用。

当然，仅仅强调辩证法是不够的，唯心主义辩证法并不能解决社会历史的发展问题。辩证法只有和唯物主义结合起来成为唯物辩证法，才能真正实现思维方式的创新。列宁说：马克思"离开黑格尔走向费尔巴哈，又进一步从费尔巴哈走向历史（和辩证）唯物主义"[②]。只有坚持运用唯物辩证法，才能够把社会历史看成有规律的发展过程，而不是偶然事件的堆积，才有可能去探讨社会发展的一般规律；只有坚持运用唯物辩证法，才能克服旧唯物主义的局限性，找到探索社会发展规律的途径。这也便是历史唯物主义的创立。马克思、恩格斯之所以能够解决许多优秀的思想家想解决而没有能够解决的资本主义社会发展所面临的种种问题，能够使社会主义理论由空想变成科学，实现理论的创新，最根本、最关键的一点，在于思维方式的创新。没有思维方式的创新，就不可能正确分析资本主义社会的基本矛盾运动过程，就不可能科学认识无产阶级反对资产阶级的斗争，就不可能正确揭示人类社会发展的客观规律，就不可能创立科学社会主义的理论体系。

---

① 恩格斯：《社会主义从空想到科学的发展》，人民出版社 2018 年版，第 8 页。

② 《列宁全集》第 38 卷，人民出版社 1959 年版，第 386—387 页。

当前，我们正处在全面深化改革的关键时期，实践当中出现许多新情况、新问题。要解决这些新问题必须要有理论创新、制度创新、科技创新、文化创新、管理创新等，但最重要的是思维方式的创新。可以说，能否实现思维方式上的创新，直接关系到社会主义改革开放事业的兴衰成败，关系到"两个一百年"宏伟目标能否实现，关系到中华民族伟大复兴历史使命能否完成。当然，思维方式的创新决不是主观随意的，而恰恰是按照辩证思维来进行思考，即一切从实际出发，坚持全面的、联系的、发展的观点去分析问题；反对从主观愿望出发，采取片面的、孤立的、静止的观点去分析问题。通过思维方式的创新，带来各项工作的全面创新。因此，我们在重新学习恩格斯的这部著作时，应该认真去体会其关于思维方式创新的思想，尽快自觉地使自己的思维方式适应时代发展的需要，适应完成所肩负的历史使命的需要。

（二）科学社会主义与民主社会主义存在根本区别

近些年民主社会主义思潮在中国得到传播，一些人把欧洲国家的快速发展归因于坚持了民主社会主义，有些人搞不清科学社会主义与民主社会主义的区别，甚至有人主张用民主社会主义取代科学社会主义，在社会上造成了一定的思想混乱。

社会民主主义或民主社会主义是对起源于欧洲社会主义运动中的改良主义的一个统称。最初是指 19 世纪 40 年代法、德等国社会民主工党或社会党等的主张。他们自称社会民主主义者，主张依靠资产阶级国家的帮助，来组织"国家工厂"，从而建立起社会主义。这些观点是极端错误的，在当时就受到马克思、恩格斯的尖锐批判。马克思认为，他们"代表着摇摆于资产阶级和无产阶级之间的群众，这些群众的物质利益要求民主制度"，是"半保守、半革命和全然空想的改良家"。① 在马克思、恩格斯逝世之后，社会民主主义经历了曲折的发展过程，改名为民主社会主义。1951 年 6、7 月间，他们在德国法兰克

① 马克思：《1848 年至 1850 年的法兰西阶级斗争》，人民出版社 2018 年版，第 85 页。

福召开了国际社会党会议，宣告社会党国际正式成立，并通过了题为《民主社会主义的目标和任务》的基本纲领，把"民主社会主义"作为社会党国际的目标和宗旨。此后，随着国际局势的发展变化，他们也力图不断丰富和完善自己的思想。

通过阅读《社会主义从空想到科学的发展》一文，我们从马克思、恩格斯的关于科学社会主义的论述当中，可以看出科学社会主义与民主社会主义至少在七个方面是根本对立的：

1. 对生产资料所有制的态度：这是科学社会主义与民主社会主义的根本区别之点

恩格斯说："我根本不把自己称做社会民主主义者，而称做共产主义者。这是因为当时在各个国家里那些自称是社会民主主义者的人根本不把全部生产资料转归社会所有这一口号写在自己旗帜上。"[1] 科学社会主义认为，无产阶级取得政权后，必须根据生产力的发展要求，有步骤地"把全部生产资料转归社会所有"，不断提高劳动生产率，提高全体人民的物质和文化生活水平。所以马克思和恩格斯曾庄严宣布："共产党人可以把自己的理论概括为一句话：消灭私有制。"[2] 民主社会主义不认为生产资料的社会占有是社会主义的必要条件和根本基础，而认为这只是实现社会主义可有可无的条件，没有决定意义。甚至有人把资本主义私有制看作是"民主的因素"和"自由的表现"，认为消灭私有制就等于消灭民主和自由。这就完全丧失了社会主义应有的本质特征，成了为资本主义私有制永恒存在作论证的理论。

2. 理论基础：科学社会主义以辩证唯物主义和历史唯物主义为理论基础

恩格斯说：现代社会主义，"同任何新的学说一样，它必须首先从已有的思想材料出发，虽然它的根子深深扎在经济的事实中。"[3] 科学社会主义批判地改造了空想社会主义和黑格尔的辩证法思想，创立了历史唯物主义学说，并以此为理论武器分析资本主义社会的基本矛盾，揭示了资本家剥削工人的秘密。

① 《马克思恩格斯文集》第4卷，人民出版社2009年版，第448页。
② 马克思、恩格斯：《共产党宣言》，人民出版社2018年版，第42页。
③ 恩格斯：《反杜林论》，人民出版社2018年版，第15页。

正是唯物主义历史观和剩余价值这两大发现，使社会主义由空想变成科学。民主社会主义以人道主义为理论基础。他们从"人是目的，不是手段"出发，把"自由、平等、正义、友爱、互助"作为社会主义的基本内容。以此为基础所构建的理论体系必然是脱离工人阶级革命斗争的实际，陷入一种混乱、多元、自相矛盾的状态。

3.指导思想：科学社会主义始终坚持马克思主义的指导思想

如果否认马克思主义的指导作用，搞指导思想的多元化，必然会导致党组织和广大党员思想混乱，从而不可避免地导致党在政治上软弱和组织上分裂，甚至导致党的衰亡。民主社会主义主张指导思想的多元化，思想来源的多途径化，反对单一的思想理论基础。有的人甚至打着"政党没有世界观"的旗号，把民主社会主义说成是"人类社会思想的最高成就"，是"一种吸收日常生活各种表现及其精神的开放性理论"。当前，指导思想多元化已经成为导致民主党思想混乱、组织分裂的根本原因。

4.社会发展动力：科学社会主义主张社会基本矛盾的运动是社会发展的根本动力

生产力和生产关系、经济基础和上层建筑的矛盾，构成人类社会的基本矛盾。"随着新生产力的获得，人们改变自己的生产方式，随着生产方式即谋生的方式的改变，人们也就会改变自己的一切社会关系。"[1] 由此推动着人类社会由低级到高级的发展。所以，历史唯物主义"在劳动发展史中找到了理解全部社会史的锁钥"。[2] 民主社会主义主张伦理的必然性。认为"为所有的人争取平等的机会，使他们能在他们共同生活和劳动的一切领域发挥自己的个性，这是欧洲社会主义的原动力"[3]。这是非常典型的唯心史观。

5.社会前进目标：科学社会主义主张实现最高理想是共产主义

即当实现"全部生产资料转归社会所有"之后，就会使社会生产力快速发展，社会财富极大丰富，阶级彻底消灭，国家完全消亡，人把自己从自然界、

---

① 《马克思恩格斯选集》第1卷，人民出版社1995年版，第142页。

② 恩格斯：《路德维希·费尔巴哈和德国古典哲学的终结》，人民出版社2018年版，第55页。

③ 托马斯·迈尔：《社会民主主义导论》，中央编译出版社1996年版，第5页。

社会关系和人类自身的束缚中提升出来，获得自由而全面的发展。民主社会主义主张，要实现所有的人在一切生活领域的自决权。以此为社会目标，在经济上，"一种以全社会的利益为目标的经济计划和劳动者对经济的参与和决定是这一社会制度的特征"；政治上，国家要成为为全社会利益服务的工具，人们由于共同的利益联系在一起而能够互相关怀和互相帮助。很显然，在资本主义制度下，这只能是闪耀着绚丽色彩的肥皂泡。

6. 实现途径：科学社会主义强调用暴力革命推翻资本主义社会

因为，社会基本矛盾作为社会发展的根本动力，在阶级社会集中表现为敌对阶级之间的对立和斗争。资本主义社会基本矛盾的解决，只有通过无产阶级反对资产阶级的斗争，摧毁旧的上层建筑及其维护的经济基础，夺取政权，建立与生产力发展要求相适应的新上层建筑和经济基础才能实现。所以，马克思说："暴力是每一个孕育着新社会的旧社会的助产婆。"[1] 但是，马克思、恩格斯从来不排除和平转变的可能性。民主社会主义反对革命尤其是反对暴力革命，主张和平过渡和议会道路。提出："在社会主义为争取解放的斗争中，以及在社会主义关于一个符合人道精神的社会的设想中，团结互助是起关键作用的。只有当单个的人懂得通过自愿的团结为他人的生活机会分担责任并据此采取行动时，所有的人的自由和平等才是可能的。"[2] 很显然，在尚存在剥削制度的资本主义社会，这些观念不仅是不可能实现的，而且会成为削弱工人阶级革命斗志的麻痹剂。

7. 党的性质：科学社会主义强调无产阶级政党的阶级性

共产党是无产阶级的先锋队组织，以马克思主义为指导思想，按照民主集中制的原则组织起来，具有坚强的组织纪律性和战斗力，是领导社会主义事业的核心力量，肩负着领导广大人民推翻资本主义制度、实现社会主义和共产主义的伟大历史使命。民主社会主义强调党的全民性，主张社会党的大门向一切承认民主社会主义的人们敞开。这是为了适应扩大党的群众基础，争取更多的

---

[1]　恩格斯：《反杜林论》，人民出版社 2018 年版，第 195 页。

[2]　托马斯·迈尔：《社会民主主义导论》，中央编译出版社 1996 年版，第 31 页。

选票，提高自己在议会中地位的需要。但是，这种做法使党的性质发生了根本性变化，党"已经从一个工人阶级的政党变成了人民的政党"，党不再是以领导无产阶级推翻资本主义，建设社会主义为历史使命的党，而成为政治多元化体制中的多个政党中的一员。这就完全否定了党的阶级性、革命性和先进性。

不可否认，民主社会主义与科学社会主义在历史渊源上是有联系的。但是，随着社会主义运动的深入发展，民主社会主义把科学社会主义的基本原则完全抛弃了，使二者成为两个完全不同的思想体系。如果把两个思想体系混为一谈，甚至用民主社会主义取代马克思、恩格斯的科学社会主义，则是完全错误的。

现代社会主义的基本著作

——《家庭、私有制和国家的起源》导读

《家庭、私有制和国家的起源》（以下简称《起源论》）是一部以辩证唯物主义和历史唯物主义为指导，系统研究和阐述家庭、私有制和国家起源问题的著作。列宁在著名的《论国家》中高度评价了这部著作。他说："我希望你们在研究国家问题的时候看看恩格斯的著作《家庭、私有制和国家的起源》。这是现代社会主义的基本著作之一，其中每一句话都是可以相信的，每一句话都不是凭空说的，而是根据大量的史料和政治材料写成的。"[①]

---

① 《列宁选集》第 4 卷，人民出版社 1995 年版，第 26—27 页。

一、历史背景和写作原因

写作这部著作在某种程度上是实现马克思的"遗愿"，即用唯物主义的历史研究所得出的结论来阐述摩尔根的研究成果，阐明这些成果的全部意义。早在 19 世纪 40 年代，马克思、恩格斯就对原始社会史的研究发生兴趣。在《德意志意识形态》中，就曾探讨过原始社会所有制结构与社会结构问题。因为当时研究原始社会的材料极其缺乏，人们对于社会的史前状况几乎一无所知，还不具备系统研究的条件。1877 年，摩尔根《古代社会》一书出版。恩格斯指出，摩尔根根据自己在美国印第安人部落中长期调查研究所获得的大量第一手资料，论述了人类早期的婚姻、家庭和社会组织的情况，以自己的方式"重新发现了 40 年前马克思所发现的唯物主义历史观，并且以此为指导，在把野蛮时代和文明时代加以对比的时候，在主要点上得出了与马克思相同的结果"①。马克思对这部著作十分重视，进行了认真的研究，写下了十分详细的摘要，作了重要的批注，并准备根据这些材料写一部关于原始社会的著作。可惜他未能完成计划就与世长辞了。恩格斯在整理马克思的书籍和遗稿的过程中，发现了马克思 1880—1881 年间对摩尔根《古代社会》一书所作的详细摘要、评语和论述等材料，在对其进行认真研究之后，决定利用马克思的批语和摩尔根著作中某些结论和实际材料，来写一部专门的著作，以实现马克思的遗愿。

用唯物主义历史观研究古代社会，进一步揭示人类社会各个发展阶段的基本规律。恩格斯指出，马克思主义政治经济学是广义政治经济学，不仅研究

---

① 恩格斯：《家庭、私有制和国家的起源》，人民出版社 2018 年版，第 3 页。

人类社会一定阶段的生产关系，而且研究人类社会各个发展阶段的生产关系以及人类社会从低级向高级的发展规律。因此，马克思晚年十分重视对古代社会史的研究，写出多篇读书摘要；恩格斯也十分关注原始社会史方面的问题，并对欧洲几个民族的早期社会作过系统深入的研究，先后撰写过《爱尔兰史》等著作和论文。摩尔根《古代社会》一书，为恩格斯原始社会史的研究工作"提供了前所未有的事实根据"。因此，恩格斯充分利用摩尔根的发现，力图通过自己的研究来填补人类古代社会史研究的空白，阐明人类古代社会史的基本特征，揭示从原始社会到资本主义社会以及共产主义社会的发展规律，同时也用这些新的研究成果进一步阐明唯物主义历史观的普遍意义。

适应当时革命斗争发展的需要。从1871年巴黎公社革命失败到20世纪初，是世界资本主义相对和平发展的时期，也是自由资本主义向垄断资本主义过渡的时期。此时，资本主义社会所固有的各种矛盾日益暴露和尖锐化，一场新的革命风暴正在酝酿之中。马克思主义在欧美各国得到广泛传播，并被广大工人阶级所接受。这些情况引起一些资产阶级思想家的恐慌，他们利用当时原始社会史方面材料不足、研究不够的情况，散布各种错误理论，在私有财产制度、婚姻家庭形式、国家起源等问题上制造混乱，力图推翻马克思主义关于人类社会发展规律的科学理论。因此，恩格斯写作这本著作，运用历史唯物主义观点来研究和说明人类原始社会发展过程中带有根本性的问题，从而使历史唯物主义成为真正的科学理论。

回应当时思想界和学术界对家庭、私有制和国家等热点问题的研究。在马克思主义诞生以前，由于各种原因，有的学者否认原始社会是人类历史发展的一个阶段；有的学者力图用"文明史"来代替全部人类历史，把阶级社会所特有的一些现象看成是人类社会永恒存在的普遍现象。这种观点也影响了马克思和恩格斯，以至于在《共产党宣言》中写道："至今一切社会的历史都是阶级斗争的历史。"后来，恩格斯在1888年英文版专门为这句话加上了注释："在1847年，社会的史前史，成文史以前的社会组织，几乎还没有人知道。"[1] 随

---

① 马克思、恩格斯：《共产党宣言》，人民出版社2018年版，第27页注②。

着社会发展史研究的逐步深入，人们对印度、俄国、日耳曼、爱尔兰古代农村公社陆续有了新的发现，对原始社会史的研究取得许多重大成果，尤其是《古代社会》一书，开辟了原始社会史研究的新时代。尽管这些研究成果极大地推动了原始社会史和婚姻家庭史的研究，但存在着许多错误观点和荒诞传说。因此，用历史唯物主义的观点来研究和揭示人类史前史的任务，就责无旁贷地落到马克思主义创始人肩上。

由此可见，马克思和恩格斯在摩尔根《古代社会》出版以前，就对原始社会及其历史进行过独立的研究，并提出过许多颇有价值的观点。《起源论》可以说是两位思想家近 40 年共同研究的理论结晶，是马克思主义发展史上一部十分重要的文献。

二、主要内容和基本理论

全书由两篇序言和九章正文构成。

"1884 年第一版序言"，说明写作这种著作在某种程度上是为了实现马克思的"遗愿"，即联系唯物主义的历史研究所得出的结论来阐述摩尔根的研究成果。

"1891 年第四版序言"，说明修改、补充、出版《起源论》第四版的必要性；回顾了学界对古代社会研究过程，肯定摩尔根研究成果的伟大功绩。

第一章，史前各文化阶段。包括蒙昧时代、野蛮时代两个部分，从总体上阐述原始社会各文化阶段及其基本特征。这里所讲的"文化"，是泛指人类所创造的物质文明成果和精神文明成果在内的整个社会发展状态。"史前各文化阶段"指原始社会发展的各个历史阶段。

第二章，家庭。依据历史唯物主义的基本原理，着眼于家庭关系与社会经济发展的密切关系，把家庭关系作为一个历史范畴来加以考察，提出血缘家庭、普那路亚家庭、对偶制家庭、专偶制家庭四种主要家庭形式的产生的原因、存在的条件和基本特点，系统研究了人类家庭的起源和发展的历史。

第三章，易洛魁人的氏族。揭示氏族制度的产生、基本特征和主要职能。

第四章，希腊人的氏族。说明了国家产生之前父系氏族时期的社会状况和基本特点。

第五章，雅典国家的产生。论述了雅典国家形成的过程及其典型意义。

第六章，罗马的氏族和国家。阐述了罗马氏族制度瓦解和国家形成过程的特点。

第七章，凯尔特人和德意志人的氏族。分析了凯尔特和德意志氏族制度瓦解的过程。

第八章，德意志人国家的形成。阐释了德意志人国家形成过程的特点。

第九章，野蛮时代和文明时代。这是全书的理论总结，探讨人类社会从无阶级社会向阶级社会过渡的内在原因。

阅读这部著作要把握的基本理论有：

（一）两种生产理论

恩格斯系统阐述了马克思主义关于两种生产的理论。他说："根据唯物主义观点，历史中的决定性因素，归根结底是直接生活的生产和再生产。但是，生产本身又有两种。一方面是生活资料即食物、衣服、住房以及为此所必需的工具的生产；另一方面是人自身的生产，即种的繁衍。"[1] 这就是说，生产作为历史唯物主义的决定性因素，实际上包含着两种生产，即物质资料的生产和人口的生产；这两种生产相互依赖、相互制约、相互作用，共同推动着人类社会的发展。物质资料的生产必须依赖一定数量的人口；没有一定数量的人口作基础，物质资料的生产是不可能进行的。反之，一定数量的人口的存在，必须以相应的物质资料的生产为条件；没有相应的物质资料生产出相应的物质产品，人口的数量也不可能维持，也就谈不上社会的存在和发展了。因此，两种生产的发展要有适当的比例，否则会造成严重的社会后果。

---

[1] 恩格斯：《家庭、私有制和国家的起源》，人民出版社 2018 年版，第 4 页。

恩格斯指出，与两种生产相适应，每一个时代的人所生活的社会制度实际上是受到两种生产的制约：一方面受劳动发展阶段的制约，即受到物质资料生产阶段的制约；另一方面受家庭的发展阶段的制约，即受到不同家庭制度下人口数量生产的制约。那么，在人类社会发展史上，两种生产对社会制度的制约作用是一样吗？恩格斯说，不是的。当一个社会的物质资料生产能力越不发展，劳动产品的数量或者社会财富就越少，那么，社会制度就越在较大程度上受血族关系的支配。人类社会发展史就证明了这一点。在原始社会里，人们的物质生产能力极其低下，人们生活在以血缘关系为基础构建的氏族或部落中，过着以自然分工为基础、生活资料归全体成员所有的生活。随着生产能力的提高，劳动生产率日益发展，出现了剩余产品，这就使得产品交换、财产差别、使用他人的劳动力成为可能；随着社会分工的发展，有的管理者利用手中的权力去占有别人的劳动而成为富人，部分成员则因为各种原因成为穷人；随着私有制的建立，富人和穷人逐步分化为两个阶级；两个阶级在历史发展过程中，也在竭力改变旧的社会制度以建立与自己相适应的新的社会制度；然而，两个阶级的矛盾和斗争，最后必然导致一个彻底的变革：以血缘团体为基础的旧社会由于各阶级的冲突而被炸毁，代之而起的是以地区团体为基础的国家了。在这种社会中，家庭制度完全受所有制的支配，阶级对立和阶级斗争从此自由开展起来，这种阶级对立和阶级斗争构成了直到今日的全部成文史的内容。由此可见，在人类社会发展进程中，人口生产的作用呈现出逐步减弱的态势；而物质资料的生产的作用则不断加强，最后完全取代了人口生产的作用，成为社会制度的决定性因素。

恩格斯关于两种生产的理论，阐述了物质资料生产和人口生产的相互关系，揭示二者在社会发展过程中的作用，极大地深化了对生产概念的理解，完善了人类社会发展史的内容，丰富和发展了历史唯物主义基本原理。

（二）原始社会各文化阶段理论

恩格斯在开篇就肯定了摩尔根的研究成果。他说："摩尔根是第一个具有专门知识而尝试给人类的史前史建立一个确定的系统的人；他所提出的分期法，在没有大量增加的资料要求作出改变以前，无疑依旧是有效的。"[1] 摩尔根把原始社会划分为三个时代：蒙昧时代、野蛮时代、文明时代，并根据生产方式的进步，把这两个时代又分为低级阶段、中级阶段和高级阶段。他主要研究前两个时代以及向第三个时代过渡的相关问题。蒙昧时代的低级阶段是人类的童年，人类以自然生长的果实、坚果、根为食物，有了音节清晰的语言；中级阶段从采用鱼类作为食物和使用火开始；高级阶段从弓箭的发明开始。野蛮时代的低级阶段从学会制陶术开始；中级阶段在东大陆是从驯养家畜开始，在西大陆是从靠灌溉之助栽培食用植物以及在建筑上使用土坯和石头开始；高级阶段是从铁矿石的冶炼开始，并由于拼音文字的发明及其应用于文献记录而过渡到文明时代。

恩格斯把摩尔根的分期概括为：蒙昧时代是以获取现成的天然产物为主的时期；人工产品主要是用作获取天然产物的辅助工具。野蛮时代是学会畜牧和农耕的时期，是学会靠人的活动来增加天然产物生产的方法的时期。文明时代是学会对天然产物进一步加工的时期，是真正的工业和艺术的时期。恩格斯充分利用摩尔根的研究成果，批判了资产阶级学者把"史前史"排除在人类历史之外的观点，肯定原始社会是人类社会发展的第一个阶段，是人类社会生产方式的第一种类型，是全部人类历史发展的基础和出发点。

（三）家庭起源及其发展理论

针对资产阶级思想家把家庭关系看作是永恒的、固定不变的唯心主义和形而上学观点，恩格斯依据历史唯物主义的基本原理，着眼于家庭关系与社会经济发展的密切关系，把家庭关系作为一个历史范畴来加以考察。他指出，家庭是在人类社会一定发展阶段上产生的、以两性关系和血缘关系为基础的、受物质资料生产方式制约的人类生活的社会组织形式，阐述了马克思主义关于家庭

---

[1] 恩格斯：《家庭、私有制和国家的起源》，人民出版社2018年版，第20页。

的基本理论。

恩格斯指出，最初的人类是生活在原始人集团中，没有夫妻、父母、子女关系，也没有家庭。随着原始社会的发展，产生了家庭，并相继出现四种形式：血缘家庭、普那路亚家庭、对偶家庭和专偶制家庭。血缘家庭是人类历史上最早出现的家庭形式，它把婚姻关系限制在同辈人之间，严格禁止不同辈份的人通婚。普那路亚家庭在血缘家庭的基础上进一步排除了兄弟姊妹之间的通婚。这是自然选择的结果，也是社会经济发展的必然要求。血缘家庭和普那路亚家庭都是群婚制，是与人类尚处于蒙昧时代的发展状况相适应的。对偶家庭是群婚制向一夫一妻制过渡的婚姻家庭形式，表现为一男一女在或长或短的时期内很不牢固的结合。在这种家庭中，妇女居于支配地位，享有崇高的社会地位，相当于母权制的阶段。对偶婚制是与人类尚处于野蛮时代的发展状况相适应的。专偶制家庭"是在野蛮时代的中级阶段和高级阶段交替的时期从对偶制家庭中产生的；它的最后胜利乃是文明时代开始的标志之一"。[①] 这种家庭形式完全受私有规律的支配，个体家庭已经成为社会的经济单位。恩格斯揭示了专偶制家庭的本质、特点和内部矛盾，批判了资产阶级的婚姻家庭观念，指出资产阶级的家庭总是权衡利弊的婚姻，"妻子和普通娼妓的不同之处，只在于她不是像雇佣女工做计件工作那样出租自己的肉体，而是把身体一次永远出卖为奴隶。"[②] 只有推翻资本主义制度，建立社会主义制度，才能从根本上消除资产阶级家庭的一切丑恶现象，实现广大妇女的自由解放，才能建立起真正意义上的一夫一妻制家庭。

（四）氏族制度理论

资产阶级学者为资本主义制度存在的合理性和永恒性做论证，用唯心主义的虚构来歪曲人类原始社会史。恩格斯以摩尔根发现的北美印第安人部落易洛

---

① 恩格斯：《家庭、私有制和国家的起源》，人民出版社 2018 年版，第 65 页。

② 恩格斯：《家庭、私有制和国家的起源》，人民出版社 2018 年版，第 77 页。

魁人氏族为例，并运用已获得的古代希腊人、罗马人、克尔特人和德意志人氏族的大量历史材料，说明了原始社会的一般特点，分析私有制的产生和原始社会的瓦解过程，有力地驳斥了资产阶级的观点。

恩格斯充分利用摩尔根所提供的丰富材料，进一步研究了氏族的本质、习俗和基本职能。他指出，氏族是表示一种有共同的世系，并且借某种社会的和宗教的制度而组成的特殊的血族团体。而氏族制度的形成与家庭的发展阶段有着密切的联系，即在绝大多数场合都是从普那路亚家庭中直接发生的。因为在这种家庭形式下，父系血统不能确定，子女只能依照母系确定。随着人类的进化，婚姻关系各种限制的不断增多，一切兄弟姊妹间不能通婚，男人只能同其他世系的妇女结婚，女子也只能与非血缘集团的男子结婚，其所生的子女都归女系集团，氏族就自然形成了。

恩格斯研究了易洛魁人胞族、部落和部落联盟的构成与职能。胞族是部落内部三四个甚至更多的氏族联合而成的特殊集团，其职能部分是社会性质的，部分是宗教性质的。部落联盟是氏族制度发展的最高形式，其形成一般经过两个阶段，即从暂时联盟到永久联盟。暂时联盟是亲属部落因紧急需要而结成的，随着紧急需要的消失即告解散。永久联盟是亲属部落为了长期共同利益结合而成的，这样就朝民族的形成跨出了第一步。恩格斯认为，易洛魁人的社会制度反映了国家产生之前社会制度的一般状况，对易洛魁人社会制度的认识和把握，可以帮助我们在研究人类史前史的过程中，即使在没有资料作依据的地方，也能够解决最困难的疑难和哑谜。

恩格斯分析了"这种十分单纯质朴的氏族"的"美妙"之处和局限性。首先，这里没有国家机器。没有士兵、宪兵和警察，没有贵族、国王、总督、地方官和法官，没有监狱，没有诉讼，而一切都是有条有理的。一切争端和纠纷，都由当事人的全体即氏族或部落来解决，或者由各个氏族相互解决。其次，原始共产制的经济基础。家户经济是由一组家庭按照共产制共同经营，土地是全部落的财产，仅有小小的园圃归家户经济暂时使用。最后，大家都是平等、自由的，包括妇女在内。没有奴隶，也没有奴役异族的事情。恩格斯强调："在没有分化为不同的阶级以前，人类和人类社会就是如此。"①"但我们不要忘记,这种组织是注定要灭亡的。"因为它有其自身无法克服的局限性。首先,狭隘性。部落始终是人们的界限;部落、氏族及其制度,都是神圣不可侵犯的,都是自然所赋予的最高权力,个人在感情、思想和行动上始终是无条件服从的。这就必然导致氏族社会缺乏创造活力和进步动力。其次,封闭性。氏族或部落之间由于不受法律保护而没有明确的和平条约,使之经常发生战争,而这种战争的残酷性是其他动物所不能相比的,必然促使其灭亡。最后,不能适应生产力进一步发展的需要。因为,全盛时期的氏族制度,"其前提是生产极不发展,因而广大地区内人口极度稀少;因此,人类差不多完全受着同他异己地对立着的、不可理解的外部大自然的支配"。②随着生产力的发展,产品逐渐有了剩余,便产生了占有和剥削他人劳动的可能性,氏族制度就不可避免地被打破,而且也确实被打破了。然而,打破氏族制度的并不是某种崇高的势力,而是被认为是最卑下的利益、最卑鄙的手段。

在这里,恩格斯深刻地揭示了历史发展的辩证法:既赞赏了氏族制度的美妙,又说明其自身存在的局限性导致其灭亡的必然性;既批判了私有制和私有观念的罪恶,又肯定其在社会发展过程中产生的必然性和历史作用。最后,恩格斯揭露了文明时代的实质:在其整整两千五百余年的存在期间,只不过是一幅区区少数人靠牺牲被剥削和被压迫的大多数人而求得发展的图画罢了,而这种情形,在资本主义社会比从前更加厉害了。这就揭露出资本主义社会依然是私有制的社会,是少数人剥削和奴役大多数人的社会,戳穿了资产阶级思想家对资本主义制度的粉饰和维护。

(五)父系氏族理论

恩格斯以希腊人氏族作为研究对象。希腊人出现在历史舞台上的时候,已经站在文明时代的门槛上了,就是说很快进入阶级社会了;群婚的痕迹正开始

---

① 恩格斯:《家庭、私有制和国家的起源》,人民出版社 2018 年版,第 105 页。

② 恩格斯:《家庭、私有制和国家的起源》,人民出版社 2018 年版,第 106 页。

显著地消失，母权制已让位给父权制。这是正在产生的私有制在氏族制度上打开的第一个缺口。由于在实行父权制以后，富有的女继承人的财产在她出嫁时应当归她的丈夫所有，从而归别的氏族所有，这样便摧毁了整个氏族制度存在的基础，因此，为了把少女的财产保留在氏族以内，不仅允许少女在氏族内出嫁，而且规定必须这样做。这就破坏了氏族实行外婚制的原则。这是在氏族制度上打开的第二个缺口。

恩格斯进一步研究了希腊人氏族的主要职能，特别是研究了希腊人部落和"小民族"的权力机关，即议事会、人民大会、军事首长的职能，批判资产阶级学者围绕这些问题的错误观点。最后得出结论说："我们看到，在英雄时代的希腊社会制度中，古代的氏族组织还是很有活力的，不过我们也已经看到，它的瓦解已经开始：由子女继承财产的父权制，促进了财产积累于家庭中，并且使家庭变成一种与氏族对立的力量；财产的差别，通过世袭贵族和王权的最初萌芽的形成，对社会制度发生反作用；奴隶制起初虽然仅限于俘虏，但已经开辟了奴役同部落人甚至同氏族人的前景；古代部落对部落的战争，已经逐渐蜕变为在陆上和海上为攫取牲畜、奴隶和财宝而不断进行的抢劫，变为一种正常的营生，一句话，财富被当做最高的价值而赞美和崇敬，古代氏族制度被滥用来替暴力掠夺财富的行为辩护。"[①] 人类社会发展至此时，国家就必然出现。国家不仅保障单个人新获得的财富不受氏族制度的共产制传统的侵犯，不仅使以前被轻视的私有财产神圣化，并宣布这种神圣化是整个人类社会的最高目的，而且还给相继发展起来的获得财产从而不断加速财富积累的新的形式，盖上社会普遍承认的印章；国家不仅使正在开始的社会分裂为阶级的现象永久化，而且使有产者阶级剥削无产者阶级的权利以及前者对后者的统治永久化。这就概括了国家机关代替氏族组织的一般进程，揭示了国家机关与氏族组织之间的历史联系和本质区别，也深刻揭露了国家产生的根源和本质。

---

① 恩格斯：《家庭、私有制和国家的起源》，人民出版社 2018 年版，第 119—120 页。

（六）社会三次大分工理论

恩格斯用大量的史料描述了社会三次大分工及其后果，用生动的语言向我们描述了人类社会从无阶级社会向阶级社会的转变过程。

恩格斯坚持唯物主义历史观的立场，从社会发展的一般经济条件来说明人类社会由野蛮时代过渡到文明时代所经历的三次社会大分工。第一次社会大分工是游牧部落从其余的野蛮人群中分离出来，即畜牧业与原始农业开始脱离，成为一个主要的劳动部门。随着分工的实现，手里有牛、羊等牲畜的人需要粮食，而手里有粮食的人需要牛、羊肉，这就促使交换的经常化；商品交换的经常化催生了货币的出现。随着劳动生产率的提高，人们生产出来的产品不仅能够满足维持自身生存的需要，甚至有了一定剩余，这就使的吸收新的劳动力成为人们向往的事情。战争提供了新的劳动力，俘虏变成了奴隶。结果是第一次社会大分工，在提高劳动生产率、增加社会财富和扩大生产领域的同时，必然带来奴隶制。第一次社会大分工导致了第一次社会大分裂，出现主人和奴隶、剥削者和被剥削者两个阶级；随着畜群和其他新财富的出现，在家庭中也发生了革命，母权制让位于父权制，对偶婚制逐步过渡到专偶婚制，古代氏族制度出现了一个裂口。

第二次社会大分工是手工业和农业的分离。随着分工的实现，出现了直接以交换为目的的生产，即商品生产；随着商品交换范围迅速扩大，贵金属由于自身的特殊性开始成为占优势的和普遍性的货币商品；随着社会财富的积累和集中，社会的阶级结构发生变化，奴隶制进一步发展，阶级分化日益加剧，除了自由民和奴隶的差别外，又出现了富人和穷人的差别。与此同时，社会的生产单位也发生变化，共同耕地逐渐被吞并而变成私人财产，个体家庭开始成为社会的经济单位；随着生产单位的变化必然带来社会政治结构的变化，酋长和军事首长由同一家庭选举制逐渐变为世袭制，世袭王权和世袭贵族的基础奠定下来了；氏族制度开始转化为自己的对立物，出现了一个独立的统治和压迫机关，这个机关就是国家。这时，人类已经走到文明时代的门槛了，私有制、阶级和国家的确立都成为不可避免的事情了。

第三次社会大分工是文明时代所特有的、有决定意义的一次分工：它创造了一个不再从事生产而只从事产品交换的阶级——商人。商人根本不参与生产，却通过控制着商品的交换权利而夺取了生产的领导权，并在经济上使生产者服从自己；它成了两个生产者之间的不可缺少的中间人，在进行商品交换时对他们双方都进行剥削。至此，一个寄生阶级、真正的社会寄生虫阶级形成了，它从国内和国外的生产上榨取油水，很快就获得了大量的财富和相应的社会影响，在文明时期便取得了越来越荣誉的地位和对生产的越来越大的统治权，直到它自己也生产出自己的产品——周期性的商业危机为止。

（七）国家产生、发展、消亡的基本理论

恩格斯在分析社会三次大分工的基础上，揭示了国家的起源、特征、本质及其消亡的必然性，系统阐述了马克思主义关于国家问题的基本理论。

关于国家的起源。恩格斯在分析雅典国家、罗马国家、德意志国家三种国家产生的主要形式的基础上，指出国家决不是从外部强加于社会的力量，也不像黑格尔所断言的是"伦理观念的现实"，"理性的形象和现实"。确切地说，国家是社会一定发展阶段上的产物，是这个社会陷入了不可解决的自我矛盾、分裂为不可调和的对立面而又无力摆脱这些对立面的产物。为了使这些对立面、这些经济利益互相冲突的阶级，不致在无谓的斗争中把自己和社会消灭，就需要有一种表面上凌驾于社会之上的力量，这种力量应当缓和冲突，把冲突保持在"秩序"的范围以内；这种从社会中产生但又自居于社会之上并且日益同社会相异化的力量，就是国家。

关于国家的特征。恩格斯把国家机构与氏族组织进行比较研究，提出国家有几个基本特征：一是按地区来划分国民，而不是按血缘关系来划分国民。二是公共权力的设立，拥有代替居民自动武装的特殊的武装队伍，即常备军、宪兵、警察等，以及物质附属物，如监狱、法庭等各种强制机关。三是公民要缴纳捐税，这是维持公共权力所必需的。四是有一支掌握着公共权力和征税权的专门的官吏队伍，他们凭借着法律而享有特殊神圣和不可侵犯的地位。

关于国家的本质。恩格斯指出："由于国家是从控制阶级对立的需要中产生的，由于它同时又是在这些阶级的冲突中产生的，所以，它照例是最强大的、在经济上占统治地位的阶级的国家，这个阶级借助于国家而在政治上也成为占统治地位的阶级，因而获得了镇压和剥削被压迫阶级的新手段。"① 简言之，国家是经济上、政治上占统治地位的阶级用来镇压和剥削被统治、被压迫阶级的工具。

关于国家消亡的必然性。恩格斯说："国家并不是从来就有的。曾经有过不需要国家、而且根本不知道国家和国家权力为何物的社会。在经济发展到一定阶段而必然使社会分裂为阶级时，国家就由于这种分裂而成为必要了。现在我们正在以迅速的步伐走向这样的生产发展阶段，在这个阶段上，这些阶级的存在不仅不再必要，而且成了生产的真正障碍。阶级不可避免地要消失，正如它们从前不可避免地产生一样。随着阶级的消失，国家也不可避免地要消失。在生产者自由平等的联合体的基础上按新方式来组织生产的社会，将把全部国家机器放到它应该去的地方，即放到古物陈列馆去，同纺车和青铜斧陈列在一起。"② 这说明，国家作为一种历史现象，不是从来就有的，也不会永恒存在下去；国家的产生和阶级的产生一样，是社会分工和经济发展到一定阶段的产物，有其历史的必然性；随着社会分工更加细化、经济更加高度发展，随着阶级的消亡国家也要消亡，同样有着历史的必然性。因此，国家消亡要具备一定的社会条件，如生产力的高度发展，阶级的彻底消灭，社会结构是一种自由平等的联合体，社会经济活动是按照新的方式来组织的。

恩格斯阐述文明时代即阶级社会的主要特征：一是商品生产得到充分发展，完全改变了整个社会。不仅生产者丧失了对全部生产的支配权，商人也不能掌握这种支配权，生产及其产品都任凭偶然性摆布，最终导致周期性的商业

---

① 恩格斯：《家庭、私有制和国家的起源》，人民出版社 2018 年版，第 191 页。
② 恩格斯：《家庭、私有制和国家的起源》，人民出版社 2018 年版，第 192—193 页。

危机。二是人的劳动力成了商品，因为人的劳动力能够提供大大超过维持生产者生存所需要的产品，所以人的劳动力成为可以交换和消费的商品。三是指出文明时代有三大时期，即奴隶社会、中世纪的封建社会、近代的资本主义社会，与此相对应存在着三大奴役形式，即奴隶制、中世纪的农奴制和近代的雇佣劳动制。四是经济生活中出现了许多原始社会没有的现象，如金属货币、货币资本、利息和高利贷、作为生产者之间的商人，奴隶劳动成为占统治地位的生产形式。五是出现专偶制家庭形式，个体家庭成为社会经济单位。六是出现了国家，它在一切典型时期毫无例外地都是统治阶级的国家，其本质上都是镇压被压迫被剥削阶级的机器。

恩格斯揭露了文明时代的本质。由于文明时代的基础是一个阶级对另一个阶级的剥削，其全部发展都是在阶级矛盾和阶级斗争中进行的。由于生产资料的私有制，决定着生产的每一个进步，同时也是被压迫阶级即大多数人的生活状况的一个退步；生产资料占有者的任何一个新的解放，都必然是对被压迫被剥削阶级的新的压迫。在生产资料私有制的条件下，社会进步的动力是人们最卑劣的冲动和情欲，社会进步是通过损害人们的其他一切禀赋为代价而使之变本加厉的来实现的。鄙俗的贪欲是文明时代自始至终起推动作用的灵魂；追求财富是文明时代唯一的、具有决定意义的目的。文明时代统治者的统治方法是伪善的，他们为了掩盖自己与社会的对立，想方设法把自己与整个社会等同起来，宣称凡对统治阶级好的对整个社会也应该是好的；如果被剥削阶级不懂得这一点，甚至想要造反的话，那就是对行善的人即对剥削者的一种最卑劣的忘恩负义行为。恩格斯揭露了文明时代的血淋淋本质，描述了文明时代最卑劣的冲动和贪欲，刻画出文明时代统治者的伪善和虚假，让每一个读者从中认识到"文明时代"真的不文明，必须用真正文明时代去代替。

恩格斯关于家庭、私有制和国家的起源的分析，无论是从哲学、史学、社会学还是从文学的角度来看，都是十分精彩的。整篇文章一气呵成，神采飞扬，材料翔实，分析透彻，令人信服，值得我们认真研读。

三、时代价值和现实意义

恩格斯的《起源论》可以说是内容博大精深，理论体系恢宏，今天读来依然深受启发。

（一）科学理解国家的本质和功能

恩格斯在《起源论》中把国家问题作为重点，系统分析了国家的起源、实质、特征及其消亡。列宁曾经指出："我所以提到这部著作，是因为它在这方面提供了正确观察问题的方法。它是从叙述国家产生的历史开始的。"[①] 恩格斯从国家产生和存在的物质基础发展的必然性来提出问题和解决问题的。他使用的历史唯物主义的研究方法，从生产力和生产关系、经济基础和上层建筑的矛盾入手来分析社会发展的历史进程，最终揭示国家产生、发展和消亡的内在规律。同时，应该清醒认识到，国家消亡是一个相当长期的历史过程，是随着各项客观条件的成熟而实现的。这是一个新质因素的逐渐积累和旧质因素的逐渐减少、消失的过程。无产阶级取得革命胜利后当然要建立国家，同时要创造各种条件为国家的消亡做好准备。

恩格斯系统研究了国家的功能，明确指出国家的功能具有二重性：国家不仅是阶级斗争的暴力工具，同时也具有公共权力的职能。以前在谈到马克思主义的国家观时，我们往往过于强调阶级斗争的暴力工具这一方面，而对公共权力的研究和重视不够。近年来，越来越多的学者从《起源论》中得到启示，结合当今世界发展的现实，冷战时代已经结束，和平、发展和合作、共赢成为时代的主题，认真研究国家职能的问题。我国的根本任务是进行现代化建设，以经济建设为中心，大力发展社会生产力，不断满足人民日益增长的物质和文化生活的需要。在社会主义市场经济的条件下，国家的政治职能，是维护政治秩

[①] 《列宁选集》第 4 卷，人民出版社 1995 年版，第 43—44 页。

序和社会稳定，包括依法打击极少数敌对势力、敌对分子的破坏活动、犯罪活动和健全社会主义民主制度两个方面；国家的经济职能主要是进行经济调节、市场监管、社会管理和公共服务。国家的文化职能，即组织文化建设的职能。文化建设能够保证社会主义经济建设的正确发展方向，能为经济建设提供精神动力、智力支持和思想保证。一方面加强对全体人民的思想宣传教育，提高全民族的思想道德素质，另一方面组织发展教育、科学、文化、艺术、卫生、体育等各项事业，提高全民族的科学文化素质。社会公共服务职能，即为国家发展创造良好的社会环境和自然环境，包括搞好社会治安，保护公共财物，建立和健全社会保障制度，兴办公共工程，保护环境等。随着对国家职能的重新认识，政府职能也必须随之进行转变。政府职能的转变是说，国家行政机关要在一定时期内，根据国家和社会发展的需要，对其应担负的职责和所发挥的功能、作用的范围、内容、方式的转移与变化。政府职能转变包括管理职权、职责的改变，管理角色的转换，管理手段、方法及其模式的转变等。因此，在全面深化改革的过程中，特别是在制度设计过程中强调国家职能的全面运用和充分发挥，这对于深入把握马克思主义的国家观以及丰富和完善社会发展理论是十分重要的。

（二）正确处理物质生产和人口生产的关系

恩格斯在《起源论》的第一版序言中提出两种生产的理论。恩格斯指出："历史中的决定性因素，归根结底是直接生活的生产和再生产。但是，生产本身又有两种。一方面是生活资料即食物、衣服、住房以及为此所必需的工具的生产；另一方面是人自身的生产，即种的繁衍。一定历史时代和一定地区内的人们生活于其下的社会制度，受着两种生产的制约：一方面受劳动的发展阶段的制约，另一方面受家庭的发展阶段的制约。"[①]

恩格斯关于两种生产的理论对于当前如何处理好物质生产和人口生产的

---

① 恩格斯：《家庭、私有制和国家的起源》，人民出版社 2018 年版，第 4 页。

关系问题具有重要的指导意义。我们必须充分认识到，物质生产对于社会的进步和发展无疑具有决定性作用，同时，我们也不可忽视人口生产对社会的制约作用。人是生产者，也是消费者。有一个时期由于我们只看到人是生产者的一面，单纯强调"众人拾柴火焰高"，而忽视了人也是消费者的一面，结果导致人口增长过快，严重影响了我国经济社会的发展。因此，我们决定开展全国范围的计划生育工作，并把计划生育工作上升为基本国策。我们当时制定的计划生育政策是：晚婚晚育，少生优生；一对夫妇只生育一个孩子。国家干部和职工、城镇居民除有特殊情况经过批准可以生育第二个孩子外，一对夫妇只生育一个孩子，某些群众确有实际困难，经过批准间隔几年以后可生育第二个孩子。应该肯定，从理论上来看，计划生育政策是符合恩格斯两种生产理论的，注意在大力发展物质生产的同时，使物质生产与人口生产协调发展；从实践上来看，确实有效控制了当时中国人口增长过快的势头，缓解了资源环境的压力，为经济社会发展创造了更好的条件。

然而，随着经济社会的快速发展，生产力的发展状况和人口数量的发展状况出现大量新情况新问题，如生育率超低、生育意愿降低、劳动力短缺、人口素质的反淘汰、空巢化严重、老龄化加剧、大量失独家庭的存在等，可以说人口因素已成为制约我国经济、社会持续稳定发展的重要因素之一。因此，我们适时出台"二胎"、"三胎"生育政策；党的十九大报告要求"促进生育政策和相关经济社会政策配套衔接，加强人口发展战略研究"。我们必须从当代中国经济社会发展的实际出发，认真总结我国实行计划生育政策所取得的成功经验，积极借鉴国外在解决人口问题上所获得的文明成果，逐步完善我国的人口政策，适应我国人口总量和结构变动趋势，统筹解决好人口数量、素质、结构和分布问题，促进人口长期均衡发展。

马克思主义哲学概论

——《路德维希·费尔巴哈和德国古典哲学的终结》导读

这是一部马克思主义哲学经典著作。在这部著作中，恩格斯着重说明马克思主义哲学同德国古典哲学、主要是黑格尔哲学和费尔巴哈哲学的关系，揭示马克思主义哲学的理论来源；概括了当时社会实践和自然科学发展的最新成就，系统阐述马克思主义哲学的基本原理，特别是历史唯物主义的基本原理；说明马克思主义哲学的创立是人类哲学史上的伟大变革，为无产阶级革命提供了强大的思想武器。因此，这部著作被誉为马克思主义哲学概论，也成为马克思主义哲学发展史上马克思、恩格斯阶段的总结性成果。恩格斯多次谈到这本著作，他在1890年给德国大学生约·布洛赫的信中说："我也可以向您指出我的《欧根·杜林先生在科学中实行的变革》和《路德维希·费尔巴哈和德国古典哲学的终结》，我在这两部书里对历史唯物主义作了就我所知是目前最为详尽的阐述。"[1] 列宁也曾指出："在恩格斯的著作《路德维希·费尔巴哈》和《反杜林论》里最明确最详尽地阐述了他们的观点，这两部著作同《共产党宣言》一样，都是每个觉悟工人必读的书籍。"[2] 这部著作也是今天学习和研究马克思主义哲学的必读著作。

---

[1] 《马克思恩格斯文集》第10卷，人民出版社2009年版，第593页。

[2] 《列宁选集》第2卷，人民出版社1995年版，第310页。

一、历史背景和写作原因

恩格斯在 1888 年单行本"序言"中讲述了写作这部著作的背景和原因。

首先，为了实现历史的夙愿，全面系统地阐明马克思主义哲学同德国古典哲学的关系。大家都知道，德国古典哲学特别是黑格尔哲学和费尔巴哈哲学是马克思主义哲学的直接理论来源。一些资产阶级思想家就利用了这一点，说马克思主义哲学是黑格尔哲学和费尔巴哈哲学的相加，没有什么新东西。因此，早在 19 世纪 40 年代，马克思、恩格斯就决定"共同阐明"这个问题，为此写了《德意志意识形态》一书，可惜当时没有出版。在此后 40 多年的时间里，马克思和恩格斯都"没有过机会回到这个题目上来"。因此，恩格斯借着写书评的机会，来全面系统地说明马克思主义哲学同德国古典哲学关系。

其次，为了适应当时思想斗争的需要，为无产阶级提供科学的世界观和方法论。当时思想界的状况是：马克思主义哲学得到广泛传播，他们的著作被翻译成多种文字大量出版，被广大工人阶级所接受。面对这种状况，资产阶级拿不出新的哲学来对抗马克思主义哲学，只好复活德国古典哲学，在德国工人运动产生了很坏的影响。恩格斯说："在这种情况下，我感到越来越有必要把我们同黑格尔哲学的关系，我们怎样从这一哲学出发又怎样同它脱离，作一个简要而又系统的阐述。"

正是在这一种历史背景下，德国社会民主党《新时代》杂志编辑部邀请恩格斯为丹麦社会学家施达克的书写篇评论文章。施达克于 1885 年写了《路德维希·费尔巴哈》一书，批判德国哲学界对费尔巴哈的攻击，这是值得肯定的。但是，施达克不懂得怎样区分唯物主义和唯心主义，认为费尔巴哈"相信人类进步"、追求"理想的目的",是唯心主义哲学。这实际上提出一个重大哲学理论问题,即区分唯物主义和唯心主义的标准是什么?怎样评价费尔巴哈哲学?因此,恩格斯答应了《新时代》杂志社的请求写作了这部著作,于1886年分两次发表在《新时代》杂志上。1888年修改后出版单行本。

二、主要内容和基本理论

本著作的逻辑结构非常清晰,分四章和一个结束语。

第一章,系统分析马克思主义哲学与黑格尔哲学的关系。恩格斯指出,19世纪的德国和18世纪的法国一样,哲学革命也作了政治变革的前导,但哲学革命的形式不同。法国资产阶级经济上受剥削,政治上受压迫,思想上受迫害,因此,他们坚持唯物主义、无神论和暴力革命的思想。德国资产阶级则受到很高的礼遇,他们成为青年的导师,他们的著作成为公认的教科书,黑格尔哲学甚至被推崇为国家哲学。德国资产阶级既想革命,又怕革命,这种政治上的两面性决定着他们哲学体系上的内在矛盾性,语言内容上的迂腐晦涩性,哲学语言上的笨拙枯燥性。那么,德国资产阶级会要求革命吗?他们怎样表达革命的意愿呢?恩格斯以黑格尔"两个凡是"命题为例进行分析,揭示其辩证法的"合理内核",阐述辩证发展观的基本思想,说明黑格尔哲学体系和方法之间矛盾必然会导致其哲学的解体。

第二章,分析费尔巴哈唯物主义自然观,说明其哲学的贡献和缺陷。为了正确评价费尔巴哈哲学的性质,恩格斯开宗明义精辟地论述了哲学基本问题,"全部哲学,特别是近代哲学的重大的基本问题,是思维和存在的关系问题",确立了划分唯物主义哲学和唯心主义哲学的根本标准;按照这个标准,全面分析了费尔巴哈哲学,肯定"这自然是纯粹的唯物主义",是费尔巴哈哲学的"合理内核"。恩格斯用令人信服的逻辑,从三个方面批评了施达克混淆唯物主义和唯心主义的错误。

第三章,分析费尔巴哈宗教哲学和伦理哲学,揭示其唯心主义历史观,全面阐述了马克思主义宗教观和伦理观。说明费尔巴哈没有完成的历史使命，是必定要有人来完成的，这个人就是马克思。马克思超越于费尔巴哈最根本的一步，是用"关于现实的人及其历史发展的科学来代替"对抽象的人的崇拜，从而创立了历史唯物主义。

第四章，总结了工人运动的经验，概括了自然科学的最新成就，批判地吸取和改造了人类认识史上，特别是德国古典哲学中的优秀成果，解决了费尔巴哈遗留的四大哲学问题，一是确立了哲学的研究对象，即研究自然界、思维和人类社会发展一般规律的学说；二是批判地改造黑格尔唯心主义辩证法，创立唯物主义辩证法；三是把唯物论和辩证法、辩证唯物主义自然观和历史观统一起来，建立了科学的理论体系；四是全面阐述了马克思主义哲学，特别是唯物史观的基本内容。马克思主义哲学的创立，使哲学第一次真正获得了科学的性质，实现了人类哲学史上的伟大变革。

在结束语中，恩格斯分析了1848年革命后德国资产阶级和无产阶级对待理论的不同态度，论述了哲学的党性原则；说明"在劳动发展史中找到了理解全部社会史锁钥的新派别，一开始就主要是面向工人阶级的，并且从工人阶级那里得到了同情"。说明马克思主义是工人运动的指导思想，被广大工人阶级所接受，并通过工人运动使自己的理论变成现实的社会主义运动。全文最后一句话，"德国的工人运动是德国古典哲学的继承者"。强调"工人运动"是继承者，突出了马克思主义哲学的实践特性，说明马克思主义哲学是在实践基础上的革命性和科学性的高度统一。

阅读这部著作应该掌握的基本理论有：

（一）辩证发展观理论

恩格斯运用逻辑的方法分析了黑格尔的著名哲学命题，阐述了辩证发展观的基本原理。黑格尔的命题是："凡是现实的都是合乎理性的，凡是合乎理性的都是现实的"。恩格斯指出，"这显然是把现存的一切神圣化"。正是由于把这个命题中的"现实"等同于"现存"了，人们普遍认为这是为普鲁士现存统治秩序作辩护的，因此引起"近视的政府的感激"和同样"近视的自由派的愤怒"。所谓"近视"是说只看到文字表面的意思，没有看到理论推导所展示的逻辑力量。

恩格斯运用逻辑的力量对这个命题进行深入的分析。首先现存不等于现实。在黑格尔看来，决不是一切现存的都无条件地也是现实的。现实性这种属性仅仅属于那些是必然的、合乎规律的事物。现存是指当下存在的一切事物。也就是当下存在的事物当中，只有一部分是现实的。那么，现实的东西会不会永远都是现实的呢？不是。在发展进程中，一切现实的东西都会因条件的变化而丧失其必然性和合理性；一种新的、富有生命力的现实的东西就会代替正在衰亡的现实的东西。由此得出结论：这样一来，黑格尔的这个命题，由于黑格尔的辩证法本身，就转化为自己的反面："凡是现存的，都一定要灭亡。"看看，一个让政府感激、让自由派愤怒的命题，经过恩格斯的分析得出完全革命的结论。

通过对黑格尔"两个凡是"命题的分析，恩格斯指出："黑格尔哲学的真实意义和革命性质，正是在于它彻底否定了关于人的思维和行动的一切结果具有最终性质的看法。"就人的认识来看，真理不是一堆现成的、一经发现就只需要熟读死记的教条，而是在科学长期发展中获得并随着科学的发展而不断从低级阶段向高级阶段的上升的过程。就人类社会来看，社会发展是一个永恒发展的过程，不会达到一种完美的最终状态而结束。可是人们总是希望有完美的社会和国家！恩格斯告诉大家，完美的社会和国家只是在幻想中才存在，而现实的社会和国家总有其不完美的一面；人类社会是不断地由低级向高级的无穷发展进程，其中任何一个历史阶段都具有暂时性；每一历史阶段都有自己存在的理由，但最终都要被新的更高的阶段所取代；历史阶段的更替是社会内部条件发展的结果，是由"它自己内部逐渐发展起来的新的、更高的条件"造成的。这就告诫我们，必须重视研究社会存在和发展的条件，离开了条件一切都是妄谈。

恩格斯在对黑格尔辩证法思想批判改造的基础上，进一步阐述了辩证发展观的基本内容。第一，一切事物都是不断发展变化的，其总趋势是前进的上升的运动。"在它面前，不存在任何最终的东西、绝对的东西、神圣的东西；它指出所有一切事物的暂时性；在它面前，除了生成和灭亡的不断过程、无止境地由低级上升到高级的不断过程，什么都不存在。"① 这就和形而上学划清了界限。第二，主观辩证法是客观辩证法的反映。客观辩证法是指客观世界的辩证发展过程及其规律；主观辩证法是指思维的辩证法，是客观世界的辩证发展过程及其规律在人们头脑中的反映。这样就把黑格尔的唯心主义辩证法颠倒过来，创立了唯物主义辩证法。第三，在事物的发展过程中，运动是绝对的，静止是相对的。"诚然，它也有保守的方面：它承认认识和社会的一定阶段对它那个时代和那种环境来说都有存在的理由，但也不过如此而已。这种观察方法的保守性是相对的，它的革命性质是绝对的——这就是辩证哲学所承认的唯一绝对的东西。"② 所谓"保守性"是指辩证法承认事物发展一定阶段的相对稳定性或静止状态，"革命性"是指运动的绝对性。这就和相对主义划清界限。

由此可见，黑格尔不是简单地被放在一边，而是批判地继承了他的革命方面即辩证方法，重新唯物地把我们头脑中的概念看做现实事物的反映，而不是把现实事物看作绝对概念的某一阶段的反映。这样，辩证法就归结为关于外部世界和人类思维的运动的一般规律的科学。

（二）哲学基本问题理论

在马克思主义哲学创立之前，唯物主义和唯心主义的概念已经被广泛使用。但是，由于没有确立正确划分唯物主义和唯心主义哲学的标准，导致哲学研究的混乱，严重影响了哲学学科的发展。恩格斯要评价费尔巴哈哲学的性质，首先必须确立科学的评价标准。因此，第二章开篇就提出："全部哲学，特别是近代哲学的重大的基本问题，是思维和存在的关系问题。"③ 思维和存

---

① 恩格斯：《路德维希·费尔巴哈和德国古典哲学的终结》，人民出版社 2018 年版，第 9 页。
② 恩格斯：《路德维希·费尔巴哈和德国古典哲学的终结》，人民出版社 2018 年版，第 9—10 页。
③ 恩格斯：《路德维希·费尔巴哈和德国古典哲学的终结》，人民出版社 2018 年版，第 17 页。

在、精神和物质两对范畴，是对丰富多彩的大千世界进行哲学抽象而最后得到的两类现象，是对世界大本源问题的思考。为什么说思维和存在或精神和物质的关系构成哲学基本问题呢？我们通常讲三个理由：一是这对关系是人们的实践活动必然遇到的矛盾，无法回避的。二是这对关系是哲学作为从总体上把握世界的理论体系，必须回答的问题。三是这对关系是哲学家回答其他一切哲学问题的前提和基础，决定着哲学的性质。应该肯定，哲学基本问题的提出，是恩格斯总结人类认识史的经验，在哲学史上第一次得出的科学结论。

哲学基本问题根源于蒙昧时代的愚昧无知的观念，随着人类社会的发展和自我意识的提高，特别是在文艺复兴时期欧洲人从基督教中世纪的长期冬眠中觉醒后，才被十分清楚地提了出来。

哲学基本问题包含两个方面的内容。一方面是，思维与存在、精神与物质何者为本原的问题，这是区分唯物主义和唯心主义的唯一标准。恩格斯说："哲学家依照他们如何回答这个问题而分成了两大阵营。凡是断定精神对自然界说来是本原的，从而归根到底承认某种创世说的人，组成唯心主义阵营。凡是认为自然界是本原的，则属于唯物主义的各种学派。"[①] 另一方面是，思维能不能认识世界的问题，即世界的可知性问题，也叫作思维和存在的同一性问题。绝大多数哲学家都对这个问题作了肯定的回答。唯物主义认为人的认识是对客观世界的反映，自然也就承认世界的可知性。彻底的唯心主义者也认为世界是可知的。有少数哲学家否认认识世界的可能性，或者至少否认彻底认识世界的可能性，这就是不可知论者。康德和休谟是其主要代表人物。

恩格斯强调的是，恰恰是不可知论在哲学的发展上起过很重要的作用。比如康德，他是一位在各个领域都引发了"哥白尼式革命"的人物，在哲学领域同样如此。康德的哲学贡献在于，把人类哲学的思路从本体论研究转到认识论研究，把研究关注点从对客体的研究转到对主体的研究。然而，康德哲学也存在着不可克服的矛盾和缺陷。他对人的认识能力进行了充分的研究，却把其看作是脱离具体的认识活动而一成不变的东西；肯定存在着"自在之物"，又认

---

① 恩格斯：《路德维希·费尔巴哈和德国古典哲学的终结》，人民出版社2018年版，第18页。

为"自在之物"不可知；他认为主体与客体是完全对立的，又认识到不把二者
统一起来便不可能产生认识，可是找不到把二者统一起来的途径。康德留下的
哲学矛盾和缺陷，成为后人必须解决的哲学课题。

恩格斯运用辩证唯物主义的实践观点，对不可知论进行了彻底的批判。他
认为，对不可知论最有力的批判是实践，由此阐明了实践是检验真理的唯一标
准的观点。他指出："对这些以及其他一切哲学上的怪论的最令人信服的驳斥
是实践，即实验和工业。既然我们自己能够制造出某一自然过程，按照它的条
件把它生产出来，并使它为我们的目的服务，从而证明我们对这一过程的理解
是正确的，那么康德的不可捉摸的'自在之物'就完结了。"历史证明，从笛
卡儿开始的近代哲学，前进的动力不是纯粹的思想的力量，而是自然科学和
工业的强大而日益迅猛的进步。马克思把实践的观点引进认识论，在实践的
基础上把主体和客体统一起来，才使人的认识具有可能性；坚持实践是认识的
来源、是检验认识真理性的标准；人的认识能力是在实践中产生、发展、完善
的；社会生活在本质上是实践的。马克思主义认识论不仅彻底批判了唯心主义
和不可知论，而且克服了旧唯物主义认识论的缺陷。

恩格斯特别强调："唯心主义和唯物主义这两个用语本来没有任何别的意
思，它们在这里也不是在别的意义上使用的。"如果给这两个用语附加以政治
或其他的意思，就会造成极大的混乱。

（三）马克思主义宗教观

费尔巴哈关于宗教有两个重要观点：一是把宗教同人与人的感情混为一
谈，二是把全部人类历史说成是宗教变迁史。

恩格斯明确指出："人与人之间的、特别是两性之间的感情关系，是自从
有人类以来就存在的"，这是与人类共存亡的社会现象。宗教是人类社会发展
到一定阶段的产物，并随着生产力和科学文化的高度发展以及阶级的彻底消灭
而最终被消灭。所以，把这二者混为一谈是错误的。费尔巴哈力图把人类感情
关系宗教化，实际上是"想以一种本质上是唯物主义的自然观为基础建立真正

的宗教，这就等于把现代化学当作真正的炼金术"。

恩格斯运用历史事实批判了费尔巴哈把人类历史说成是宗教变迁史的错误观点。他指出，并不是所有的历史的转变，都一定伴随着宗教的变迁；历史上只有佛教、基督教和伊斯兰教这三大宗教，才在人类历史上起过较大的作用，至于其他宗教对历史发展并没有多大的影响。而三大宗教虽然在世界历史上起过重大的作用，但这种作用也只是影响，而不是决定作用。因此，从人类历史发展的进程来看，不是宗教的变迁决定历史的发展，而是历史的发展决定宗教的变迁。

（四）马克思主义伦理道德观

恩格斯在批判费尔巴哈道德学说的过程中，阐述了马克思主义关于道德的一些基本观点。费尔巴哈从抽象的人出发，认为追求幸福的欲望是人生来就有的，是人应享有的平等权利，这是一切道德的基础；"对己以合理的节制，对人以爱"，是道德的基本原则。

恩格斯以伦理学的重要概念"善、恶"为例揭示了费尔巴哈伦理学的唯心主义本质，肯定黑格尔关于"恶是历史发展动力"的思想，批评费尔巴哈忽视恶的作用的做法。恩格斯指出，恶是历史发展的动力，主要有两层意思：其一，恶是一种否定的力量，新事物取代旧事物往往采取恶的形式，亵渎神圣事物，叛逆现存秩序；其二，在阶级社会中，人的恶劣的情欲如贪欲和权势欲成了历史发展的杠杆。因此，历史唯物主义告诉我们，社会生产力是人类社会的根本动力，是评价历史进步与落后的根本标准；如果仅仅依据道德的标准来看待或评价历史的发展，很容易导致唯心主义。

针对费尔巴哈主张的"追求幸福的欲望是人生来就有的"是一切道德的基础的思想，恩格斯指出，追求幸福的欲望受到双重的矫正：第一，受到我们的行为的自然后果的矫正；酒醉之后，必定头痛；放荡成习，必生疾病。第二，受到我们的行为的社会后果的矫正：要是我们不尊重他人同样的追求幸福的欲望，那么他们就会反抗，妨碍我们自己追求幸福的欲望。这就是说，人虽然有追求幸福的欲望，但是这需要和外部世界发生关系，需要有满足这些欲望的手段，如食物、异性、书籍、娱乐、活动等。如果一个人只同自己打交道，他追求幸福的欲望只有在非常罕见的情况下才能得到满足，而且决不会对己对人都有利。

针对费尔巴哈主张"对己以合理的节制，对人以爱"是道德的基本原则，恩格斯指出，在阶级社会里，费尔巴哈的道德基本原则更显示出空想性；在阶级社会里，关于他人追求幸福的平等权利，对于被剥削阶级来说，或者根本得不到承认，或者说口头上得到承认而事实上根本无法享有。如在古代奴隶和奴隶主之间，在中世纪的农奴和领主之间，难道谈得上有追求幸福的平等权利吗？答案肯定是否定的。由此提出了一个非常重要的思想："追求幸福的欲望只有极微小的一部分可以靠观念上的权利来满足，绝大部分却要靠物质的手段来实现"。这就是说，资产阶级在反对封建制度的斗争中，在发展资本主义生产的过程中，不得不废除一切等级的即个人的特权，并在口头上承认了平等的权利。但是，由于资本主义制度剥削性质所决定，资产阶级所关心的仅仅是使工人阶级这个绝大多数"权利平等的人"仅有最必需的东西来勉强维持生活，因此，资产阶级对多数人追求幸福的平等权利所给予的尊重，即使有也未必比奴隶制或农奴制所给予的多一些。这就是说，资产阶级口头上承认人人都有平等权利，而实际上由于资本主义社会制度所决定，资本家有"平等"剥削工人的权利，而工人阶级只有"平等"受剥削的权利。因此，工人阶级要获得追求幸福的平等权利，必须利用物质的力量，推翻资本主义制度。这就从根本上揭示了费尔巴哈平等观的虚伪性和空想性。

恩格斯在批判费尔巴哈伦理学观点的基础上，阐述了马克思主义关于道德的一些基本观点。首先，一切道德原则都是具体的、历史的，是随着社会历史发展而不断变化的；那种适用于一切时代、一切民族、一切情况的永恒道德原则是根本不存在的。其次，在阶级社会中，每一个阶级、每一个行业都有自己的道德，道德具有阶级性。最后，泛爱的道德在阶级社会中只能导致有害的结果。

（五）唯物辩证法理论

恩格斯全面阐述了马克思对黑格尔唯心辩证法的改造过程，说明这种改造的实质就是把黑格尔所本末倒置的辩证法再颠倒过来。即"重新唯物地把我们头脑中的概念看作现实事物的反映，而不是把现实事物看作绝对概念的某一阶段的反映"。这样就产生了唯物主义辩证法，即"关于外部世界和人类思维的运动的一般规律的科学"。

恩格斯论述了客观辩证法和主观辩证法的关系："这两个系列的规律在本质上是同一的，但是在表现上是不同的"；一个是自发的，一个是自觉的；一个具有客观形式，一个具有主观形式。客观辩证法是主观辩证法的基础，主观辩证法是对客观辩证法的反映。这就摆正了两种辩证法的关系，把被黑格尔颠倒了的辩证法重新颠倒过来，不是用头立地而是重新用脚立地了。

恩格斯精辟地表述了唯物辩证法的基本思想："一个伟大的基本思想，即认为世界不是既成事物的集合体，而是过程的集合体，其中各个似乎稳定的事物同它们在我们头脑中的思想映象即概念一样都处在生成和灭亡的不断变化中，在这种变化中，尽管有种种表面的偶然性，尽管有种种暂时的倒退，前进的发展终究会实现"。[①] 这就是说，在唯物辩证法看来，客观世界不是彼此孤立和一成不变的事物的简单堆积，而是普遍联系和永恒发展的过程的统一体；人的思想作为客观世界在人们头脑中的反映，也是不断运动、变化、发展的；客观世界和人类思想的发展有其内在的规律，不以各种表面偶然性为转移；在世界发展变化中尽管有表面的偶然性和暂时倒退，但前进的总趋势是不可阻挡的。

恩格斯还指出，真正坚持辩证法的基本思想是不容易的，因为"口头上承认这个思想是一回事，实际上把这个思想分别运用于每一个研究领域，又是一回事"，突出强调要在广泛的社会实践中坚持唯物辩证法的思想，并提出始终坚持唯物辩证法必然得出的五点结论：第一，"关于最终解决和永恒真理

---

① 恩格斯：《路德维希·费尔巴哈和德国古典哲学的终结》，人民出版社 2018 年版，第 40 页。

的要求就永远不会提出了"。客观世界是不断发展的，人们的认识是永无止境的，不可能获得所谓的绝对真理。第二，"人们就始终会意识到他们所获得的一切知识必然具有的局限性，意识到他们在获得知识时所处的环境对这些知识的制约性"。人们在特定历史条件下获得的认识总是不完善，一是受主体认识能力和认识水平的局限，二是受客观条件的制约，因此，一定要自觉超越这种局限和制约。第三，不存在不可克服的对立双方，对立双方不仅是相互矛盾、相互斗争，也是相互联系、相互转化的。第四，真理和错误的对立只有相对的意义，"今天被认为是合乎真理的认识都有它隐蔽着的、以后会显露出来的错误的方面，同样，今天已经被认为是错误的认识也有它合乎真理的方面，因而它从前才能被认为是合乎真理的"。第五，必然性由大量偶然性所构成，偶然性中隐藏着必然性，要善于从偶然性的研究中寻找出必然性、规律性的东西来。

（六）社会发展规律性理论

社会发展有没有规律性？在马克思主义创立之前，有些思想家直接给予了否定的回答；有些思想家如黑格尔力图寻找社会发展的规律，却因为理论的错误而没有得出正确的结论。恩格斯指出，如同自然界的历史发展过程一样，社会历史的发展也有自己的客观规律。历史唯物主义的任务就是要发现社会历史领域中的现实的联系，"发现那些作为支配规律在人类社会的历史上起作用的一般运动规律。"

恩格斯阐述了社会历史发展规律的客观性。他指出，社会历史的发展和自然界的发展确实存在着显著的差别。在自然界中，全是没有意识的、盲目的力量在彼此发生作用，而一般规律就表现在这些力量的相互作用之中。相反，在社会历史领域内，进行活动的是有意识的、经过思虑或凭激情行动的、追求某种目的的人；人做任何事情是有自觉的意图、有预期的目的。正是这种表面现象，导致一些思想家认为人类社会发展是没有规律可循的；另外一些思想家认为人类社会发展就是人的意志的实现。恩格斯指出，尽管我们肯定人的活动是有计划有目的的，但"它丝毫不能改变这样一个事实：历史进程是受内在的一般规律支配的"。虽然人们"行动的目的是预期的，但是行动实际产生的结果并不是预期的"。这就是说，为什么人们会产生某种预期，而没有产生另外一种预期？为什么有的预期可以变成现实，有的预期却不能变成现实？这背后有着更深刻的原因，说明社会历史发展有着不以人们主观意志为转移的客观规律，而问题在于怎样发现这些规律。

恩格斯提出，通过研究"动力的动力"来探究和发现社会历史发展的规律。历史是人创造的，是人的活动的结果；而人的活动是由动机引起的。恩格斯指出：必须注意研究人们历史活动的思想动机，但又不能仅仅停留在思想动机层面上，更重要的是要研究隐藏在历史人物动机背后并构成历史动因的真正的"动力的动力"；第一个"动力"是讲人的动机，第二个"动力"是讲人的动机背后更深刻的物质原因。恩格斯主张要研究三种动机：一是必须研究使广大群众、使整个民族，并且在每一民族中间又是使整个阶级行动起来的动机；二是必须研究在社会发展中持久的、引起重大历史变迁的动机；三是必须研究反映在行动着的群众及其领袖头脑中的各种各样的动机。"这是能够引导我们去探索那些在整个历史中以及个别时期和个别国家的历史中起支配作用的规律的唯一途径。"

（七）社会发展基本规律理论

恩格斯全面揭示了社会发展的基本规律，概述了历史唯物主义的基本原理。

首先，阶级斗争是阶级社会发展的直接动力。恩格斯指出，在资本主义社会以前的各个时期探究历史发展的动因是很困难的，因为动因和结果的关系是混乱而隐蔽的。随着资本主义的发展，经济关系和阶级关系开始明朗化和简单化，"因而人们有可能揭开这个谜了"。自1830年以来，无产阶级开始作为一支独立的政治力量登上历史舞台，成为为争夺统治权而斗争的第三个战士。所以，恩格斯指出："只有故意闭起眼睛的人才看不见，这三大阶级的斗争和它们的利益冲突是现代历史的动力，至少是这两个最先进国家的现代历史的动力。"

其次，生产方式的内在矛盾运动是社会发展的基本动力，生产方式的内在矛盾运动在阶级社会必然表现为阶级和阶级斗争。恩格斯以资产阶级和无产阶级为例指出："这两大阶级的起源和发展是由于纯粹经济的原因。"两大阶级之间的斗争，"首先是为了经济利益而进行的，政治权力不过是用来实现经济利益的手段。"资本主义社会的基本矛盾表现为生产的社会化和生产资料私人占有之间的矛盾，"这个矛盾必然要求通过改变生产方式来使生产力摆脱桎梏"，建立与社会化大生产相适应的新的生产关系。

再次，经济基础决定上层建筑。恩格斯分析了政治斗争、阶级斗争和经济解放的关系，说明经济基础决定政治、法律上层建筑。在现代历史中，一切政治斗争都是阶级斗争，而一切争取解放的阶级斗争归根到底都是围绕着经济解放进行的。因此，"国家，政治制度是从属的东西"，"经济关系的领域是决定性的因素"。

最后，恩格斯分析了哲学、宗教等与经济基础的关系，进一步说明经济基础决定思想上层建筑。哲学、宗教作为远离经济基础的意识形态，同物质存在条件的联系越来越复杂，越来越被一些中间环节所模糊。但是这一联系确实是存在的。恩格斯运用大量案例说明，意识形态归根到底是由经济基础决定的。

恩格斯强调，马克思主义唯物主义历史观的创立，结束了历史领域里的唯心主义哲学，正如辩证的自然观使一切唯心主义的自然哲学都成为不必要的和不可能的一样。现在无论在哪一个领域，都不再是从头脑中想出联系，而是从事实中发现联系了。马克思主义哲学实现了唯物论和辩证法的统一、唯物主义自然观和历史的统一。

由于当时恩格斯的主要任务是批判历史唯心主义观点、确立历史唯物主义的思想，所以在这部著作中重点论述经济基础对上层建筑的决定作用，而对上层建筑的反作用论述不够充分。恩格斯晚年关于历史唯物主义的书信中则重点讲上层建筑对经济基础的反作用。

三、时代价值和现实意义

今天重新学习这部著作，把握其精神实质，对于我们在新的历史条件下，坚持实事求是，建设富强民主文明和谐美丽的社会主义国家，具有重要的启示。

（一）解放思想、实事求是是马克思主义的基本原则

在第一章中，恩格斯通过分析黑格尔"两个凡是"的命题得出一个结论性的认识：辩证法的"真实意义和革命性质，正是在于它彻底否定了关于人的思维和行动的一切结果具有最终性质的看法"①。在第四章中，恩格斯把马克思创立"新唯物主义"哲学概括为"两个决心"，即"人们决心在理解现实世界（自然界和历史）时按照它本身在每一个不以先入为主的唯心主义怪想来对待它的人面前所呈现的那样来理解；他们决心毫不怜惜地抛弃一切同事实（从事实本身的联系而不是从幻想的联系来把握的事实）不相符合的唯心主义怪想"②。很显然，这里讲的"两个决心"，一个决心是按照世界的本来面目来认识世界，实事求是；另一个决心是抛弃一切与事实不相符合的唯心主义偏见，解放思想。一立一破，破立结合，简明扼要地概括了唯物主义的基本观点。应该说，马克思、恩格斯正是坚持解放思想、实事求是的基本原则，把自己的思想从各种各样的资产阶级学说中解放出来，按照资本主义社会的本来面目去认识资本主义社会，找到了资本家剥削工人的秘密，创立了剩余价值学说，进而找到了人类社会的发展规律，说明社会主义代替资本主义的必然性，使社会主义从空想变成科学。

---

① 恩格斯：《路德维希·费尔巴哈和德国古典哲学的终结》，人民出版社 2018 年版，第 9 页。
② 恩格斯：《路德维希·费尔巴哈和德国古典哲学的终结》，人民出版社 2018 年版，第 38 页。

（二）为什么要坚持解放思想、实事求是

毋庸置疑，解放思想、实事求是是中国共产党人的优良传统，也是改革开放四十多年取得伟大成就的重要经验。然而，总是有的同志在问，解放思想已经讲了四十多年了，今天还要讲吗？今天讲解放思想，从哪里解放出来？

首先肯定地说，今天当然还要讲解放思想。为什么？邓小平曾指出："我们讲解放思想，是指在马克思主义指导下打破习惯势力和主观偏见的束缚，研究新情况，解决新问题。"又说："解放思想，就是使思想和实际相符合，使主观和客观相符合，就是实事求是。"我们的脑子不是一块白板，而是通过各种途径积累了许多经验、概念、判断甚至思维方式或工作习惯，这些东西自觉不自觉地影响着我们的认识和实践。因此，当头脑里的这些东西已经过时和陈旧时，就必须把它们抛弃掉，使得主观和客观相符合。从这个意义上说，解放思想就是实事求是。但是，我们不应该只局限于思想与实践的一时的、静态的符合。客观现实是变动不居的，主体的要求、认识能力和实践能力也是变动不居的。所以，实事求是、主观与客观相符合是一个长期的历史过程。过去符合，今天可能不符合；今天符合，明天可能不符合，这是辩证唯物主义的基本观点。如果把思想和实践在一时、一地的符合绝对化，甚至当作放之四海而皆准的普遍标准，这是形而上学的机械唯物主义。习近平说，实践发展永无止境，解放思想永无止境，改革开放永无止境。

解放思想从哪里解放出来？我们讲三个解放：

首先，从对马克思主义错误的和教条式的理解中解放出来。如何对待马克思主义？是全盘否定，是从本本出发，或者是用马克思主义的立场观点方法来研究和解决中国特色社会主义现代化建设过程中出现的问题？我们必须认识到，伟大的思想家从他们各自的社会实践出发，把握时代脉搏，集中群众智慧，回答了实践提出的一系列重大问题，创立了科学的思想体系，为工人阶级的解放事业指明了方向。所以，"老祖宗不能丢！"但是，经典作家是人不是神，他们不可能穷尽对真理的认识，他们的思想也需要在实践中接受检验得到发展。所以，教条主义的态度不可取。对待马克思主义的科学态度只能是，在

坚持中发展，在发展中创新，"创新由实践来修正，由实践来检验"，从而赋予马克思主义朝气蓬勃的活力。

其次，自觉地把思想认识从那些不合时宜的观念、做法和体制的束缚中解放出来。我国的社会变革主要表现在两大方面：一是社会结构转型，即由农业社会向工业社会的转变，并通过信息革命向信息社会的跃进；二是社会体制转轨，即由高度集中的社会主义计划经济体制向新型的社会主义市场经济体制转变、由高度集权的社会主义政治体制向新型的社会主义民主政治体制转变。这两个方面交织在一起，相互制约，相互促进，必然引起思维方式、价值观念、道德准则、生活方式等一系列的变化。这就要求我们要自觉超越于地域的、民族的界限，站在经济全球化的高度，用世界性眼光、战略性思维来思考问题，来进行决策。

最后，从主观主义和形而上学的桎梏中解放出来。人的大脑不是一块白板，人的认识总是以已有的概念、经验或知识为基础，那么，这些概念、经验或知识既有可能成为获得新知识的起点或工具，又有可能成为人们获得新知识的束缚或障碍。因此，要有新的发现、发明和创造，首先必须解放思想，摆脱各种精神枷锁的束缚，学会独立思考，用批判的理性的态度重新审视已有的一切，实现自我超越。应该说，相对于克服外在的束缚来说，克服内在的束缚，即克服来自于人自身思想观念习惯势力的束缚，将是更困难的，更需要自我意识的自觉，更需要思维定式的转变。从这个意义上说，解放思想实际上是人完成自我超越、自我解放的过程。

（三）在解放思想中统一思想

有的同志可能认为，解放思想和统一思想是相互矛盾的。为什么现在这么强调统一思想？

在当前强调统一思想有着重要的意义。随着中国特色社会主义事业的发展，国际各种思潮对中国民众思想的影响日益增大；而国内主体的多样化，利益诉求的多元化，评价标准的立体化，选择途径的多维化，加上网络的发达，人人手持麦克风，使理论界和思想界呈现出纷繁复杂的"多"的状态。毫无疑问，"多"会让社会充满活力，让工作充满创新的机遇。可是，一味的"多"会怎样？社会就可能涣散甚至撕裂。因此，我们敢于正视当代社会的"多"，同时强调"一"，用"一"来统一思想，凝聚力量，让整个社会团结起来，全体国民心往一块想，劲往一块使，共同建设富强民主文明和谐美丽的社会主义强国。

什么是统一？从字源学的角度说，"统"是丝绪的总束；"一"是合规律性与合目的性的；所谓"统一思想"就是围绕着社会实践所提出的重大理论和实践问题多样性、多元性的思想经过相互冲突、相互批判、相互吸取、相互融合而逐步趋于一致的过程。

中国共产党是一个政治组织。党的十九大报告要求："全党要坚定执行党的政治路线，严格遵守政治纪律和政治规矩，在政治立场、政治方向、政治原则、政治道路上同党中央保持高度一致。"在新的历史条件下，必须把党的政治建设摆在首位。旗帜鲜明讲政治是我们党作为马克思主义政党的根本要求。党的政治建设是党的根本性建设，决定党的建设方向和效果。保证全党服从中央，坚持党中央权威和集中统一领导，是党的政治建设的首要任务。

为什么有些人总是不喜欢讲"统一"，原因之一是把"统一"与传统文化的"一统"搞混淆了。董仲舒说："《春秋》大一统者，天地之常纲，古今之通谊也"；翻开古代典籍，"王者大一统"、"凡土地之富，人民之众，皆王者之有也"、"天无二日，土无二王，家无二主，尊无二上"、"天下必有天子，所以一主也；一则治，两则乱"，这种论断充斥着版面。这里讲的"一统"是用"一"取代"多"、制约"多"，甚至消灭"多"，是为封建专制制度服务的思想观念。

解放思想与统一思想的关系可以从四个维度来理解：从时间维度上，解放思想和统一思想都是人类活动不可分割的两个方面，人类的认识总是在实践中抛弃陈旧过时的思想观念、形成新的思想观念并以此为指导去分析新情况、解决新问题的过程中从低级到高级、从简单到复杂发展起来的。从逻辑层面上，解放思想是统一思想的前提，统一思想为解放思想定位、定向。从功能层面上，没有解放思想的统一思想必然导致僵化，没有统一思想的解放思想必然导致胡思乱想。从目的层面上，解放思想是手段，就是抛弃头脑中陈旧过时的思想观念；统一思想是目的，即凝聚力量同心协力去分析新情况、解决新问题。

大家一定要记住，不同的活动领域有不同的活动规则。学术研究要遵循百花齐放、百家争鸣的原则；政治领域必须遵守政治纪律。党的十九大报告要求：全党同志特别是高级干部要加强党性锻炼，不断提高政治觉悟和政治能力，把对党忠诚、为党分忧、为党尽职、为民造福作为根本政治担当，永葆共产党人政治本色。

后 记

　　这部马克思主义经典著作导读是由中共中央党校哲学教研部牵头组织，集合了哲学教研部、经济学教研部、马克思主义学院等部门的同志集体撰写而成的，是集体智慧的结晶。写作过程中，我们努力站在学术研究的前沿，吸收国内外学术研究的最新成果，全面地阐述经典著作的历史背景和写作原因，准确概括其逻辑结构和基本理论，结合中国特色社会主义建设的重大理论和实践问题分析其重要意义和当代启示，以期为广大读者阅读经典著作提供一点帮助。

　　具体承担写作任务的是：阮青撰写引言、《共产党宣言》导读、《反杜林论》导读、《自然辩证法》导读、《社会主义从空想到科学的发展》导读、《路德维希·费尔巴哈和德国古典哲学的终结》导读；侯才撰写《1844年经济学哲学手稿》导读、《德意志意识形态》导读；李海青撰写《雇佣劳动与资本》导读、《1848年至1850年的法兰西阶级斗争》导读、《路易·波拿巴的雾月十八日》导读；何建华撰写《法兰西内战》导读、《哥达纲领批判》导读；王天义撰写《资本论》导读；邓莉撰写《马克思恩格斯论中国》导读；刘润泽撰写《家庭、私有制和国家的起源》导读。阮青提出全书的总体设计，并具体承担了统改定稿工作。哲学教研部主任冯鹏志教授对本书的编写高度重视，并在认真审读全稿的基础上对相关内容的写作给予了细致指导。

　　全书的写作吸收和借鉴了多位国内外专家学者的研究成果，由于篇幅所限没有一一标出，特此说明并致以感谢。

阮　青

2018年3月于中央党校

责任编辑：毕于慧

封面设计：周方亚

版式设计：汪　莹

图书在版编目（CIP）数据

十五部马恩经典著作导读／阮青等著；中共中央党校哲学教研部组织编写 . —北京：
人民出版社，2018.5（2022.4 重印）

ISBN 978 - 7 - 01 - 019295 - 6

I. ① 十… 　Ⅱ. ① 阮…② 中… 　Ⅲ. 马恩著作研究 　Ⅳ. ① A811

中国版本图书馆 CIP 数据核字（2018）第 078736 号

十五部马恩经典著作导读

SHIWU BU MAEN JINGDIAN ZHUZUO DAODU

中共中央党校哲学教研部　组织编写

阮青 等 著

人民出版社 出版发行

（100706　北京市东城区隆福寺街 99 号）

北京中科印刷有限公司印刷　新华书店经销

2018 年 5 月第 1 版　2022 年 4 月北京第 2 次印刷

开本：787 毫米 × 1092 毫米 1/16　印张：15.75

字数：240 千字

ISBN 978 - 7 - 01 - 019295 - 6　定价：58.00 元

邮购地址 100706　北京市东城区隆福寺街 99 号

人民东方图书销售中心　电话（010）65250042　65289539